增订版

折辕车布被囊兴邦廉吏
战匈奴劝农桑治世能臣

ZHANGKAN
TAISHOU

张堪
太守

科圣张衡祖父的传奇人生

樵夫

著

民主与建设出版社
·北京·

**图书在版编目（CIP）数据**

张堪太守 / 樵夫著 .—北京：民主与建设出版社，2021.1
ISBN 978-7-5139-3346-9

Ⅰ.①张… Ⅱ.①樵… Ⅲ.①张衡（78-139）–传记
Ⅳ.① K826.14

中国版本图书馆 CIP 数据核字（2021）第 017920 号

**张堪太守**
ZHANGKAN TAISHOU

| | | |
|---|---|---|
| 著　　者 | 樵夫 | |
| 责任编辑 | 刘　芳 | |
| 封面设计 | 李　玉 | |
| 出版发行 | 民主与建设出版社有限责任公司 | |
| 电　　话 | （010）59417747　59419778 | |
| 社　　址 | 北京市海淀区西三环中路 10 号望海楼 E 座 7 层 | |
| 邮　　编 | 100142 | |
| 印　　刷 | 北京洲际印刷有限责任公司 | |
| 版　　次 | 2021 年 9 月第 1 版 | |
| 印　　次 | 2022 年 6 月第 3 次印刷 | |
| 开　　本 | 710 毫米 ×1000 毫米　　1/16 | |
| 印　　张 | 19 | |
| 字　　数 | 270 千字 | |
| 书　　号 | ISBN 978-7-5139-3346-9 | |
| 定　　价 | 66.00 元 | |

注：如有印、装质量问题，请与出版社联系。

# 为开创渔阳惠政者立传

在中国几千年的文明史上，涌现出了无数杰出人物，他们对推动经济、社会、科技发展，维护国家统一和民族安全，做出了彪炳史册的重要贡献，世世代代受到人民的传颂和敬仰。他们是国家的脊梁，是民族之魂。东汉初年曾开创了渔阳惠政的张堪，就是其中一位值得当今国人，特别是北京人不能忘记和崇敬的人。

根据焦守田同志的研究，张堪在东汉初期曾任渔阳太守8年。在任期间，以少胜多，打败匈奴，维护了边境和平稳定；兴修水利，教会当地群众种植水稻，渔阳人才开始吃上香喷喷的大米饭；发展蚕桑，引入丝绸纺织技术，解决了人民的穿衣问题。当地有民谣称："桑无附枝，麦穗两歧。张君为政，乐不可支。"张堪还是一个廉吏。据《后汉书》中记载，在平定公孙述叛乱进入成都时，"珍宝山积，卷握之物，足富十世"。然而他从成都太守转任骑都尉，"乘折辕车、布被囊而已"。

人民是知道感恩的。直到20世纪50年代初期，在顺义县前鲁村，仍保留着一座纪念张堪的庙宇，这座庙曾经做过小学校。据现年70多岁的前鲁鸭场场长黄礼回忆，解放后他曾在这座庙里上过小学，当时墙壁上画满了有关水稻整地、播种、薅草、收割、舂米、吹糠的全过程的图画。北京市委原副书记邓拓同志曾专门撰文，认为张堪庙应当好好修缮保护。可惜，这座庙现在已荡然无存。前几年我和焦守田、黄礼同志曾一起到原址查看，发现原址上已盖起民居，在民居的墙边，发现了一些散落的琉璃瓦片。当地人讲，这些瓦片就是毁掉的张堪庙留下的。

　　感谢焦守田同志，由于他坚持不懈的努力，查阅整理大量历史文献，终于把这段感人的历史发掘出来，呈现在我们面前。《张堪太守》一书不仅可以用作为政者的历史镜鉴，也是一本对青少年进行爱国主义教育的教材。借本书出版之际，是以为序。

郑新立

中共中央政策研究室原副主任，中国国际经济交流中心常务副理事长

2019年6月30日

# 自　序

　　《后汉书》中记载：张堪，字君游，南阳宛人，为郡族姓。曾拜蜀郡太守和渔阳郡太守，"仁以惠下，威能讨奸"。建武二十二年（公元46年）卒于任上。

　　第一次知道张堪的名字，是在家乡北京市顺义区的《重印民国顺义县志》里。顺义区在汉朝属于渔阳郡，东汉初年，张堪拜渔阳郡太守，太守在当时是一郡最高首脑，负责守卫北部与匈奴接壤的边境安全，治理渔阳郡所辖渔阳、犷平、犀奚、狐奴、安乐、平谷、潞、雍奴、泉州九个县。我印象最深的就是"于狐奴开稻田八千余顷，教民种植、得以殷富。百姓歌曰：桑无附枝，麦穗两歧。张君为政，乐不可支"。其中所说的狐奴，就是今顺义区潮白河以东部分，史称狐奴县。明末清初儒林巨擘顾炎武的《昌平山水记》中载有："顺义东北二十五里为狐奴山，西南百步有汉狐奴县（遗）址。"这里所说的"西南百步"即今北小营镇北府村。

　　狐奴县为西汉高皇帝刘邦（公元前202—前195年在位）所置。在顺义历史上，白河以东至潮河以西属于下坡地，俗称"小河简"，农业以种植水稻为主，是富庶的鱼米之乡。而水稻的种植就是东汉初年张堪任渔阳太守时引进推广的。我和顺义地区的百姓一样，对张堪的历史功绩心存崇敬。开始只是抱着感恩的心情，留意所有记述张堪的文字。以后沿着历史的足迹，上溯到两汉时期社会发展中，追寻张堪的身影，并逐渐加深对他的了解，才知道他的功绩，远不止开垦八千余顷稻田、引进推广水稻种植，使百姓殷富那么简单。

张堪出生在西汉南阳郡（郡治今河南省南阳市）的一个名门望族，16岁就把百万家财送给侄子，远离家乡到长安进太学学习。志美行厉，被老师、同学称为"圣童"。同在太学学习的刘秀，没有登基做皇帝之前就钦佩张堪的人品。后来，经中郎将来歙（刘秀的姑表兄）推荐，在光武帝刘秀身边做谒者。曾奉了刘秀之命，押送7000匹战马支援大司马吴汉取得平蜀胜利，为东汉统一立下战功，故拜蜀郡太守。

张堪任蜀郡太守期间，廉洁奉公，不犯分毫。很快恢复因吴汉屠城造成的影响，安定社会，发展经济。两年后张堪被调回京师任骑都尉，只坐折辕车，背布被囊离开成都。在骑都尉任内显示出张堪杰出的军事指挥才能，公元39年，他率领骠骑将军杜茂的军队在高柳（今山西省大同市阳高县）英勇打败入侵的匈奴。任渔阳太守后，又以七千将士打败一万多入侵的匈奴骑兵，保卫了边境安全。在任渔阳太守八年时间，引沽水（今白河）、鲍丘水（今潮河）灌溉农田，开垦稻田八千余顷（汉制，折合今市亩21万多亩），引种桑树新品种。百姓因此而富裕。可以说，张堪虽然出身于望族，就读于太学，但是他没有纨绔之风，夸夸其谈之气，能文能武、廉洁勤政，心系百姓。他的一生虽然没有封侯拜相，但是"张君为政，乐不可支"的口碑，就足以使他流芳百世。他身怀治国平天下的雄才大略，坚守修身齐家的初心，成为后人成长的楷模，良好的家风培养了他的孙子——我国乃至世界级杰出的科学家、文学家张衡。了解了张堪的主要事迹后，我对他的情感又进了一步，从感恩上升到崇拜，并把他作为人生的学习榜样。

《后汉书》中有《张堪传》，应该是反映张堪的权威资料，《民国顺义县志》等许多史料都源于此。但是要想走近张堪，了解张堪，读懂张堪，仅靠这不足500字的文字是远远不够的。我采用两种做法，一是博览东汉历史资料，采取集腋成裘的办法，注意收集有关张堪的点滴信息。比如他做过蜀郡太守，在《华阳国志》（又名《华阳国记》，是一部专门记述古代中国西南地区地方历史、地理、人物等的地方志著作，由东晋常璩撰写于晋穆帝永和四年至永和十年）中就发现了一些对张堪的零星记述。此外，在司马彪所著的《续汉书》、华峤所著的《后汉书》和袁宏所著的《后汉纪》中也有记载，虽然内容不尽相同，但增加了不少信息。在《河北省志·文安县志》中发现了新镇镇（原为新镇县，有"小保定"之称）有张堪墓的记载。二是开展专题研究、考证，从大量东汉初年政治、经济、文化、地理等史料背景，对张堪的未知部分进行研究，得出判断。先后对他的家族传承、生卒年份、太学主修的《梁丘易》、狐奴县水稻种植范围，以及百姓歌谣的内容进行考证，填补了许多张堪的未知信息。通过对张氏家族族谱的考证，找出张堪家族的传承；通过与刘秀等同为太学生的信息和任渔阳郡太守的记载，推导出张堪的生卒年；通过对长安太学张堪治梁丘易的研究，了解张堪的太学生活；通过对汉代桑树栽培历史的研究，发现百姓歌谣中"桑无附枝"，并不是溢美之词，而是张堪引进地桑新品种的真实写照。总之，在长达20年的时间里，我从只知道张堪渔阳种稻，到基本摸清张堪生平事迹。每每想起张堪不平凡的一生，都使我肃然起敬。

当前中国特色社会主义进入了新时期，以习近平总书记为核心的党中央，正在带领全党和全国人民为实现中华民族伟大复兴而奋勇拼搏。在这项伟大的事业中，要使广大党员干部，不忘初心，牢记使命，敢于担当，不辜负人民的重托和历史的选择。以史为鉴，可以知兴替，从古人身上汲取政治和精神营养，激励全体中华儿女凝聚起共筑中国梦的磅礴力量，将是一件十分有益的工作。基于这样的思想，我历时15年创作了这部《张堪太守》，以期通过此书把张堪这位清廉典范、治世能臣的事迹分享给大家。但由于本人历史知识浅薄，写作水平不高，书中可能存在许多不足，敬请读者批评指正。

作　者

2019年9月

# 目　录

目　录

9

第一章

家乡——人杰地灵南阳郡

西汉元寿元年（公元前2年），张堪出生在南阳郡西鄂县，也就是今天的河南省南阳市石桥镇。南阳自秦昭襄王三十五年（公元前272年）建立南阳郡以来，在2000多年的历史长河中，始终是一个物华天宝、人杰地灵、英豪辈出的地方。这里不仅留下了许多历史名人的足迹，而且不少名人还留下了许多脍炙人口的诗篇。唐朝著名诗人李白曾经三次游览南阳，留下了六首诗。其中有一首诗叫《南都行》，从人文历史到地理风光等全面评价了南阳。诗中写道：

"南都信佳丽，武阙横西关。白水真人居，万商罗鄽閈。高楼对紫陌，甲第连青山。此地多英豪，邈然不可攀。陶朱与五羖，名播天壤间。丽华秀玉色，汉女娇朱颜。清歌遏流云，艳舞有余闲。遨游盛宛洛，冠盖随风还。走马红阳城①，呼鹰白河湾。谁识卧龙客，长吟愁鬓斑。"

短短100个字，说出了古代南阳的特点和他对南阳的看法。了解李白的人都知道，他一生想出仕，自视清高。对南阳能够有"此地多英豪，邈然不可攀"的感慨，实属由衷所发。

在南阳历史上的众多英豪中，发明地动仪的东汉著名科学家张衡，犹如一颗璀璨的明星，享誉世界。郭沫若曾经为张衡题词，称赞如此全面发展之人物，在世界史中亦属罕见。应该是很高的评价。在今天我国知道张衡的人很多，而知道张衡有一位同样了不起的祖父张堪的人就不多了。

东汉初年，张衡的祖父张堪，在朝中从谒者做起，官至骑都尉，在地方做过蜀郡、渔阳郡太守。能文能武，廉洁勤政。《后汉书》专门为他立传，东汉开国皇帝刘秀为表彰他专门赐诏。天下张家祠堂通用联"渔阳惠政"也是对他的赞许，以他为荣。为了解张堪，就先从了解他的家乡中国文化古都南阳开始吧！

---

① 红阳故城位于叶县旧县乡大小田庄之间，旧县乡倒马沟村一带。

# 一、物华天宝南阳宛

汉朝时期的南阳宛，指的就是今天河南省南阳市。它位于河南省西南部的河南、湖北、陕西三省交界处。"襟三江而带群湖，枕伏牛而蹬江汉"，独特的地理环境，造就了古代南阳就有丰富的物产资源，被誉为"物华天宝"。

南阳古称"南阳宛"，三个字就把南阳的地理特征全部显示出来了。首先"南阳"这个名字，是由于它位于汉水以北，南山（今天称伏牛山）之南。古称水之北为阳，山之南为阳。南山之南，汉水之北，称南阳。它历史悠久，早在秦昭襄王三十五年（公元前272年）就开始置南阳郡。《资治通鉴·周纪五·赧王四十三年》中载："秦置南阳郡，以在南山之南，汉水之北也。"到今天，"南阳"这个名字已经有2200多岁了。设南阳郡之前，这

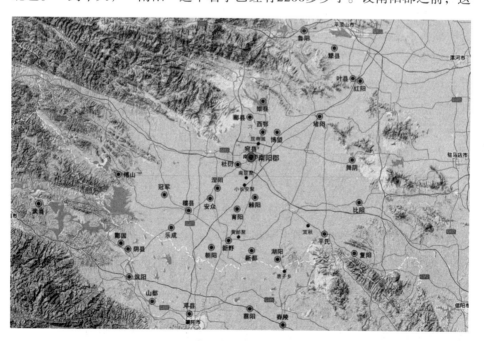

东汉南阳郡地形图

里称为宛。要说"宛"的年岁比南阳又大了许多。据史料记载，禹王的都城邓所在的位置，就是今天的南阳地界。到春秋时期的楚国开始在这里设"宛邑"。就按照春秋截止的公元前480年计算，至少有2600多年的历史了。为什么叫宛邑？邑就是城市，用今天的习惯应该叫宛市。"宛"是由地形而来的。八百里伏牛山、熊耳山、桐柏山三面合围，使这里形成了一个向南开口的马蹄形盆地。宛者，《毛诗故训传》中的解释为"四方高中央下曰宛（音渊）丘"。西、北、东三个方向高山围护，不仅使南阳抵挡住了北面的沙尘与冷空气，同时也隔绝了南方的炎热和潮湿，创造出一个绝佳的生态环境，也使南阳拥有独特的包容气质。它的北大门是方城县（汉时称堵阳），方城县是我国唯一的"五界一口县"。所谓五界，是指地理学上方城县处在五条自然分界线上，它包括中国北亚热带和南暖温带的分界线、长江流域和淮河流域的分界线、桐柏山脉与伏牛山脉的分界线、南阳盆地和黄淮海平原的分界线，以及华北地区与秦岭地槽的地质分界线。如果把南阳看作一个水盆，方城就处在北部盆沿上，恰恰这里又有一个天然豁口，就是方城垭口。正是有了这个垭口，今天才能够使丹江口水库的清水穿过伏牛山、桐柏山，实现"南水北调"，源源不断地输送到京津地区。

山多涵养了丰富的水资源。南阳全境水系属三大流域交汇处：中西部大部分地区属于汉水流域（长江流域），东南部的桐柏县是淮河发源地，分属淮河流域，南召县北部有一小块地方属于黄河流域。河流分属长江、淮河两大系，长度在100公里以上的河流有10条。南阳市主要河流有丹江（两源头汉时分别称丹水、均水）、唐河（汉时称比水）、白河（汉时称淯水）、汉水（汉时称沔水）、湍河（汉时称湍水）。水资源丰富，为南阳古代的水利开发奠定了基础。西汉时，南阳水利工程与关中郑国渠、成都都江堰齐名，并称全国三大灌区。诸如唐河上下堰陂水利工程、新野召父渠工程、镇平沿陵河水利工程、邓州大门堤、唐河千百堰等水利工程遗迹多是汉朝以前留下的。首先，水利是农业的命脉，直接促进农业生产，使南阳自古被誉为中州粮仓。其次促进舟楫航行之利，使这里成为中国古代南北天然水运航线最长最盛的地区之一。南阳境内的主要河流白河、唐河、丹水和湍河都曾经是"舟车秦楚"的主要航道。白河上舟车辐辏，人庶浩繁，帆樯颇盛，可直下荆州（今湖北）、秣陵（今南京）。最后是水动之利，东汉南阳太守杜诗创造了水力鼓风铸铁的机械水排。古代人类依水而居，今天水资源更是宝贵。地处汉江上游淅川县的丹江口水库，是亚洲最大的人工淡水湖，也是国家南水北调中线工程水源地、国家一级水源保护区、中国重要的湿地保护区。2014年12月12日开始向南水北调中线工程沿线地区的北京、天津、河南、河北4个省市的20多座大中城市，提供优质生活和生产用水。

　　独特的地理条件，造就了南阳温暖湿润的气候。南阳地处亚热带向温带的过渡地带，属于季风大陆湿润半湿润气候，四季分明，雨量充沛，热量充足，是发展农业生产的宝地。古代诗人曾经以"春前有雨花开早，秋后无霜叶落迟"描写南阳的气候特点。历史上，南阳不仅是全国农业发达地区，而且形成了农产品的多样性。后来成为东汉开国皇帝的刘秀，年轻时就曾经以卖粮为生。除去粮食作物以外，南阳的经济作物也品质上乘。南阳自古就是我国重要药材集中产地。南阳方城生产丹参已有2000余年历史，我国第一部药学专著《神农本草经》收载的365种药材中，这里的丹参被列为上品，"无毒，久服不伤人"。梁陶弘景《名医别录》载："丹参生桐柏山川谷及太山，桐柏山乃淮水发源之山。"伏牛山自古就有"天然药库"之称，《本草纲目》上记载的1800多种中药材，这里就有1328种。尤其是这里产的山茱萸，质量上乘，全国闻名。据张衡的《南都赋》介绍，南阳曾经还生产甘蔗、柑橘。

　　李白有诗赞美南阳，"青山横北郭，白水绕东城"成了千古名句。李白所说的青山，指的是犹如一队武士拱卫南阳的九架孤山，分布在10～20公里范围内。从西面遮山（古称赭山）开始，依次是磨山、羊山、塔子山，正北有蒲山（古称狐山）、独山、紫山（古称紫灵山），东北有隐山和丰山。这九座孤山虽然都不高，但它们不仅沉淀了厚重的历史文化，还提供了宝贵的矿产资源。整个南阳地区是中国矿产品最为密集的地区之一，矿产资源非常丰富，已探明各类矿产80余种、452处。其中天然碱、红柱石储量为亚洲之冠，蓝晶石、金红石居全国第一。全国四大名玉之一的独玉，素有"东方翡翠"之称，就产于南阳的独山。南阳玉石在新石器时代就已开发利用。春秋时期，南阳玉已成为奴隶主贵族显示高贵的象征。到秦代，玉石开发已有

南阳古代水利略图　摄影　焦守田

一定规模。东汉时，玉雕业已呈现出一片生机盎然的景象。在南阳市北郊独山玉矿附近，发掘出的一座刻有"玉街"二字的汉代石碑证明，这里是汉代玉街市旧址，是当时闻名全国的玉雕销售闹市。《汉书》记载：独山脚下的沙岗店，当时是闻名全国的玉街寺，"一街两行，作坊林立，琢玉之声不绝于耳"。从唐宋到明清，南阳玉石业进入了鼎盛时期，"玉雕之乡"已经形成。现在的南阳玉雕业闻名海内外，是我国三大玉器加工基地之一，1995年被国家命名为"中国玉雕之乡"。除此以外，黄金、石油也是储量大、分布集中，组合良好，具有较高的开采价值。

　　独特的地理位置，使南阳成为连接豫、鄂、川、陕的交通要道，自古至今都是兵家必争的战略要地。早在春秋战国时期，以南阳为起点，连接关中平原和江汉平原的武关道，春秋战国时期已经建成与中原连接的"方城路"和"三鸦路"，与楚连接的"宛郢干道"。方城路是夏王朝向南拓展的主要通道，所以历史上也称为"夏路"；"三鸦路"则是由宛城向北，翻越伏牛山脉到达鲁山、临汝最近的路，是楚人向北进中原的主要通道。宛郢干道是宛城到达楚国首都郢（yǐng）城（今湖北纪南城遗址）的陆路通道。

春秋战国后期，南阳成为秦、楚、韩争夺的战略要地。后来，秦昭襄王就是以强大的军力控制了武关道，夺取了南阳，打通了东进的通道。100年以后，当项羽与秦军主力在中原打得难解难分时，刘邦则率军取道南阳向西北进军，如入无人之境，抢先占领了秦政权的中心地带。

特别是在长安作为我国古代的政治经济中心时，洛阳是当时重要的大城市，南阳的地理优势更加明显。一方面这里成为通商的重要通道，另一方面，交通的便利，也使南阳成为古代中国的重要经济区域。《汉书·地理志下》分析到"宛，西通武关，东受江淮，一都之会也"。特殊的地理位置，造就了"南阳好商贾"，西汉时，南阳已经"商遍天下，富冠海内"。战国时期这里就是全国四大冶铁中心之一。冶铁业的发展推动了铁制农具的普及，尤其是在秦汉时期，南阳成为农业推广使用铁制农具的中心。丝路史专家根据多项证据考察，这里还是古代丝绸之路东部的起点之一。古代丝绸之路有两个重要的集散地：一个是费尔干纳盆地的大宛（今乌兹别克斯坦），另一个就是南阳宛城。丝绸之路的开拓者张骞的封地就在博望，方城发现的汉代佛造像以及《巡行丝路》的画像石都承载着西域丝路信息。

南阳方城佛沟摩崖（南都杂谈）

1948年，以中野二纵和华野十纵为主力的解放大军，在连续取得桐柏战役、伏牛山东麓战役、邓县战役、宛西战役、宛东战役等五个大的战役胜利以后，于1948年11月4日解放了南阳市，毛泽东主席亲笔为新华社写了一则消息报道，题为《中原我军占领南阳》，足见南阳在全国解放事业中的战略地位。

## 二、人杰地灵群英汇

南阳在中国古代历史上一直是科技文化先进、经济社会繁荣的发达地区。究其发展原因，不同的人会有不同的说法。但是有几点共同的因素是都认可的。

其一，历史悠久。这里是中国人类早期生存、繁衍的重要地区之一。根据考古发掘的文化遗迹研究证明，在南阳地区，早在四五十万年前，"南召猿人"就在白河上游繁衍生息。在五六千年前，这里就出现了村落和房屋，产生了农牧业和制陶等手工业。自有文字记载以来，关于南阳城市建设的历史，可能要追溯到西周。这一成就应归功于申伯，《诗经》有句专门歌颂申伯的诗里提道："王命召伯，定申伯之宅。"从大周宫廷确定修建申伯宫室的那一刻起，南阳的城市文明就拉开了序幕。由此也可以说申伯是开拓南阳城市建设的第一人。同时由于申伯领导有方，垦荒屯田，改进工具，申国一天天强盛起来。它不仅遏制了楚国，而且成就了"宣王中兴"。仰仗申伯的文治武功，又凭借这里特殊的地理优势，南阳很快成为一个举足轻重的城市。

其二，文化交融，海纳百川。南阳是东西南北多种文化的交融地。荆楚文化、巴蜀文化、秦晋文化、中原文化、齐鲁文化等交融促进了南阳的发展。不同文化的交融是推动南阳社会文化发展创新的沃土。南阳的社会文化既保留了楚文化的细腻，又具有秦文化的粗犷；楚国与秦国都是当时的强国，都可以争霸中原。曾经有"横则秦帝，纵则楚王"的说法。当然最后还是秦国出了"始皇帝"。南阳在秦统一中原以后，文化社会大发展，还要得益于秦始皇消灭割据势力的举措。秦始皇二十六年（公元前221年），诸侯割据称雄的封建国家结束，建立了中央集权的统一国家，但是长期分裂局面造成的影响，使秦始皇非常关注六国旧地的动静，担心六国旧贵族图谋复辟。

为了防止割据的再现，秦始皇把六国富豪和强宗12万户的所谓"不轨之民"迁到咸阳，另一部分迁到巴蜀、南阳、三川和赵地，使他们脱离乡土，以便监视。没有想到，这些富豪强宗有实力，有经营商贾的本事，到了新的地域更加如鱼得水，不光自己家业得以发展，很快又成为当地的望族，更带动了当地经济的发展。

南阳是融入各地望族最多的地区之一。这些望族带来的科学技术、先进文化，使南阳在两千多年前的西汉时期，就是比较有影响的城市，与京师长安、洛阳、邯郸、临淄和成都，并列为全国六大都会，人称"宛周齐鲁，商遍天下，富冠海内"（《盐铁论·力耕》）。

其三，交通发达。西汉（公元前202—前8年）时期，汉武帝命张骞出使西域，开辟了以长安为起点，经甘肃、新疆，到中亚、西亚，并联结地中海各国的陆上通道，这条道路也被称为"陆上丝绸之路"。后来到了东汉时期，洛阳成为丝绸之路的东起点，南阳也就成为丝绸之路上的重要商品集散地，也是东汉的陪都。司马迁评价："南阳西通武关、郧关，东南受汉、江、淮，宛亦一都会也。"不管是秦国的东进战略，还是两汉的"两京"政治格局，南阳都是重要节点，一直受到统治者的重视，也逐渐成为中原东西大通道的必经之路。

根据考古发现，南阳在秦朝时期就有了"高速公路"。这是在土的路基上，采用木材、石材构筑坚实平坦的路面，大大提高了马车的速度，提高了运输的效率，据说可以达到日行600里。

其四，资源富饶，生产力水平高。秦汉时期南阳属荆州部，辖36县，水、热、土地等自然资源富饶，有利于农业发展。矿产资源丰富，冶铁和手工业的发展水平较高。

东汉以后，南阳的发展进入新的阶段。光武帝刘秀从南阳起事，不仅建立了东汉政权，而且创造了"建武之治"的盛世。如果说，唐朝的文化在长安，宋朝的文化在开封，元明清的文化在北京，那么汉文化只有在南阳。作为全国历史文化名城，南阳曾经在科学技术方面也走在了全国的前面。

建武七年（公元31年），杜诗拜南阳太守，创造了利用水力鼓风铸铁的机械水排，这个水排是中国古代机械工程史上的一个伟大发明，早于欧洲一千多年。利用水力推动鼓风设备向铸铁炉里压送空气，用水排代替人排、马排，大大提高了劳动生产率。马排用马一百匹冶铁120斤；改用水排，在同样的时间内，可以冶铁360斤，功效提高了三倍。在古宛城北部，今南阳市瓦房庄发现的汉代冶铁遗址，东西长600米，南北宽200米，总面积12万平方米。经1959年发掘，遗址内发现熔炉基址17座，窑址4座。炉膛内发现铁块300公斤，出土陶范300多块及坩埚、残鼓风管等。锻制铁器有刀、镰、斧、锤、凿、锨、矛、环等。且冶铸技术已达相当高的水平。春秋战国时期南阳就成为著名的冶铸中心，宛地所产的铁制兵器在《荀子·议兵篇》中被描述为"宛钜铁矛，惨如蜂虿，轻利僄遬，卒如飘风"。南阳历史发展的盛况被展现在画像石和汉画砖中。可以说南阳是汉文化的一座丰碑和档案库。

创造辉煌的历史文化，靠的是广大劳动人民和杰出的人物。而先进的文化又造就了大批对历史产生重要影响的杰出人物。历史上的南阳就是人才辈出的地方。说南阳这地方"人杰地灵"一点都不为过。这些在全国甚至世界都有着重要影响的人物，对中华民族的伟大复兴，都做出了重要贡献。

汉代南阳铸造的铁器　摄影　焦守田

毛泽东在《沁园春·雪》一词中说："惜秦皇汉武，略输文采；唐宗宋祖，稍逊风骚。一代天骄，成吉思汗，只识弯弓射大雕。"显示了他以十分自信的气势看古人，看皇帝。所以他一生很少称赞皇帝，唯一对东汉光武帝刘秀给予高度评价，说他"最会用人，最有学问，最会打仗"（周侃舫《光武帝刘秀传》）。

在刘秀夺取政权的斗争中，也涌现了一批南阳籍军事将领。在著名的东汉二十八宿中，近半数将领都是出生在南阳。毛泽东主席在《中原我军占领南阳》的电报中说："后汉光武帝刘秀，曾于此起兵，发动反对王莽王朝的战争，创立了后汉王朝。民间所传28宿，即刘秀的28个主要干部，多是出生于南阳一带。"（1981年7月9日《人民日报》）

刘秀画像

### 光照千秋的南阳五圣

南阳的文化集中华东西、南北大交融，文化的多样性，成就了多才多艺的人才。最著名的莫过于号称"南阳五圣"的谋圣姜子牙、智圣诸葛亮、医圣张仲景、科圣张衡、商圣范蠡。谋圣姜子牙（约公元前1156—前1017年），商末周初人，西周时期著名的军事家。姜子牙是齐国的缔造者，周文王战胜商武王克殷的主要谋主、最高军事统帅，为克商兴周立下卓越功勋，亦是中国古代的一位影响久远的杰出的战略家、军事家与政治家。医圣张仲景（约公元150—215年），名机，字仲景，东汉南阳涅阳（今河南省邓州市穰东）人。东汉末年著名医学家，被后人尊称为医圣。张仲景广泛收集医方，写出了传世巨著《伤寒杂病论》。它确立的辨证论治原则，是中医临床的基本原则，是中医的灵魂所在。在方剂学方面，《伤寒杂病论》也做出了巨大贡献，创造了很多剂型，记载了大量有效的方剂。其所确立的六经辨证的治疗原则，受到历代医学家的推崇。今天广受患者推崇的六味地黄丸就是张仲景的配方。智圣诸葛亮（公元181—234年），字孔明，号卧龙（也作伏龙），祖籍徐州琅琊阳都（今山东省临沂市沂南县）人，年轻时期躬耕南阳。三国时期做蜀汉丞相，是杰出的政治家、军事家、散文家、书法家、发明家。在世时被封为武乡侯，死后追谥为忠武侯，东晋政权因其军事才能特追封他为武兴王。其文学代表作有《出师表》《诫子书》等。曾发明木牛流马、孔明灯等，并改造连弩，叫作诸葛连弩，一次可发十箭。商圣范蠡，字少伯，春秋时期楚国宛（今河南南阳）人。春秋末著名的政治家、军事家和实业家，被后人尊称为"商圣"。他出身贫贱，但博学多才，与楚宛令文种相识、相交甚深。俩人因不满当时楚国政治黑暗、非贵族不得入仕而一起投奔越国，辅佐越国勾践。帮助勾践兴越灭吴，一雪会稽之耻。功成名就之后急流勇退，化名隐姓，脱下官服与西施出逃，浪迹江湖。其间三次经商成巨富，又三次散尽家财。自号陶朱公，被后人尊为"儒商鼻祖"。张衡（公元78—139年），字平子，南阳西鄂（今河南省南阳市石桥镇）人。他是我国东汉时期伟大的天文学家、数学家、发明家、地理学家。为我国天文学、机械技术、地震学的发展做出了不可磨灭的贡献，被后人尊为"科圣"。具体到张衡的家乡南阳郡西鄂县，就涌现了一批有名的文臣武将。比如，张衡的祖父张堪，曾任东汉初年的蜀郡太守、渔阳郡太守，开创"渔阳惠政"；东汉开国大将朱祐，字仲先，南阳宛人，新莽末年跟随刘秀起兵，从征河北有功，封为偏将军，封安堵侯，拜建义大将军（《后汉书》卷二十二）。还有东汉开国大将陈俊，字子昭，年轻时为郡吏，更始即位后，刘嘉为太常将军，陈俊为长史。难怪唐代大诗人骆宾王曾在此作诗曰："西鄂该通理，南阳擅德音。玉卮浮藻丽，铜浑积思深。忽怀今日昔，非复昔时今。日落丰碑暗，风来古木吟。惟叹穷泉下，终郁羡鱼心。"

## 三、古老神秘的西鄂

在南阳盆地的中间，有一条贯穿南北的河流叫淯水（今白河）。它犹如一条白龙冲出伏牛山，穿过南阳盆地，汇入汉水。它是南阳的母亲河，见

白河风光　摄影　河南康辉

证了两岸的历史沧桑。《水经·淯水注》记："淯水出弘农卢氏县攻离山（今河南省嵩县白河镇的龙池曼山），东南过南阳西鄂县西北，又东过宛县南。""淯水又东南经西鄂故城东"两次说到西鄂县，其实是淯水在这里拐了一个弯，先从西北来从西鄂故城北向东，又从西鄂故城东向南，最后汇入汉水。

南阳城北30里有座蒲山（古称狐山），蒲山北、白河西岸就是西鄂故城。晋代夏侯湛给张衡撰写的碑文就说"行次西鄂盼狐山而颂英缺，历兹邑而怀夫子"。这个西鄂县不仅隐藏着古代不解之谜，也是张堪的故乡。

西鄂（今卧龙区石桥镇）与古鄂国有着密切的联系。从大量考古发现，目前已经基本摸清古鄂国的空间迁徙和时间发展的脉络。古鄂国是我国历史上的重要方国，鄂为姞姓，黄帝部落的十二姓之一，是黄河流域的重要势力，夏商时期的诸侯国，位于今河南沁阳。在商朝末期鄂侯曾经在朝中位列"三公"。《史记·殷本纪》中载商纣王"以西伯昌、九侯、鄂侯为三公"。西周初年，鄂国的故地被晋所并，遗族南迁今湖北随州、鄂州一带。国力迅速恢复，日渐壮大。到西周晚期，鄂侯驭方率南淮夷、东夷反叛周王朝，根据《禹鼎》铭文记载，周王朝派出武公率西六师、殷八师伐鄂，俘虏了鄂侯驭方。西周王朝下达了"裂伐鄂侯驭方，无遗寿幼"征伐令。但是这一命令没有得到贯彻实施。在西周晚期到春秋早期，鄂国遗族迁于南阳一带，只是淡出人们的视线，再也难见于历史的典籍中。

但是在南水北调工程中这里发现了鄂国贵族墓葬，找到了曾经消失的鄂国踪迹。2012年、2013年，南阳市文物考古研究所先后两次对夏饷铺鄂侯贵族墓地进行考古发掘，共发现西周晚期到春秋早期古墓葬六十多座，出土青铜器、陶器、漆器、木器、玉器等上千件。

　　青铜鼎、簋、簠、盘等器物近百件，其中带铭文青铜器四十余件，铭文有"鄂侯""鄂伯""鄂姜""养伯""上都太子平侯""围侯"等。说明这里至少埋葬了四位鄂侯。随着考古工作的不断展开，西鄂的很多不解之谜都会大白于天下。

　　西鄂最大的不解之谜就要算"王子朝奔楚"了。王子朝，姬姓，名朝，周景王姬贵（？—前520年，东周第十二任君主。成语"数典忘祖"即出自他口）庶长子。公元前520年，周景王逝世，王子朝因是妾所生，不能继位，姬猛即位是为周悼王。王子朝不服，杀了周悼王，占据了王城（遗址在今河南省洛阳市王城公园一带）数年。公元前516年秋冬之际，晋顷公出兵攻打王子朝，王子朝兵败，遂携周王室典籍和象征国家权力的九鼎投奔楚国。但恰值楚平王逝世，楚国也因继承王位发生内乱。王子朝及其追随者一行只好滞留在西鄂一带。公元前505年，周敬王派人暗杀了王子朝。但是他带走的珍贵典籍也不知所终了。魏《皇览》载："（王）子朝冢在南阳西鄂县。"有专家认为今天南阳市石桥镇的东周大墓"不见冢"极有可能是王子朝墓，有人猜想这批典籍有可能埋在墓中，或藏匿于什么地方。同时也期待将来大墓发掘时，失踪的周朝典籍能够重见天日。

　　由于历史上这里曾经有鄂国族群生活，西汉年间在这里设置西鄂县。《汉书·地理志》应劭（约公元153—196年，东汉学者，字仲瑗）对南阳郡西鄂县注曰，"江夏有鄂，故加西云"，加西以区别于鄂州。西鄂县在北周废。

　　不一样的环境造就了不一样的人民，不一样的人民创造了不一样的历史。张堪就是在这特定的人文地理环境中，涌现并成长为中国封建社会历史中的能臣廉吏，犹如一颗闪亮的明星，穿越浩瀚的太空发出耀眼的光辉。

第二章

家庭——名门望族传家久

"汤谷涌其后，淯水荡其胸，推淮引湍，三方是通。"张衡的《南都赋》中是这样描写古代南阳的河流的。其中的淯水就是今天的白河。烟波浩渺，樯帆点点的河水，不仅使舟楫通达四方，也使方圆百里成为鱼米之乡。南阳郡宛城北50里的淯水河岸边，是一处水旱码头，地处宛洛夏路的必经之路。这里就是西鄂县。淯水东岸是西汉丝绸之路的开拓者张骞的封地博望。这里水旱交通发达，是南阳郡最经济富庶的县。而活跃在西鄂县的社会、经济名门望族则成为推动地区繁荣的支柱。

# 一、西鄂晁张两望族

西鄂县的晁氏家族，在这里生活繁衍的历史悠久。根据《左传·昭公二十六年》中的记载，"王子朝及召氏之族、毛伯得、尹氏固、南宫嚣奉周之典籍以奔楚"，最后定居在楚国的西鄂。在周敬王的追杀下，最后王子朝被暗杀，召、毛、尹、南宫有部分逃到江南，多数人为了纪念子朝，也是为躲避周朝的围剿，不得不隐姓埋名，以晁为姓继续在西鄂地区生存繁衍。经过几百年的发展，晁姓成为当地强盛的家族，但是他们一直坚持自己是子朝的传人。据《三国志·魏志·文帝纪》中记载，"（王子）朝家在南阳西鄂县。今西鄂晁氏自谓子朝后也"。今天南阳的晁氏也还是把王子朝作为得姓始祖。晁是鼂、朝的古字，都有早晨的意思。

当年周敬王追杀王子朝，追随的族人为躲避灾祸隐姓埋名流传下来是可信的。至今石桥镇还有叫晁庄的村名。后来的历史，证明晁姓在当地不仅是财源茂盛，而且人才辈出。

西汉号称"利施后世，名称圣明"的晁错就是杰出代表。晁错先后侍奉汉文帝、汉景帝，敢于讲真话，为了国家的长远发展，提出了重农贵粟、移民实边和削藩诸侯等多项重大建议。有些即使没有实行，也为后来的发展开创了先河。在他掌握实权后，大胆改革了30多项法令。虽然为西汉文景之治做出了杰出贡献，但是也得罪了旧势力，最后出现七国发难，腰斩东市的结局，但在中国历史上仍被推崇为文治武功的杰出人物。正如班固评价他说"晁错锐于为国远虑，而不见身害"。《史记·晁错传·索隐》上记载说："晁氏出南阳，今西鄂晁氏之后也。"

治国与齐家是密不可分的。西鄂晁氏出自周室贵族，更是治国有道，齐家有法。世代相传，人财两旺。种稻植桑，良田千顷。耕读家风，薪火相传，不知其尽。在西鄂和南阳郡府的官员，不少出自晁氏。2018年5月11日，"王子朝奔楚地"和"晁姓发祥地"纪念碑在南阳市卧龙区石桥镇落成。

在西鄂县，与晁姓齐名的望族就是外来户张家。张姓家族在我国历史上可是名门望族，也是我国历史上从未衰落的十大姓氏之一。历史上可谓是累世簪缨、辅世文武、人才辈出。张氏家族源远流长，人才济济，据张氏族谱记载，全国张氏族人中出了62位宰相，56位将帅。虽然张姓全国各地繁衍兴旺，族系复杂，但是对于姓氏发展的关键史实，各地谱牒记载却惊人地一致。

张姓始祖张挥

关于姓氏来源，《元和姓纂》中介绍："黄帝第五子青阳生挥，为弓正，观弧星，始制弓矢，因姓张氏。"天下张家都承认他们的祖先，就是因发明制造弓箭，而被黄帝赐姓张的。相传张挥号天禄，仙逝葬于帝丘（今濮阳）。

张姓氏族最早活动于"尹城青阳"，古地在今河南濮阳和河北清河一带，但很快就发展到全国各地。我国自秦汉以来，发生的人口迁移路线，多是由中原向当时的政治中心关中地区和西域迁徙。而张姓不同的是由关中地区和中原地区向四周放射性迁徙，尤其是江南和楚越之地。司马迁在《史记·货殖列传》中说，"楚越之地，地广人稀"。与全国大的人口迁徙多数是被动和无奈相比，张姓的迁徙很多是主动的、着眼发展的。张姓在全国有26个主要郡望，而南阳郡就是最主要的五家之一。据《中华张姓网》介绍，南阳张姓的开基始祖，为西汉名相张良第六世孙张彭。

从张挥到张良已经80代了。张良（约公元前250—前186年），字子房，

张良画像

新郑（今河南省新郑市）人。秦末汉初杰出谋臣，与韩信、萧何并称为"汉初三杰"。张良足智多谋，为西汉王朝的建立，立下汗马功劳，被册封为留侯。汉高祖刘邦曾评价他说："夫运筹策帷帐之中，决胜于千里之外，吾不如子房。"张良的超人智慧除表现在为我国大汉朝的统一建立了不可磨灭的历史功勋，还堪比范蠡避祸防患得善终。汉高帝十二年四月甲辰（公元前195年4月25日），汉高祖刘邦驾崩于长乐宫，太子刘盈即位为汉惠帝。刘盈"为人仁弱"，朝廷实权操在吕后手里。张良不满吕后专权，又不愿卷入政治斗争的旋涡，便隐匿民间，颐养天年。"愿弃人间事，欲从赤松子游耳。"赤松子，古代神话传说中的人物。史书对其行踪和所终没有记载，据传说张良沿着赤松子的足迹，去了今天的张家界，于吕后二年（公元前185年）逝世。《澧州府志》《永定县志》均载："留侯张良墓，在青岩山。良得黄石公书后，从赤松子游。邑中天门，青岩各山，多存遗迹。"另有一说是去了今天陕西省凤县的紫柏山，山上有据说是张良十世孙汉中霸主张鲁修建的张良庙。大门上赫然书曰"汉张留侯祠"。大堂上还有清朝兵部尚书于成龙借宿张良庙时所题写的"相国神仙"。张良到底去了哪里，至今仍是个谜。

张良生两子，长子张不疑，在张良死后袭爵留侯，为留侯二世。文帝五年（公元前175年），张不疑参与谋杀原楚国的旧贵族，犯不敬罪，被判处死刑、削夺留侯国爵且永不再封。后倾尽家产赎命为一守城更夫。次子张辟彊号称神童，十五岁时即官至侍中后被召为驸马，官至中丞相御史。后来，张辟彊为避祸也改姓为良氏，隐于晋上党（今山西长治）。

根据多地张姓族谱的记载，到86世张嵩作出了家族分迁的重大决定。张嵩，字贵和，号普辉，汉元帝（公元前48—前33年）时拜东郡太守。汉朝东郡属兖州刺史部，在军事、文化上有着重要地位。中央政府对选择东郡太守是十分重视的。能够任东郡太守的多出自显赫的官宦家庭，且本人特别优秀，并是与皇帝和朝廷重臣关系密切的人。张嵩后官至侍中成为皇上身边的近臣。夫人李氏，生五子：壮、赞、彭、睦、述。

长安作为秦汉两朝的都城，为了繁荣经济，秦朝从全国各地迁移有三百万家财的富户到长安周围落户，总数达30万人口。汉朝延续前朝的做法，又继续向关中地区迁移人口。由于人口增加，资源紧张，张嵩家族虽然身居高位，但是资源有限，五个儿子挤在这里，缺乏发展空间。所以除长子张壮留阳陵（今陕西咸阳市东北）外，张赞迁冀，张彭迁南阳，张睦迁吴郡，张述迁沛国去发展，故分别成为南北分迁之祖。

87世张彭于西汉末携家迁南阳后，繁衍生息，人丁兴旺，名人辈出。张彭生二子，为88世张商和张师。长子张商生一子89世张宗。张宗生二子：90世张期和张堪。长子张期，英年早逝。次子张堪字君游，曾先后拜蜀郡、渔阳郡太守。张堪生一子91世张伟，张伟生三子衡、星、纬。92世张衡（公元78—139年），字平子，曾任尚书和河间相等职。崔瑗撰碑文称他"天资睿哲，敏而好学，如川之逝，不舍昼夜。道德漫流，文章云浮，数术穷天地，制作侔造化，奇技伟艺，磊落焕炳"。张衡有名言："不患位之不尊，而患德之不崇；不耻禄之不伙，而耻智之不博。"张衡发明地动仪，作《二京赋》，官至太史令，是我国东汉时期伟大的科学家、文学家、发明家和政治家，在世界科学文化史上树起了一座巍巍丰碑。次子张星、三子张纬无史料记载。

## 二、张堪生逢乱世

南阳张姓当初在阳陵（今陕西省咸阳市东北）可算是当地的名门望族。汉元帝时期，张嵩第三子张彭带着两个儿子张商、张师在南阳西鄂落脚安家。依靠分家带来的家财，在西鄂购置了田产。张彭原来在长安做过货物贩运，看到西鄂南来北往的水陆交通，就在西鄂县城办起运输货栈。依靠经营信誉好，买卖越做越大，很快在当地成为首富。十几年时间，张家就成了粮田千顷、商铺百幢、日进斗金的大户。但是，好景不长，西汉末期经济日益衰落，社会危机深重，各种矛盾不断激化，社会动荡人心惶惶，兵荒马乱、灾害频发，民不聊生。特别是王莽完成了从"摄皇帝"到"新皇帝"的角色转变。随着货币改革、土地改革的失败，国家迅速衰败，张家的家业也迅速凋落。老话说富不过三代，从张彭到第三代张宗这一代，只为两个孩子留下两所宅院，百顷粮田，但也还是属于小康之家，不愁温饱。

在西汉王朝风雨飘摇的社会背景下，汉哀帝元寿元年（公元前2年）正月初一，发生日食。这本来是一种再自然不过的自然现象，却使上到皇帝，下到百姓心怀恐惧。认为这是不祥之兆，是上天发出的警告。但对人丁不旺的张家来说这一年却是添丁大喜。家中在长子张期十多岁以后，又喜添一子。饱读诗书的父亲给这个孩子取名堪。寓意孩子一生得天道，高高凸显不凡。

张宗凭借张家诗书传家，饱读经书，在南阳府衙里做水曹掾史，秩比三百石，有一笔固定的收入。但是他身体多病，好在有岳父帮助料理家里的所有事务，日子还比一般百姓殷实。好不容易长子张期长大成人，承蒙老师推荐，成为县学的经师。不久又由母亲操持，张期娶妻生子。小儿子张堪聪明伶俐，五岁开始进入学堂。全家也是其乐融融。

俗话说"瘦死的骆驼比马大"，张家虽然逐步衰落，但仍属于富裕之家。小张堪，从小没有受过疾苦，虽然父亲早逝，但是外祖父和哥哥都十分注重他的学习。在家里，更是家中老奶奶的掌上明珠，不会让他受到半点委屈。在这样的家庭环境下，张堪从小就不显得娇气，平时总是跟在哥哥张期的屁股后面，从哥哥身上学到了不少东西，也慢慢懂得了人间的幸福与疾苦。张堪聪明好学，孝敬尊长，为老夫人和家里带来了不少欢乐和希望。

第三章

成长——志美行厉美名扬

# 一、少年立志

　　西鄂张家是名门望族，祖上多为朝廷效力。自高祖张嵩曾官至侍中外，以后家里再没有出过二千石，但是忠厚家风的传承，书香门第的教育氛围，对张堪的成长起到了非常重要的作用。再加上张堪聪明伶俐，好学上进，很小就在当地显露锋芒。

　　西汉末期，张堪的父亲张宗在南阳郡府任水曹掾，负责全郡水利方面的事务。早在汉元帝时期（公元前48—前33年），南阳太守召信臣（字翁卿，生卒年不详。九江郡寿春，今安徽寿县人），兴建了几十处水门堤堰，灌溉面积逐年增加，最后多达3万顷。百姓因之富足，户户有存粮。最有名的是六门陂和钳卢坡。《水经·淯水注》介绍："淯水又经穰县为六门陂。汉孝元之世，南阳太守召信臣，以建昭五年（公元前34年）断淯水，立穰西石堨，至元始五年（公元5年）更开三门为六石门，故号六门堨也。溉穰、新野、昆阳三县五千余顷。"全郡水利工程受益面积达3万多顷，百姓感谢召信臣的功劳，称他为邵父。张宗的工作就是保护利用好前人的事业。他经常到全郡各

六门堤遗址　摄影　焦守田

水门堤堰巡视，一是了解水利设施的使用与损毁情况，及时组织维修。二是及时发现和调节各地用水纠纷。他虽然官秩不高，但是信息灵通。了解到各地的一些新鲜事，回来就讲给两个孩子听。久而久之，虽然他们住在清水河边，但他们知道的外边的事情，要比许多同龄人多很多。从父亲口中得知的历史事件，也在他们幼小的心灵中，树立起学习的榜样。首要的是已故南阳太守召信臣，在任南阳郡太守期间，查看水源，兴修水渠，修建水门堤堰，建成南阳的"万古粮仓"，造福乡民。父亲休息的时间，还曾经带着张堪去有名的六门堰游玩。在父亲的讲解下，小小的张堪就已经深感邵太守让滔滔江水，乖乖听从人的调遣，浇灌农家的禾苗，造福百姓的伟大！后来张堪到宛城读书，知道南阳人民为了纪念邵太守的功绩而建立的邵父祠，距离学校不远，他经常利用课余时间到那里去瞻仰。有时在召信臣的塑像前，可以待上两个时辰。

在张堪的心目中，祖上还有两位让他崇拜的大英雄。一位就是被喻为"汉初三杰"之一的张良。小的时候父亲带着他和哥哥，去堵阳黄石山游玩，给他们讲张良"黄石受书""张良刺秦""运筹帷幄"的故事，使他从心里佩服张良智勇双全。这些故事不仅自己烂熟于心，还经常讲给小朋友听。

另一位是张家祖上的骄傲——西汉两次出使西域的张骞。张骞（公元前164—前114年），字子文，汉中郡城固，今陕西省汉中市城固县人，中国汉代杰出的外交家、旅行家、探险家。

建元二年（公元前139年），汉武帝为实现联合西域36国抗击匈奴的战略，昭告天下，选拔使者。作为汉武帝侍者的张骞奉命，由匈奴人甘父做向导，率领100多人出使西域。但中途被匈奴俘虏扣押十余年，始终坚持汉节。后逃出，历经艰难险阻，回到长安。元狩四年（公元前119年），汉武帝任张骞为中郎将，率300多名随员，携带金币丝帛等财物数千巨万，牛羊万头，第二次出使西域。目的还是联络与匈奴有矛盾的乌孙国回原来的地方，以断匈奴右臂；并劝说西域诸国与汉联合，使之成为汉王朝之外臣。但最终没有达到劝说乌孙东归的目的。不过，张骞的副使则分别访问了中亚的大宛、康居、大月氏、大夏等国，扩大了西汉王朝的政治影响，增强了相互间的了解。张骞一行偕乌孙使者数十人于元鼎二年（公元前115年）返抵长安。张骞打通了汉朝通往西域的南北道路，即赫赫有名的丝绸之路，汉武帝以军功封其为博望侯。

这博望侯的封地就在淯水东岸的堵阳县（今方城县），与张堪的家隔河相望。就在张堪刚懂事时，张堪和姥爷坐在淯水岸边，望着对面，姥爷就给他讲博望侯"赏金造桥"和"白马寺"的故事。等到稍微大一些，张堪就经常和大人坐船到博望的集市。在大人购买东西的空当，张堪早就溜到老街东头的张骞祠去了。望着祠堂里张骞塑像那手持汉节，眺望远方、满脸坚毅的神态，总有一种长大要像张骞那样为国建功立业的冲动。

父母是人生的第一位教师，家乡是人生第一课堂。家庭、社会对张堪的影响，对他后来成为一名有勇有谋、廉洁勤政、造福于民的人起到了非常重要的作用。

中国的小孩，一般到六七岁，就进入了启蒙教育阶段。张堪家族似乎更重视孩子的教育。爷爷、父亲，加上比他大十岁的哥哥，很早就教他识字、数数。家里的书籍是他最喜欢的东西。张堪经常磨他哥哥给他读书。哥哥去西鄂官学上学，是他最羡慕的事情。开始家人没有太在意，直到有一天，当着客人的面，张堪把《孝经》的《开明宗义章第一》滔滔不绝地背下来，所有人都十分惊奇。从此5岁的张堪就成为张家聚书馆中最小的学生。

西汉景帝刘启（公元前188—前141年）时期，文翁在成都始置学官，创建官学，得到汉武帝的表彰。公元前124年，汉武帝诏令"天下郡国皆立学校官"。到西汉末年，中原地区的教育已经发展很快，地方官学按照行政区划设置。郡国设学，县、道、邑设校，乡设庠，聚设序。此时的南阳郡不光郡府所在地早有官学，就连西鄂这小县城也有官学。大有"学校如林，庠序盈门"的盛况。除此以外，大的聚落还有私学设馆，张堪开始上学就在张家聚的张家书馆，这实际上是张姓族群自己创办的。那时候的学制不是很严格，地方官学一般分三个层次：初级阶段以学"字书"为主，主要是识字、习字。字书的种类较多，主要有《苍颉篇》《凡将篇》《急就篇》等。算学则以《九章算术》为主。中级阶段以学习《论语》《孝经》为主，庠、序都设有孝经师，对学生进行思想、品德教育，立志教育，属于基础教育。到了第三阶段，进入儒家经典学习阶段，主要学习孔子所治《诗》《书》《礼》

《乐》《易》《春秋》等六经。但那时，学生的年龄和每一阶段所学的时间，没有严格限制。只要所学的课程熟练掌握，就进入上一级。

张堪在入学前就已经打下了坚实基础，用今天的话说，学前教育基础好。开始学这四门功课，就比一般学过一年的还要好。经常出现老师叫他去辅导比他年龄大的孩子的情况。根据他的学习基础，一年以后，老师就安排他进行《论语》和《孝经》的学习。在学习上，张堪表现出超常的能力，多难懂的文章也难不住他，而且有些还没学到的课程，他都已经学会了。有一次他到县里哥哥的公学，经师看到来了一个七八岁的小童子，很喜欢他，就拿起哥哥的《周易》考他认识多少字。没想到，张堪恭敬地站在先生面前，一口气背下了乾卦的卦辞，而且用白话解释了内容。不仅让经师惊诧不已，也叫学校里这些比他大十几岁的大哥哥们无地自容。从此，"张堪七岁能解经"的名气一下在西鄂传开了。老师看到张堪读书不仅有常人少有的天赋，而且勤奋刻苦，将来必成大事，就建议家里大人让他尽早接受正规教育。新莽初始元年（公元8年），十岁的张堪就跟着父亲到南阳郡学读书，成为一名"文学弟子"。

虽然南阳离家只有五十里，从淯水乘船顺流而下，一个时辰就到了。但这对张堪来说也是一个全新的世界。不说父亲当差的官府人，就是南阳街市、学校的人也是彬彬有礼。不像张家聚的人那么随便。学校里也显出官学的水平。教书的经师谈吐之间都显出满腹经纶。堂下的弟子们也不再是大小不齐的。郡府的官员还经常到校看望师生，有时也会就某一经典话题，与弟子交流讨论。就是太守大人也会抽空到学校来，听经师讲课，听弟子释经。这是一般学校得不到的机会。

按照张堪在聚里书馆学习的基础，到府学只能够插到低学年的班里。但是他在五年的时间里，学完了别人十年的课程，而且每门课的考核成绩都是第一。有一次，大尹（王莽改称郡太守为大尹）到学校里与高年级的学子辩经，张堪作为学生代表，有幸同大尹讨论易经。他不仅能够把卦辞里的内涵，阐述得非常到位，而且还前取历史典故，下联社会发展实际，提出解决问题的对策。听得大尹拍案叫绝，连声称奇。

张堪小小年纪，却懂得尊敬先生。虽然平时学习成绩一直很好，但他却十分谦虚。一次，张堪作的易经文章，论点鲜明，论据充分，用典恰到好处，但先生却认为其中一处典故误用，并当众指责，张堪丝毫不为自己辩解，只是低头不语。课后，同学们主动翻书查找，发现张堪是对的，然后拿着书去找先生理论，为张堪打抱不平。这位先生先是大为光火，后来不得不承认自己的疏忽，并深为张堪的行为所感动，还亲自向张堪道歉。

五年郡学的学习，张堪不仅丰富了许多知识，更主要的是政治上更加成熟，树立了修身、齐家、治国、平天下的志向。要救百姓于水火，避国家于灾难。始建国六年（公元13年）年底，张堪的各门考核成绩，又是全学年第一。王莽进一步扩大太学招生，诏各地郡国举荐博士弟子。按照当时的规定，招收太学博士弟子的条件有三条：一是年龄在十八岁以上；二是仪表端正；三是由郡国道邑推举好经学、敬长上、肃正教、顺乡里、出入不悖所闻者。由于张堪德才兼备品行突出，在大尹（即太守）的极力举荐下，十六岁的张堪被招生成为太学博士弟子。

## 二、让财于人

张堪被推荐入太学的消息很快传遍西鄂城乡，淯水两岸，一时间成了人们谈论的话题，张堪也成为大人教育孩子的榜样。但是，对张堪的家人来说，却是一个又高兴又担心的事情。高兴的是张堪小小年纪，就能够如此好学上进，真使张家光宗耀祖。担心的是对一个十几岁的孩子来说，远离家乡，游学长安，真是有些不放心。

张堪知道家人的担心，就用各种方法解除他们的担心。他介绍这次外出求学不是孤身一人，南阳郡有好几个。家里都知道的是宛城的朱岑、任延，蔡阳的刘秀、河东堵阳尹敏等。要说年龄小，任延比他还小，只有十二岁。已经在长安太学那里求学的南阳人也不少，到长安还会遇到很多老乡，大家会互相照顾的。更何况这几年在宛城府学独立生活了五年，家里尽可放心。

太学是我国古代国家的最高学府，最早的名字始于西周，也叫大学、成钧、上庠。元朔五年汉武帝听从董仲舒的建议，在长安设立太学。每年只招收50名博士弟子（进入太学的学生）。汉平帝元始四年（公元4年），正在辅政的王莽扩建太学，不仅建起了规模宏大的明堂、辟雍、灵台，而且为学生建起了万区宿舍。这年的八月辛丑举行了盛大的开学典礼，新老太学弟子、博士、祭酒、官员有十万之众参与庆典。从此后，太学发展进入鼎盛时期，八月也是每年太学新生入学的时间。张堪他们要到天凤元年（公元14年）八月才能够入学。还有半年多的时间。家里一边给张堪收拾行装，一边开始筹措学费。

当初汉武帝筹建长安太学时，进入太学的博士弟子，不仅没有学费的问题，还可以免除税赋，享受朝廷的补贴和赏赐。后来太学规模大了，朝廷承担的还是由太常选拔的50名博士弟子的费用。至于各郡国推举的博士弟子，则只是提供住宿，生活费用、学习费用都由自己承担。张堪等南阳郡推举的弟子，都是属于自己承担费用的。每人每年需要五千钱（五铢钱），一般三年要一万五千钱。这不是个小数目，对经济不富裕的家庭来说就是一笔不小的负担。据史料记载，东汉光武帝刘秀当初就是经费接济不上，曾经与人合伙买一头毛驴拉客挣钱，最后还是因困退学了。

张堪家虽说尚属殷实，但是为了凑够暂定三年的学费，也是很吃力的，即使是亲戚朋友都伸手相助，也只凑齐了一年的支出。想后两年的费用再慢慢想办法。张堪看在眼里，疼在心上。他告诉家里人，他只需要第一年的费用，以后的费用不需要家里筹措，他可以依靠自己的能力，边上学，边挣钱养活自己。

对于家里的产业，有善田（好田）五顷，两所宅院和浮财若干。西汉距今2000多年，如何评价他家的财产？有资料介绍西汉土地买卖成交记录，如《汉樊利家买地铅券》中云："田五亩，亩三千并直万五千。"就按亩均地价三千计算，土地值一百五十万，两所宅院也值五十多万。张堪与哥哥两人每人可有上百万家财。但是，这时哥哥已经去世，嫂嫂带着孩子度日。张堪看着年幼的侄子十分可怜，就提出家里的财产全部归侄子所有，他放弃了自己应得的百万家财，得到乡里乡亲的一片喝彩。自己从此开始远离家乡，踏上求学的道路。

# 三、进京求学

王莽天凤元年（公元14年）八月初，张堪约上南阳同去太学的同伴，踏上了西去长安求学的路。尽管出发前，几个人对路程做过功课，但是对于十几岁从来没有出过远门的大男孩来说，还是激动不已。他们沿着秦楚驿道，过丹水、出武关、走蓝田、跨灞上，虽不是风餐露宿，但也是奔波劳碌。这条古道，不仅是联络关中与南阳盆地的空间，更是穿越春秋战国到汉朝的悠悠历史。它承载了数不清的悲苦与欢乐，它见证了道不尽的战乱与饥荒。这些青年学子，沿途见景生情，仿佛看到峣山（在今陕西蓝田县南二十里）依然插遍了汉军疑兵[①]的旗帜，灞上依然回荡着楚汉决战的战鼓。特别是来到东都门外的外郭亭，秦王子婴系颈以组，白马素车，奉献天子玺符向刘邦投降的历史画面，立刻在张堪脑中回放。大汉王朝的风光不再，王莽的新朝不但没有见到新的气象，就连沿途的驿站都被流民围困得不敢开门。所以即使他们尚不缺朝廷准许流通的新币货布、货泉，可经常不是饭馆没有饭可卖，就是干脆关门。所以他们历时半个月，行程八百里，也是饥渴劳碌。终于来到盼望已久的都城长安时，张堪仿佛成熟了许多，为原来立下的修身治国平天下的志向充实了更多的动力。

## 1. 初到长安

南阳古城尽管也是历史悠久，在秦朝就列入全国五大都市之一。但是毕竟属于地方城市，最多属于南阳郡的政治、经济中心。而长安城就不同了，秦始皇定都长安，这里就是全国的政治经济文化中心。自从汉高祖刘邦在公元前201年把都城从洛阳迁到长安（后来的汉长安城），这里继续成为全国的

---

① 张良曾经向刘邦献计，在峣山和蓝田布设疑兵遍插汉军旗帜打败秦军。

政治、经济、文化中心。经过前后200年的修建，长安不仅比渭河北岸的秦都城富丽了许多，就是在全世界也是可以与罗马齐名的世界级大城市。大汉朝经过200多年的发展，到汉哀帝时期就已经进入衰落阶段。再加上近十几年王莽的改换朝代维新，昔日长安的辉煌，早已成为过往烟云。但是对于张堪他们来说，依然感到震撼。从进入宣平门开始，帝国都城的庄严气势就迎面扑来。高高的城墙，雄伟的城门，以及城门前面竖起的城阙，都是南阳府城没法比的。长安城虽四面城墙不很方正，但东西南北四面城墙每边都是三座门，共十二个门。每边的三座城门都是三个门洞，每个门洞可并行四辆马车。每座城门正对一条大街，构成长安城内"八街九陌"。

每条宽阔的街道分为三部分，中间部分是御道，专供皇帝行走，两侧则供官员和普通百姓行走。道路中间由排水沟隔开，道路两侧榆槐松柏，绿树成荫。大街两侧商铺、宫殿连连相邻。汉长安城的人东去洛阳，或从洛阳、南阳西来长安，都要进宣平门。宣平门是长安城东城墙的北门（新莽以后改为春王门，但百姓依然称其老名）。城门外两侧矗立着两座高高的城阙，城门外建有郭城，郭城门叫东都门。张堪他们进了宣平门，就是宽阔的东西畅通的宣平大街。大街两侧是居民住宅区，只见室居栉比，门巷修直，景象是南阳所没有的。一直走，就是横门里的南北走向的华阳街，街东西两侧繁华

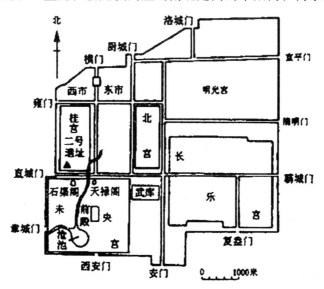

汉长安城遗址复原平面图

宣平门遗址　摄影　张珊焕、武斗山

的市场映入眼帘，人潮涌动，叫卖不绝。街东是东市，商贾云集，百货充盈。街西为西市，遍布手工作坊和胡商货栈，有些货栈彰显异域风情。东市附近，有不少群邸，招待南来北往的客人。由于太学还有几天才能开学，张堪和同伴只好先在这里的群邸住下，等待开学。安顿好住宿之后，同伴们早就禁不住都市繁华的诱惑，纷纷跑去逛街了，而张堪却从书箱里取出《易经》看起书来。

### 2. 王莽时期的太学

汉武帝采纳董仲舒的建议，在元朔五年置五经，兴太学。只是规模不大，聘请了五位博士（讲经的老师），每位博士招收10名弟子，整个太学一共才招收50位学生，称为博士弟子。

《汉书·王莽传》中记载："是岁（汉元始四年，公元4年），莽奏起明堂、辟雍、灵台，为学者筑舍万区，作市、常满仓，制度甚盛。"王莽摄政，为了强化儒学教育，上奏折建设明堂、辟雍、灵台，为学者建设宿舍万区，扩大太学规模，实行新的太学教育制度。

与西汉太学相比，王莽兴办的新太学包括：一是扩大了太学规模。在长安城南太学建设辟雍、明堂、灵台，三雍一体的建筑群。辟雍本为周天子所设大学，校址圆形，围以水池，前门外有便桥。后成为皇帝到太学讲学和举行重要活动的场所。明堂，是古代帝王所建的最隆重的建筑物，用作朝会诸侯、发布政令、秋季大享祭天，并配祀祖宗。古人认为，明堂可上通天象，

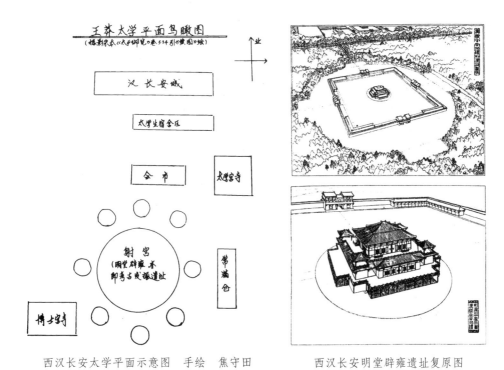

王莽大学平面鸟瞰图
（据彩宋本《太平御览》卷534引《黄图》绘）

汉长安城

太学生宿舍区

会市　　太学室寺

射宫
（明堂辟雍亦
即考古发掘遗址）

常满仓

博士寺

西汉长安太学平面示意图　手绘　焦守田

西汉长安明堂辟雍遗址复原图

汉讲经汉画砖　摄影　赵黎明

下统万物，天子在此既可听察天下，又可宣明政教，是体现天人合一的神圣之地。灵台是用于观天象的高台。儒家认为站在高台上观天象，可以通天地之灵气。"三雍一体"成为王莽新太学的重要建筑。此外在其北设射宫，供太学弟子进行讲学交换图书、礼仪社交和经义交流活动。开设六经，按照每种经学配置五名博士官，增加配置主事八人，"高弟"八人，"侍讲"八人作为讲学助手。每个博士官各领弟子360人，使太学的招生规模扩大到10800人。比汉成帝时期太学弟子3000人的规模扩大三倍以上。

二是扩充教学内容，增设《乐经》。将原来太学钦定的《易经》《书经》《诗经》《礼经》《春秋经》五经扩大为六经。考试科目在原来《射策》《对策》的基础上，增加了《试诵》，即口试。

三是完善制度。设立"常满仓"，相当于现在的奖学金制度，对学习优秀的太学弟子给予伙食补助。设立博士祭酒。每经设五名博士官，设祭酒一人，秩上卿。级别高于一般博士官。相当于今天大学里的系主任。设立定员取士。每年从博士弟子中选取一百名成为朝廷官员。其中"课岁甲科四十人为郎中，乙科二十人为太子舍人，丙科四十人补文学掌故"。在一万名学生中招收百人，可谓是百里挑一，竞争不亚于今天的政府公务员考试。

不管今天对王莽个人的评价如何，新太学的这些改革措施，对当时培养、发现人才还是发挥了积极作用。张堪以及后来东汉刘秀政权中的重要官员，很多都是在王莽时期太学学习过的。即使是带兵打仗的将军，也有不少都是太学生。后人说"东汉功臣多近儒"，太学的扩建起到了决定作用。

很快到了太学开学的日子。张堪怀着既兴奋又紧张的心情，和大家离开"群邸"，前往太学报到。一行人沿安门内大街一直向南，出安门。安门是长安城南城墙三座城门位于中间的城门。由于东面的复盎门内是长乐宫，西面的西安门内是未央宫，只有安门可以供百姓通行。出安门继续向南，走了三四里路，就看见路东有一座高大的亭榭式建筑，上圆下方，这就是著名的明堂辟雍。太学与明堂辟雍相距不远，其实是一码事。

太学开学那天是最热闹的日子。全国一百多个郡国推荐的优秀学子，集中到这里，虽然都是年轻小伙，但是服饰、口音各异。从经济条件看，有的一个人只背着简单的行李，可有的则是几个大人围着一个孩子转。相互之间都是初次见面，不免影响了学子之间的交流。张堪他们都由南阳郡举荐才得以来到太学，他们各自交上南阳郡府的官文，注册完成后就算入学了。然后再根据个人志愿和总体平衡，分配选经拜师。大家没想到这么顺利就来到日夜盼望的太学了，几个年轻人既有期盼，也有好奇。

### 3. 治梁丘易

《东观汉记》卷十四中有记载："张堪受业长安，治梁丘易。"《后汉书·儒林列传》在说到易经的传承时也有"又有南阳张堪、京兆祁圣元、杜晖亦治梁丘易"的记载，都说明张堪到长安太学学习的主要经学是《梁丘易》。

太学弟子来到这里学习，一般是按照自己的志向、专长和博士官招收的弟子数量选定所学经书的，同时也就确定了自己所拜的博士官。刘秀师从庐江（今安徽省庐江西南）人、中大夫许子威先生学习《今文尚书》。而张堪出于钟爱易经，有"七岁能释经"的基础，所以他选择了师从衡咸学习《梁丘易》。

何为《梁丘易》？《梁丘易》简单说是由梁丘贺传授下来的《易经》。易学是我国汉民族思想智慧的结晶。它产生于我国新石器时代，作为一门研究宇宙人生、世间万物变化规律的科学，《易经》便是总结、认识、预测变化规律的理论。夏代的易经叫《连山》，商代的易经叫《归藏》，周代的易经叫《周易》。《周礼》中云："太卜掌三易之法，一曰连山，二曰归藏，三曰周易。"易经是这"三易"的总称。但其中《连山》和《归藏》据史料记载都已经在汉代失传。近年有好消息传来，说近年来在出土的古代竹简中发现了《连山》。一则是说1993年，在湖北江陵荆州镇邱北村王家台15号秦墓中，出土的813枚竹简中，发现了商代易经《归藏》；二则说2016年，在江西南昌发掘海昏侯墓中，除去出土大量黄金、玉器、青铜器等文物外，还有记载珍贵的历史书籍的竹简5200多枚。在这些古籍竹简中，有失传的齐《论语》《礼记》《易经》等。专家预测在这些尚待解读竹简的《易经》中，可能会有《易经》中的《连山》和《归藏》。但是这些都没有权威认定。只能寄希望于今后的考古研究有惊人的发现。

古人的易学理论，教给人们三个认识世间万事规律的工具，一是阴阳理论。"易"的字形是由上"日"下"月"组成的，寓意阴阳。《周易》就是建立在阴阳二元论基础上对事物运行规律加以论证和描述的典籍。二是五行理论。古代中国人民创造的一种哲学思想，以日常生活的五种物质金、木、水、火、土元素，作为构成宇宙万物及各种自然现象变化的基础。该理论认为，宇宙间万物的发展、变化都是这五种不同元素不断运动和相互作用的结果。三是八卦。相传伏羲运用阴阳符号画八卦图，奠定了易学的基础。用八种图形，解释世间自然、社会现象。周文王姬昌根据伏羲所创八卦所作《经》和《传》两个部分，合称《周易》。在后来的中国传统思想文化中，自然哲学和伦理实践都是源于《周易》。中国史学界认为《周易》是伏羲、文王、周公、孔子四圣共同研究的成果，更是中华民族智慧与文化的结晶，涵盖万有，纲纪群伦，广大精微，包罗万象，是中华文明的源头活水。被誉为"群经之首，大道之源"。

孔子撰《易传》对中国易学的传承发展奠定了坚实的基础。自孔子以后，《易经》的传承脉络是：孔子授商瞿。商瞿授鲁桥庇子庸。子庸授江东臂子弓（其人是荀卿之子）。子弓授燕子家。子家授东武孙虞子乘。子乘授齐田何。田何，字子庄，淄川（今属山东省淄博市）人。后迁徙到杜陵（今陕西省西安市东南）。经他口授并用隶书记录下《易经》，成为西汉今文易学的开创者和田氏易学派创始人。当时田氏易学备受推崇，他晚年因病不再出仕，汉惠帝曾经到他家里听他讲《易经》。田何授东武人（今山东省诸城）王同子中、洛阳人周王孙、梁人（今开封）丁宽、齐人（今临淄）服生，四人都学有所成，并著《易传》数篇，但后世都已散佚。其次，自王同子中一系，再传杨何。杨何，西汉淄川（今山东寿光东南）人，字叔元。武帝时，立杨何为西汉第一位《易》学博士，元光元年（公元前134年）征为太中大夫。著有《易传杨氏》两篇，已佚。司马迁的父亲司马谈曾向杨何学习《易经》。杨何传京房[1]（公元前77—前37年），东郡顿丘（今河南清丰

---

［1］ 西汉有两位京房，对易学都有研究。一位受学于杨何，官至太中大夫、齐郡太守。其学传梁丘贺，《汉书·儒林传》云："梁丘贺，字长翁。……从太中大夫京房受易。房者，淄川杨何弟子也。房出为齐郡太守，贺更事田王孙。宣帝时，闻京房为易明，求其门人，得贺。"另一位是西汉今文易、京氏之学创始人。这里所言为前者。

西南）人。字君明，本姓李，好音律，推律自定为京氏。元帝时立为博士，官至魏郡太守。屡次上疏，以卦气、阴阳灾异推论时政，后因劾奏中书令石显专权，为石氏所忌恨，被捕下狱处死。死时年四十一岁。于易学师从梁人焦延寿，对《周易》象数多有发明，言纳甲、八宫、世应、飞伏、五星四气等。而且能够运用象数理论进行占验。把灾异与政治相联系，这种做法并非始于京房。京房的"创新"在于，他把这种联系置于《易》学框架之内，从而令人耳目一新。京房（前）传授给梁丘贺。梁丘贺（生卒年不详），复姓梁丘，字长翁，西汉诸（今山东省诸城市）地人。后世公认梁丘贺是西汉时今文《易》学"梁丘学"之开创者。汉宣帝时，听说京房精明《易》，就找他的门下，得到梁丘贺。被召为郎，任太中大夫、给事中，最后官至少府。甘露三年（公元前51年），西汉中兴之主汉宣帝刘询因匈奴归降，回忆往昔辅佐有功之臣，乃令人画十一名功臣图像于麒麟阁以示纪念和表扬，梁丘贺以少府名列其中。年老终于官。梁丘贺传子梁丘临。梁丘临传给五鹿充宗及琅琊王骏、丁宽一系，又再传田王孙，王孙传施，传张禹，禹传彭宣。五鹿充宗教授平陵士孙张（仲方）及沛人邓彭祖（子夏）、齐人衡咸（长宾），士孙张、邓彭祖、衡咸之学在当时受到世人推崇。

关于梁丘易的具体学说，为什么受到汉朝多位皇帝的青睐，已经无从可考。但是从史料对它的评价看，梁丘易"专行京房法"，"占事知来，亦《易》中之一体耳"，预测未来成为《梁丘易》的特点。

《易经》从孔子开始，一脉相传，相传中既有传承，也有发展，当然也有走入歧途，无法延续者。据说比较有名的只有13家。但自汉武帝兴太学立博士以来，只有施氏易、孟氏易、梁丘易和京氏易被列为太学《易经》传授的正统官学。

至于张堪师从哪位博士，史书中没有专门记载。但是通过《王莽太学经师考》得知，张堪进入太学时期，正值衡咸任王莽博士传授《梁丘易》，而教授《梁丘易》的博士只有一人。所以可以确信张堪师从衡咸受《梁丘易》。

衡咸，齐郡人，西汉著名学者五鹿充宗的学生，精通经史，辩才过人。衡咸学生众多，以致形成一氏之学。他的老师五鹿充宗，复姓五鹿，名充宗，字君孟，卫之五鹿人，以地为氏（卫地，在今河南省濮阳县南。一说是代郡人）。他是西汉著名的儒家学者，受学于弘成子，齐论语和梁丘易的传人，为人锋芒毕露，汉元帝夸他"心辨善辞，可使四方"，其代表作《略说三篇》录入了《汉书·艺文志》中。五鹿充宗是汉元帝的宠臣，先为尚书令。汉元帝时中书令石显掌权，石显友人五鹿充宗为尚书令，其后五鹿充宗又高升为九卿之一的少府[①]。名师出高徒，在与其学习《梁丘易》的学生中，衡咸与邓彭祖都很有名气。张堪能够得到衡咸的教育，为他后来在《梁丘易》承传中留下一笔打下了基础。

# 四、美誉"圣童"

当时太学中的博士弟子，多数以一门为主，兼学其他。史料中有代表性的记载如尹敏。尹敏，字幼季，南阳堵阳（即今河南的方城县）人。后来成为东汉初期儒家古文经学派代表人物之一，同时也是东汉初期反谶纬思想的代表人物之一。尹敏当年与张堪同在太学，在师从欧阳政学习《欧阳尚书》的基础上，还学习《毛诗》《谷梁》《左氏春秋》等，曾担任过郎中、长陵令、谏议大夫等职务，但因为反对谶纬思想，一直没有受到重用。张堪以他的扎实功底和过人的聪明才智，也充分利用太学里好的师资条件、好的学习环境，在学习好《易经》的同时，兼学了《春秋》《尚书》等。

在太学扩大招生以后，每位博士官要教授360名弟子，而且这些人又不是同时入学，所学课程参差不齐，也很少集中授大课。更多的时间是在侍教的辅导下自学。博士弟子想要见到博士官，很不容易。但是衡咸每次到太学讲经，张堪都要把学习《梁丘易》中遇到的难题和思考的问题，当面请教。尽管衡咸教授的弟子很多，但久而久之就发现这个南阳的小弟子，问题特别

---

多，但都问到了点子上。有时衡咸故意在授课时点名要张堪回答问题，只见他都是从容不迫，娓娓道来，重要的是总能给大家一些新的启示。在第一年的年终考试时，就考了甲科第一的好成绩。按说，可以结束太学的学习，招为郎官。但是他却主动找太常，放弃去做官的机会，想继续学习，以进一步彻悟易经真谛，更好地报效国家。这使得同来的弟子们既羡慕又嫉妒。

真正使张堪名扬太学的有两件事。一是在会市上舌战群儒，用事实说明运用事物变化的规律预测未来发展与生搬硬套地利用卦辞解释世间万象的区别，更驳斥了利用灾异之说参政的邪说。既坚定地维护了《梁丘易》的真谛，也让大家分享了他对经典的贡献。二是由于他学习成绩优异，对博士尊敬有加，对学习、生活困难的同学热心帮助。博士和同学都说张堪是圣童，就连后来成为东汉光武皇帝的刘秀，也对张堪赞不绝口。

《后汉书·张堪传》中记载："年十六，受业长安，志美行厉，诸儒号曰'圣童'。"按照现在的标准，张堪已经十六七岁了，是个年轻小伙子了，为何还称他为圣童？一是张堪自小没有受过疾苦，生得细皮嫩肉，一张眉清目秀的娃娃脸，给人的感觉就是个可爱的娃娃；二是汉朝有过选拔才能优异的童子科的制度。就是要选拔十二岁到十六岁之间能博通经典的入科，叫童子科。中国古人关于"圣童""神童"的称呼，就是对那些幼而敏慧，才赋优异的儿童的称呼。只是两汉时期儒学盛行，圣童的标准更趋于尚德，品德高尚是重要条件。无论按照什么条件，张堪被誉为"圣童"都受之无愧。

## 五、槐市图存

在太学里，张堪最快乐的事，除去在博士的课堂上，思绪随博士的指点徜徉在古人先哲的妙语中，就是到槐市上淘书。槐市是长安太学附近一个专供太学生买卖书籍、文房用品的市场。据《三辅黄图》中载："仓之北，为槐市，列槐树数百行为队，无墙屋，诸生朔望会此市，各持其郡所出货物及经传书记、笙磬乐器，相与买卖。""仓"指常满仓，指出了槐市在常满仓的北面，"朔望（朔：农历每月初一叫朔日。望：农历每月十五称望日。有时是十六日或十七日）会此市"指槐市每月两次，分别是每月的初一和十五。"各持其郡所出货物及经传书记、笙磬乐器，相与买卖。雍容揖让，侃侃訚訚，或论议槐下"记录了槐市的内容。可见这是一个专为学生们开设的交易市场。交易的内容不仅是学生家乡的特产，更主要的还有学习所用的图书、乐器。自己用过的书不用了，需用的书一时又没有，大家就到列队成行的槐树林里去进行交易，以我所有，换我所需。由于大家是读书人，彬彬有礼，都很谦让，融洽和谐。这就是所谓的"槐市"，也可以说是最早的学生市场，或者说是最早的书籍交易市场。张堪家本是书香门第，家里藏书很多。他来长安学习曾经带来一些书，但很快都被张堪倒背如流。于是，他就用自己读过，甚至已经背下的书去槐市上与人换书看。用自己带来的书做本钱，可以换回自己喜欢的书，真是比图书馆还方便。书市半个月开一次，张堪都是在半个月之内读完上次换来的书。有些喜欢的内容，他还记下笔记。张堪自幼练得一手漂亮的隶书，人见人爱。许多同学喜欢借他的笔记看，都把内容与苍劲有力的隶书一并欣赏。

有一次张堪偶然想起，如果把易经学习当中的章句，按照不同家传列于一起，既便于学生理解，也可以了解不同博士注解的不同观点，就像学习经学的工具书一样。于是他尝试着从自己所学的《易经》开始，将易经中《施氏易》《孟氏易》《梁丘易》《京氏易》的主要章句及其解释汇编成册，誊写装订。拿到槐市，刚一拿出就被别人买走。没想到，除去成本，这个汇编资料竟还有五十钱（五铢钱）的纯利。按照他的速度，每半月可以完成两本，一个月下来的收入竟可以有两百钱。有了槐市的财路，张堪找到了完全可以自己养活自己的途径，解决了后几年的学资。后来来歙又帮助他在太学附近找了一家商铺，给人家记记账簿，每月去几次，给两百钱。这样张堪根本不用干什么力气活，就把自己的生活费挣下来了。

# 六、志存高远

太学是一个培养人才的地方，也是朝廷政治、经济，以及社会发展信息资源密集的地方。随着在太学学习时间的推移，张堪与同来的这些热血青年，不仅学识水平有了很大提高，而且看问题的角度更加全面，更加深刻，开始从两耳不闻窗外事的"乖学生"，向胸怀天下的热血青年转变。尤其是目睹了王莽执政后的乱象，对新朝统治者的期望彻底破灭。

公元8年王莽代汉自立，号称"革汉而立新、废刘而兴王"，为他建立的朝廷取国号为新。虽号称"新"，但却在全国范围内效仿周礼，推行"托古改制"，强力推行所谓"六大改新"：（1）"更名天下田曰王田"，恢复"井田制"①。（2）改奴婢为"私属"，亦不得买卖。（3）实行"五均六管"，王莽以《周礼》所载的"五均"为模式垄断社会工商业。在长安、洛阳、邯郸、临淄、宛（南阳）以及成都等五大城市设均输官平衡物价，钱府官主管税收和赊贷。管理物价，征收商税，由政府经营盐、铁、酒、铸钱和征收山泽税。（4）以"托古改制"为名进行了一系列的币制改革。恢复古代刀币和布币的使用。（5）改革中央机构，调整全国郡、县划分，改变官名、地名。（6）改变少数民族族名和首领的封号。

王莽的改制食古不化，竭力复古，最终导致改制的失败。四次币制改革在经济上造成混乱，国内烽烟四起，为了转移矛盾，以改变少数民族族名和首领的封号，挑起对匈奴和对东北、西南边境各族的战争。给人民增加了沉重的赋役征发，滥施残酷的刑罚，结果更使人民怨声载道，加上连年灾荒，物价腾贵，终于引发了全国性的农民起义。

---

① 中国古代的一种土地制度，"井田"一词，最早见于《谷梁传·宣公十五年》："古者三百步为里，名曰井田""井田者，九百亩，公田居一。"

虽然王莽建立新朝时，张堪才十岁，只是觉得新代汉、王代刘有些新鲜，也多少抱有一些期望。但是随着在太学学习近距离考察了新朝，由最初对新政改革失败的不解，到体验到王氏家族的跋扈、官僚的腐败，渐渐产生了对这个新朝的失望甚至反感。特别是西汉末期王莽初始元年（公元8年），哀章制造"匮图策书"闹剧真相大白后，张堪对这个新朝彻底丧失了信心。

哀章（？—公元23年），西汉末广汉梓潼（今属四川）人。问学长安，素无行，本来是在太学读书的学生，但是一向品行不端，善于投机取巧。当他看到王莽做了摄皇帝后，把符瑞视若神明，迟早要做真的皇帝，于是他决心来一次政治冒险。他偷偷做了两检铜匮，一检上写着"天帝行玺金匮图"，另一检上写着"赤帝行玺某传予皇帝金策书"，金策书中明确写着刘邦将皇位传于王莽，元后应该尊承天命将帝位授予王莽。还写着王莽登基后，应该授予哀章何种官职。而王莽正需要由头实现做皇帝的梦想，于是拿哀章造假的策书说事，对策书开列的照单全收。王莽篡位后，哀章被任国将，封美新公，位上公，成为新莽四辅之一。这件事在太学和社会上造成了很坏的影响。

到了张堪入学的第三年，莽以制作未定为由，上自公侯，下至小吏，皆不得俸禄。直到五月份，王莽才下诏书说："予遭阳九之厄，百六之会，国用不足，民人骚动，自公卿以下，一月之禄十布二匹，或帛一匹。"而此时时局动荡，每天都可以听到各地起义和朝廷镇压起义的消息。朝廷对太学弟子刘氏宗族的迫害，太学常满仓停发对博士弟子的补助、奖励，以致刘秀等不得不搭伙买一头毛驴，靠出租挣钱养活自己。后来政治上王莽对刘氏宗族加以打压迫害，刘秀等刘氏学生都纷纷被逼退学。为新朝唱赞歌的无能之辈，心怀不轨的投机分子，却成为当朝的新宠。而对时局稍有不满者或仗义执言者屡屡受到打击。同学来歙只是因为与刘氏有亲戚关系，就被拘捕。张堪联络了几名非刘姓要好的同学，分头串联了几百名太学生联名上书，给太学的主官秩宗（太常）请愿，要求释放来歙。来歙的家人也通过各种关系，四处打点说情。由于来歙本来就没有反对朝廷的言行，在太学和社会的压力下，来歙才被释放。太学正常的学习秩序完全被打乱，朝廷里和郡国许多二千石的官员都不愿为这个没有希望的朝廷卖命，纷纷离开了官场。张堪虽然与刘氏毫无瓜葛，但看到这些，也十分愤慨，更不想赖在这里谋得一官半职，最终也于天凤四年（公元17年）离开了太学，回到了家乡。

第四章

返乡——为人师表传经典

张堪还没有到家，西鄂县官学就已经知道了。对这位没有在县官学读过书的本县学子，大家都早有耳闻。现在一听说张堪要回到西鄂，就想把这位太学博士生聘为经师。张堪刚一到家，县学的学官就登门拜访。自然是先说了一番久仰张堪盛名的话，接着说县学现有的经师年事已高，想请张堪接替经师的打算。令他没有想到的是，张堪竟爽快地答应了。其实在回乡路过南阳郡府时，有位过去认识的郡府功曹，曾经想邀请张堪到郡府就职。张堪当时就委婉地回绝了，他不想为新朝官府做事了。不过，这话不能明说，只是推说家中老母身体有恙，需要在身旁侍奉。

# 一、投身县学

张堪之所以答应县学的邀请，首先是因为自己是西鄂人，培养家乡子弟是自己义不容辞的事；其次是叫他接替经师，是小菜一碟，有过在太学深造的经历，县学讲经就是基础教育。同时他还有一个打算，就是可以利用讲学的业余时间，继续研究《梁丘易》。同时，他离开太学时，先生衡咸给了他两部奇书，都是当今朝中大夫扬雄所著。

扬雄，公元前53年—公元18年，字子云，西汉蜀郡成都，今四川成都郫县人。他从年少时就好学上进，虽然有口吃的缺陷，但他博览群书，满腹经纶。而且长于辞赋，他已年过四十，才游学京师长安，凭借上奏《甘泉》《河东》等赋，得到汉成帝的重用，任命他做给事黄门郎（为侍从皇帝左右之官，负责传达皇帝诏命。官秩六百石）。王莽时任大夫，校书天禄阁。扬雄是继司马相如之后西汉最著名的辞赋四大家之一。所谓"歇马独来寻故事，文章两汉愧扬雄"就是此人。在刘禹锡著名的《陋室铭》中"西蜀子云亭"的西蜀子云就是扬雄。这两部书，一部是仿照《论语》的风格写的《法言》，另一部是仿照《易经》的风格写的《太玄》。都是先生用缣帛手抄的，可谓十分珍贵。先生嘱咐他，回乡以后一定要认真读读这两部书，虽然扬雄大夫师从蜀郡著名民间大师庄君平，擅长道教黄老学说，但是可以从全新的角度领悟易经。张堪现在对《梁丘易》的真髓已经纯熟，但是如果能够跳出梁丘易看梁丘易，便可以达到炉火纯青的地步。

张堪正式成为县学的经师，他不仅开始了从学生到先生的转换，也使自己从过去单纯的聪明好学，慢慢转换到学会思考。过去在课堂上所学的《礼记·大学》中所说："古之欲明明德于天下者，先治其国；欲治其国者，先齐其家；欲齐其家者，先修其身；欲修其身者，先正其心；欲正其心者，先诚其意；欲诚其意者，先致其知，致知在格物。物格而后知至，知至而后意诚，意诚而后心正，心正而后身修，身修而后家齐，家齐而后国治，国治而后天下平。"今天给弟子们讲课时，对弟子们更多的教导，即做学问先要解决如何去做人。

张堪走进授堂，望着几十双渴望的眼睛，似乎找到了当年的自己。县学的规模，不要说和太学比，就是和南阳府学比，也是小得可怜。县衙旁边的县学，围着空场建了三栋房子，正面坐北朝南六间是两个授堂，东西两厢各三间，东厢房是县文学和助学人员办公休息的地方。西厢房是县学的厨房和仓库。中间的空场是文学弟子课下活动的场所。院子的大门外和周边长着几株参天的柏树，枝繁叶茂。这些树还是汉景帝下诏兴办县学时，由县长、三老和乡亲们所植，到如今已经有一百五十多年了。张堪是县学的第多少位经师，已经无所记载，但是绝对是第一位以策射甲等的太学博士弟子身份的经师。县学的弟子不像太学、郡学那样多为六百石以上官吏的孩子。这里多数是乡庠选拔上来的农家子弟。所设置的课程，只有五经，乐经无法讲授。就是五经也只有三位经师讲授。张堪一个经师担任了《易经》和《春秋》两门。由于县学讲授经学只能讲师法，每门经书要讲其源流和承传，对于名家家法无法细说。好在张堪过去在府学功底深厚，再加上太学期间，并不是读死书，而是广纳百家、博览群书。而且《春秋》本来也是他比较喜欢的课程。《春秋》就是历史，所记内容是从鲁隐公到鲁哀公，经历十二代君主，历时二百四十多年的各国大事，全文不过一万六千多字。但是语言简练，微言大义。张堪没有要求弟子死背课文，而是采用讲各国历史故事的方式，引出国家兴亡的规律，激发弟子们报效国家的激情。《易经》是群经之首，也是张堪的学识所长。但是他并没有固守自己所学的《梁丘易》，而是将历史上《汉书·艺文志》所说："凡易十三家，二百九十四篇。"得各家之言融会贯通，深入浅出。既让弟子们了解到《易经》的博大精深，又了解各家之言的所长。学会看事物发展的规律，掌握和提高分析事物发展趋势的能力。俗话说理不辩不明，为了培养弟子们对治学中深刻问题的理解，他把太学里辩经的活动引入教学中。到每个学习单元，张堪就组织弟子们在院子里的树荫下，就一个或几个问题开展讨论。别看都只有十几岁，但在辩经场上还真是有模有样的，有时为一个问题争得面红耳赤。这使弟子们的学习热情明显提高，对经书的理解明显深刻了。很快，张堪这独树一帜的教学方法，深深打动了弟子的童心。弟子们都喜欢听张堪讲授，甚至乡庠的经师也都赶来旁听。县学官几次听张堪讲课，县长也到县学看望张堪。西鄂县学的教授经学的新气象也得到郡文学和太守的肯定，并整理和刊印了张堪的授课教案。

公元18年，赤眉起义波及南阳地区，紧接着刘秀兄弟也在南阳起事，对王莽新朝统治发起了进攻。虽然普通百姓面对战事人心惶惶，但张堪从中看到了一线曙光。张堪真想加入刘秀的起义大军痛痛快快地干一场，但是他舍不得县学，舍不得他的几十名弟子。所以他想尽办法使县学不要受到战事的影响，不要使弟子们的学业受到影响，他知道，这些聪明可爱的孩子是国家未来的希望。他要在另一个战场上，为国家培养更多的栋梁之材。

## 二、奉母成婚

按照张堪家在西鄂县的名望和他本人的才学，不知得到了多少妙龄女孩的仰慕。只是张堪看着兵荒马乱的世道，自己的前途和未来不知在哪里，不想早早地谈婚事。但是再拖也扛不住老母亲的催促，到他回家的第三年，老母亲做主为他张罗了一门婚事，老人家十分乐意，张堪也还满意。因为女方不是别人，是当年父亲张宗在郡水曹掾时的老搭档，水曹史晁勇的千金。

晁家可是西鄂的名门，与汉文帝时的主要改革的智囊晁错还是远房族人。《史记·晁错传·索隐》上记载说："晁氏出南阳，今西鄂晁氏之后也。"张堪记得当年父亲有病和去世之时，晁勇跑前跑后，可是帮了大忙了。张堪在南阳上学时，赶上府学沐日休课，到郡衙找父亲，多次父亲外出未归，都是晁勇替父亲照顾张堪。张堪父亲去世后，他也不愿再为新朝服务，辞官回家了。现在晁家在淯水岸边耕种了上千亩稻田，属于远近闻名的大户人家。

晁勇有两儿一女，长子晁雄，十七岁到长安游学。女儿晁英比张堪小三岁，最小的儿子晁杰刚十二岁，还是县学的弟子，正是张堪的学生。只是他年少，不知与这位好先生的家庭渊源。女儿晁英前几年也在乡庠读书，粗读诗书。虽然是阔家小姐，花容貌美，但早就在妈妈的手下历练，家里家外都是把好手。晁勇与张堪的母亲订下这门亲事，晁英心里就像喝了蜜一样。她虽然没有见过张堪，但早就听说这张堪仪表堂堂，才高八斗。

张堪和晁英结婚以后，张堪还在县学教书，只是要经常回家看看了。晁英也不愧是大家闺秀，张家里外多数事情都是她在张罗。张堪的母亲看着年轻漂亮的儿媳妇，忙里忙外，心里可高兴了。晁勇也经常过来帮助照看一下，使张家这一大摊子事去除了后顾之忧。

## 三、重逢来歙

更始三年（公元25年）六月二十二日，刘秀在鄗（今河北高邑）登基称帝，建立东汉政权，年号建武。十月刘秀进入洛阳，东汉定都于此，改名洛阳。建国伊始，百废待兴，同时也是广揽人才之际。刘秀的表兄来歙（？—公元35年），字君叔，南阳新野（今河南新野南）人，东汉名将、战略家，于建武元年（公元25年）来到洛阳，投奔刘秀，被拜太中大夫。

这是光禄勋管辖的属官，秩千石，是一个可以与皇帝密切交流的闲差。属于给皇帝出出主意，了解点情况的智囊。刚到朝廷，刘秀交给他的第一个任务是了解各地官学情况，起草建设洛阳太学的规划。了解情况，皇帝当然首先关心的是家乡呀，来歙第一站就到了南阳。太守刘骥向他介绍了南阳郡县官学恢复建设情况，其中重点介绍了西鄂县学在太学博士弟子张堪的努力下，一直坚持教学，没有因为战事停课。来歙一听，真是高兴，没有想到在这里居然找到了当年的同学。当然南阳府学必须要去看看。同时要求在回去的路上要重点看一看西鄂县学。

来歙与张堪，自从天凤十七年太学一别，音信皆无。来歙没有想到在家乡见到了昔日曾经联络同学营救自己的"圣童"，看到他把一个小县的县学发展得这么好，更是打心眼里佩服这位小师弟。但是他觉得张堪应该干更大的事。眼下刘秀皇帝登基，正是广招人才，求贤若渴，他私下与张堪商量，想推荐他到皇帝跟前工作，为这个新的事业贡献一生，张堪欣然同意。

# 第五章

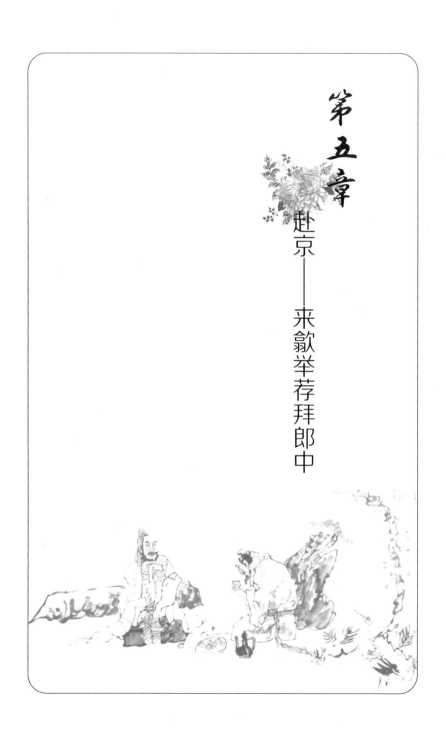

赴京——来歙举荐拜郎中

建武三年（公元27年）夏，张堪把一个学年的课程教完，离开了自己的家乡西鄂，离开了那帮可爱的弟子，北去京都洛阳（今洛阳）赴任。为了尽早去见来歙，张堪一路不敢耽搁。《后汉书》记载："南阳郡，洛阳南七百里。"（汉里，1汉里=0.8316里，相当于现在的415.8米）这样推算，西鄂到洛阳六百五十里，也足足走了十天。当他站在雒水桥头，看到这新朝的都城，还真有几分激动。洛阳这座古城，坐北朝南，背靠邙山，面向雒水，山之南，水之北，谓之阳，所以叫洛阳，即雒水之阳。这里沉淀了深厚的帝王文化，从"周公辅政，迁九鼎于洛邑"开始，到今天高祖定都洛阳，已经一千多年了。本来刘邦在战胜项羽以后，就要定都洛阳，没有想到一个叫娄敬的戍卒，穿着一件破皮袄见刘邦，向刘邦说应该定都关中，不应该定都洛阳，以充分的理由说服了刘邦和张良。于是刘邦来了一个"说走就走"，"即日起驾，西都关中"。洛阳失去了首都的殊荣。大概刘邦没有想到，他的九世孙刘秀恢复汉室，依然定都洛阳。

昔日上进好学，仗义执言的刘秀同学，于公元25年登基成为天子，建元建武。为表重兴汉室之意，刘秀建国仍然使用"汉"的国号，史称后汉，又因建都在东，也称东汉，刘秀是为汉世祖光武皇帝。

张堪以上太学时对刘秀的接触了解，以及后来在推翻新莽政权，统一中原的大业中，认为他的品德仁厚，智慧过人。刘秀复汉，众望所归。能够为这样的帝王服务，实现自己为天下百姓服务的理想，他心甘情愿。

# 一、首进洛阳

洛阳因为地处洛水之阳，所以战国时期称为洛阳。秦朝时五阳学说盛行，崇尚水德，所以改为洛阳。刘秀定都洛阳后，因为汉尚火德，所以又恢复为洛阳。张堪虽然是第一次来到洛阳，但是他根据来歙留给他的地址，进入开阳门。高大的城门洞正对一条宽阔的大街，叫开阳门大街。街道两边绿树成荫，衙署连片。街道西面就是皇城的南宫，这是皇帝及群僚朝贺议政的地方。建筑布局整齐有序，宫殿楼阁鳞次栉比，宫阙壮丽，富丽堂皇。张堪想这会儿皇上不知在哪座宫殿议政呢，可能还不知道我来了。他按照地址，进开阳门没有多远，就在大街的官署区找到了大司马府。大司马府的衙署坐东朝西，大门与南宫的东门苍龙门相对。大门外左右两名士兵执戟警卫，身着红色袍服，头戴却敌冠，十分英武。张堪来到门房，向一位头戴却非冠的门吏，递上来歙的手札，马上有人带领张堪来到来歙的府内。两人见面少不得兴高采烈，大有相见恨晚之意，接下来便安排了张堪的住处，要他沐浴更衣，带他前去拜见光禄勋郭宪。郭宪，字子横。汝南宋（今安徽太和县）人，刚接替张湛（字子孝，扶风平陵人）担任光禄勋不久。这位郭大人，可是一位传奇人物。张堪不仅早有了解，在太学还读过他的小说《汉武洞冥记》。记得其中载有："善苑国尝贡一蟹，长九尺，有百足四螯，因名百足蟹。煮其壳胜于黄胶，亦谓之螯胶，胜凤喙之胶也。"这就是记载汉武帝是最早吃螃蟹的人。郭宪当年在长安太学任博士，有学识，名气很大。后来王莽拜他为郎中，还赐给他衣服。郭宪不从，回到家里就把衣服烧了，立即出逃到东海之滨。王莽知道后气得要死，立刻派人抓捕，但也没有找到他。光武帝即位后，求天下有道之人，郭宪闻声归附，被拜为博士，现在又做了光

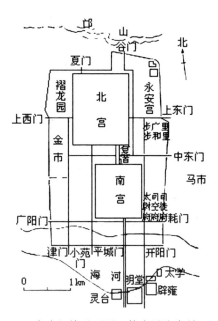

汉代洛阳城平面图　摘自网络资料

禄勋。他对张堪也早有耳闻，当年在太学时就听说过这位圣童才学超人，重气节。从心里佩服他，只是二人从未谋面。

来歙带着张堪前去拜见光禄勋郭宪。光禄勋的衙署在大司马府的第一套院落。见到郭宪后，张堪和来歙双双施礼，郭宪也还礼并看座。只见郭宪身着战袍，头戴武冠，英武中掩饰不住一身才气。还没容张堪开口，郭宪就以半问半答的口吻笑着和来歙说："这就是你举荐的张堪？"来歙称："正是，请光禄勋见过！"郭宪于是对张堪说道："你就是那个圣童张堪？你在长安太学可是名声甚佳呀！""大人过奖了！"张堪有点受宠若惊，赶忙起身深深施礼。郭宪对新来的年轻人十分满意，安排他先从郎中干起。他还嘱咐张堪，虽然与圣上过去熟识，同窗一场，圣上又身怀仁善，但是今后一定要恪守君臣之礼，尽心尽力当好差，不能有半点差池。并安排来歙为张堪领取官服，明天早朝即可带张堪上值。

第二天早朝，张堪就身着红色袍服，头戴高山冠，在中郎将来歙的带领下，到南宫却非殿当值，开始了郎中的生涯。张堪与刘秀是曾经熟悉的同学，尽管不在同师门下，但因为都是南阳籍的，此前见面的机会很多，再次相见已经是君臣有别了。朝堂上的威严使每一个初见者都会感到紧张。张堪跟着来歙站在朝堂边上，面向皇上和大臣。张堪第一次看到皇上是如何处理大臣们的所奏政事的。退朝后，来歙带着张堪单独拜见了皇上。皇上见面询问了张堪的家庭情况，并高兴地与张堪、来歙回忆十年前在太学的趣事。最后不免还要嘱咐张堪多向来歙学习，并协助他多留心洛阳太学的事，张堪都是低头称诺。

俗话说"三十而立"，张堪这年只有二十九岁，就开始在皇帝身边当差了。在张堪的一生中，这是一个非常重要的转折点，在来歙的推荐下，追随刘秀，参加了东汉政权统一大业。《后汉书·张堪传》中记载刘秀"即位之后，中郎将来歙推荐张堪，征召拜为郎中，经三次迁升为谒者"。郎中，正是来歙所管辖的人。汉朝的郎中属于宫廷中最小的官，秩比二百石，郎中常在皇帝左右，官职不高，但位置十分重要，有时甚至可以影响皇帝的决策，一般都有较好的出路。总结东汉不管是朝廷重臣还是封疆大吏，出身只有两种人，一是立下战功的军人，二是皇帝身边的郎中侍从。

# 二、陪幸太学

经过一段时间的皇宫值守工作，张堪十分佩服这位从田间走出来、体恤百姓和将士的皇帝，同时也看到刘秀为结束王莽乱政，恢复汉室天下身先士卒、南征北战的大无畏精神。

建武三年（公元27年），张堪官拜郎中。其中主要的任务就是上朝陪伴皇上左右，出巡不离车辇鞍前马后。建武五年（公元29年）十月，刘秀亲征平齐地（今山东境内）张步之乱之后，驾车回到洛阳。正值太学初创刚开学不久，刘秀不顾征战劳顿率文武百官到太学巡视。张堪事先遵旨已经到太学认真进行了安排，皇上巡视之日更始终不离左右。

洛阳太学位于洛阳城南东侧，出平城门沿御道向南三里，路东一片崭新的建筑就是太学。建武四年在"宫室未饰，干戈未休"时，圣上就下旨创建太学。由于刘秀是真正的太学生，所以当他面对百废待兴的江山，面对实现汉室复兴的目标时，他对兴办太学的重要意义的认识比任何人都深刻。

一是选定太学校址。根据现在考古发掘和史料记载，建在了城南距皇宫八里的御道东侧（今伊滨区佃庄镇太学村附近）。与长安西汉太学的位置相当，都是城南，只是由于洛阳城南有雒水，所以太学距城的距离比长安远了一里。

二是收集经书典籍。刘秀定都洛阳后，就安排太常组织专人将长安太学的经典书籍全部运到洛阳，总数两千多车。

三是访雅儒，求贤士。刘秀听取光禄勋郭宪的建议，把招揽教学人才的眼光放到全国，吸引了许多在新莽时期躲避乱政的人才，经过考试选拔，产生了太学过硬的博士队伍。

四是兴建东汉的国家图书馆和国家档案馆"东观"和"白虎观"，收集了五千多车珍贵图书资料。

五是立五经博士，置十四博士，命以家法教授。作为五经之首的《易经》，就立有施氏（施雠，雠音仇）、孟氏（孟喜）、梁丘氏（梁丘贺）和京氏（京房）等四家；《尚书》立了欧阳氏（欧阳河伯）、大夏侯氏（夏侯胜）和小夏侯氏（夏侯建）等三家；诗设立了《鲁诗》《齐诗》《韩诗》等三家；礼有大戴（戴德）、小戴（戴圣）等两家；《春秋》有严氏（严彭祖）、颜氏（颜安乐）两家。我国古代的经学传承有师法和家法之分。一师之传谓之师法，不同的师传分成流派，一派为一家之言，以此传授谓之家法。古人说"治经必严家法，方不至臆说乱经，五经博士各治本经，方不至变改师说"。这样既可保留各流派的不同特点，又可防止臆说乱经。

洛阳太学建筑规模宏大，史料记载，前后用一百一十万三千多人工，建起二百四十栋、一千八百五十间的校舍。最大的教室长达十丈，宽达三丈，可容纳三百人听讲。洛阳太学与长安太学相比，各方面都有了新的发展。从太学的学生规模上，洛阳太学人数最多时达到三万人，是长安太学的三倍；史料记载形容太学招生踊跃是"诸生横巷，为海内所集"。从太学博士选拔上创新，水平都是百里挑一的高手。西汉太学的博士只选社会名流且不经过考试；东汉洛阳太学的博士，则须先选试而后用。"既欲其为人师范，则不容不先试其能否。"（《文献通考·卷四十·学校一》）先由太常（太学隶属太常管辖，"太常"为九卿之一，取"欲令国家盛太常存"之意）组织考试，择其优者再呈刘秀钦定。从入学的诸生（西汉称博士弟子）的选拔上，年龄放宽，十五岁以上六百石官员之子和郡国学明经五十岁以上、七十岁以下都可入学，但要经过地方保送。最后是博士待遇提高了许多。长安太学博士官秩为六百石，东汉洛阳太学的博士官秩六百石。而且平时还有赏赐，据说刘秀曾经给每位博士发了一头活羊，可以宰杀，也可以饲养。一时成为佳话。总之刘秀对兴办太学付出了大量心血，自然他也关心太学的进一步发展。

经过一年多筹建，太学于建武五年正式开学，第一批诸生入学，刘秀时常过问。博士授课如何？诸生学得如何？刘秀在运筹帷幄进行统一大业的情况下，依然十分惦念太学的发展。刘秀了解张堪是长安太学的博士弟子，又有几年作为县学经师的经历，所以安排他配合太常组织一次巡视太学的活动。

因此，早在一个月之前，张堪就跟随太常到太学进行了安排部署。张堪心里明白，这次刘秀巡视太学，不是做表面文章，主要是看看太学初创的效果。为此，张堪事先设计了活动方案，半天时间安排三项内容：一是圣上与博士座谈，征询博士对天下统一后的治理问题的建议；二是找一些诸生代表，汇报对五经的学习感想和把经典联系实际的建议；三是组织太学师生的"雅吹击磬"等娱乐活动。最后由圣上向优等诸生赏赐。这样的安排太常十分赞赏，太学祭酒也认为可行。由太常具体向圣上奏明，刘秀又提出一些具体要求，就派张堪去落实。

张堪在与博士讨论安排时，太学祭酒特别向他介绍了十四位博士的情况，包括当时社会上名气很大的《诗经》博士高诩、《尚书》博士牟长、《礼经》博士曹充、《易经》博士洼丹、《春秋》博士甄宇等，还要选几位诸生汇报学习情况，经过一番斟酌，最后决定五经各选一位诸生代表，就某一方面的题目，阐述自己的体会和认识。光武帝刘秀对太学的所有博士都非常熟悉，太常考试择优后，都是他亲自面谈选定的。有些还是他亲自登门拜访请出山的。

皇帝出巡，每到一地都必须按照程序，有一套非常烦琐的大礼。许多还是沿用西汉叔孙通制定的，两百多年不曾更改。叔孙通又名叔孙何（生年不详—约前194年），西汉初期儒家学者，旧鲁地薛（今山东枣庄薛城北）人。由于他协助汉高祖制定汉朝的宫廷礼仪，不仅被赏赐黄金五百斤，还先后出任太常、太子太傅。

这次的巡视主要围绕太学的教学运行。所以活动安排在太学最大的授堂举行。活动由太常主持，张堪作为侍从谒者，执掌颂礼是重要的职责。所以几乎每天都要执礼，不敢有半点疏忽。先是恭迎刘秀皇帝在授堂西面的龙椅朝东坐下，接着随行大臣、太学祭酒、博士和诸生代表朝皇帝稽首叩拜，山呼万岁，然后大臣坐北面，祭酒和博士坐南朝北，诸生代表坐东朝西，面向皇帝。

接下来太常向皇帝上奏，简要奏报今天的活动安排，介绍参加的博士和诸生代表。整个场面庄严隆重，参加人个个诚惶诚恐。听完太常的奏报，刘秀皇帝满意地点了点头。然后朝博士座位询问道："瘦羊博士来了吗？"只见博士甄宇赶忙起身，双手上拱应道："诺！臣在。"场上马上传来低低的笑声，氛围马上从刚才庄严的氛围中解脱出来了，融合、和谐的氛围在每个人的脸上绽放。张堪深感圣上的亲和仁义之风的作用竟如此厉害。

说起刚才圣上呼唤甄宇为"瘦羊博士"的雅号，还有一段故事。刘秀兴办洛阳太学以后，对这里的博士非常关心和爱惜。建武四年腊月，太学尚在筹建，皇上特别下诏赏赐每位博士一只羊，让他们高高兴兴地过节。可是把羊赏赐了下来，太学的长官博士祭酒领着大家来分配时却遇到了一个难题：羊有肥有瘦，大小不等，怎么分才公平合理呢？博士里的能人们七嘴八舌，有人建议把羊杀了，平均分取羊肉，有人建议用抓阄的办法来分羊，最终也没有一个大家都同意的好办法。《春秋》（严氏春秋，西汉严彭祖所创）博士甄宇（生卒年不详，字长文，北海安丘人，今安丘西南）却没有作声。他对斤斤计较的分羊办法感到羞耻，便走到羊群中，挑出了那只最小最瘦的羊，自己牵走了。别的博士看到他的行为，脸都红了起来，不再争论，你谦我让，很快就把羊分完了。大家对这一举动高度赞赏，就给他起了"瘦羊博士"的绰号，从此还留下一句成语叫"斤斤计较"。没想到当今圣上都知道了这件事，而且刘秀招手示意甄宇坐下后，就这件事高度赞赏了甄宇博士，赞扬这才是"德行高妙"，这才能"身体力行"。博士的责任不光是言传讲经，更要身教做人。后来，甄宇升任太子少傅，刘秀用这样的人教太子读书，可谓用心良苦。

进入博士论难阶段，刘秀提出太学初创，五经虽立，但是有大臣上奏将《左氏春秋》和《费氏易经》列入官学，请诸位博士发表见解。其实这不是一个新问题。早在汉哀帝时，刘歆（约公元前50—公元23年，字子骏。西汉皇族，沛，今江苏沛县人。西汉著名经学家、目录学家、文学家，古文经学的开拓者。曾任太中大夫、光禄大夫）建议将《左氏春秋》《毛诗》《逸礼》《古文尚书》列于官学，遭五经博士反对，刘歆的目的没有实现。光武帝建武四年（公元28年）正月，在筹备洛阳太学过程中，尚书令韩歆上疏，请求为《费氏易经》《左氏春秋》设立博士。老问题又重新提出来，刘秀心里是支持的，曾经下诏让当时的公卿大夫、博士们讨论，没有定论。今天刘秀又提出来叫博士讨论，实际是由于他还不死心，又不想自己钦定。《梁丘易》博士范升（字辩卿，生年不详，卒于汉明帝刘庄永平年间。东汉代郡人。东汉初年较为著名的经学家）首先发言，表示圣上痛疾学术的衰微，用心于学术，务求广见博闻，可见圣上用心之良苦。但是，如果没有一个严格的标准，求广而不求精，势必引起诸家竞起，争取自己的官学地位，会使杂七杂八的东西充斥其间，长久争论不休。到那时，听从这些非正统学问的议论，就会失道，如果不听从他们的议论，就会失人，如此将会进退维谷，"恐陛下必有厌听之倦"，难以驾驭这种局面。现在"草创天下，纲纪未定，""奏立《左》《费》，非政急务"；建议向汉武帝学习，"疑先帝之所疑，信先帝之所信"，正其本末，方可治理万事。他的发言有理有据，绝没有门户之见，得到了大家认可。刘秀为了总体考虑，放弃了广立经学博士的打算，但翌年还是把《左氏春秋》列入官学，诏拜魏郡李封为博士，讲左氏学。

在检验诸生学业的环节，首先代表诸生发言的是拜牟长为师治《尚书》的朱晖。朱晖，字文季，南阳西鄂人。张堪选他做代表，不是因为二人是同乡，而是因为朱晖在诸生中颇有声誉，学习刻苦。而且他的父亲朱岑曾经是刘秀的同窗好友。就在刘秀即位后，想召朱岑入朝为官，但他却因病早逝。于是建武四年，刘秀便召朱晖做了郎中。只是朱晖当时才刚刚十五岁，刘秀想培养他，就安排他到这里来学习了。同时，朱晖所学的《尚书》，正是刘秀在长安太学学的科目。只见朱晖从容不迫，思路极为清晰，把自己学到的东西择要阐述，重要的是对照《欧阳尚书》和《小夏侯尚书》异同，讲出自己的观点来干脆利索，刘秀听了十分惊奇，连说："后生可畏呀！"接下来又听了几位诸生的学习汇报，圣上也十分满意。

最后一项活动是欣赏诸生演奏宫廷乐器。这里诸生的演奏，与现代的音乐娱乐不同。因为在中国古代，特别是儒家理论中，礼和乐是密不可分的。孔子是春秋时期著名的教育家，同时又是一位音乐家。他主张"移风易俗，莫善于乐"，还指出"兴于诗，立于礼，成于乐"，十分强调音乐在品德教育、人性修养中的作用，强调道德与音乐居于同等地位。他提倡的是以音乐来提高品德。他在教授《易经》《诗经》《书经》《春秋经》《礼经》这五经的同时，也把乐艺亲自传授给弟子，在他的三千弟子中，通六艺者就达七十二人。在儒家经典中，"礼"是谓理天地阴阳之秩序，"乐"即是取得和谐之道。后来王莽办太学，将过去的立"五经"扩展为"六经"，就是增加了《乐经》，这样做不是没有道理的。

参加演奏的诸生，着儒衣，持八音，席地而坐。只听金玉齐鸣，丝竹入耳，琴瑟笙箫，悠扬动听。先后演奏了《尧操》《舜操》《禹操》《文操》四首曲子。庄重典雅、优美动听、余音绕梁，四座静息。乐曲停下一会了，刘秀才回过味来。"美妙动听，不绝于耳！乐曲为何人所教？"只见随行大臣后面走出一位官员说："下官所教！"大家一看，是议郎桓谭。（桓谭，约公元前23—公元56年，字君山，沛国相县，今安徽淮北市相山人）桓谭出身于音乐之家，由于其通晓五经，被大司农宋弘举荐当了议郎。这几首曲目是他根据雅乐的规矩改编而成的。今天诸生演奏的效果，得到了圣上的肯定，桓谭的才华也使圣上对他高看一眼。有了今天的表演，本来他的前途应该是不可限量的，可悲的是他坚持雅乐创新，反倒惹得举荐他为官的大司农宋弘反对，又因为后来直言反对刘秀迷信谶纬之学，惹恼了当今圣上。结果后来桓谭被贬到外地，死在途中，这是后话。

时近日中，刘秀兴致犹高。他对太学的巡视十分满意。在对博士和相关诸生都给予了不同的赏赐后，便起驾回宫了。此事已经过去几天了，刘秀在朝政中还多次提起对太学巡视的满意之情。张堪这才把悬着的一颗心落下了。

# 三、托妻朱晖

张堪在太学为皇帝视察做准备，其中有一项内容就是要选择五名诸生，分别代表五经学习汇报学习体会。他给太学提出的首要条件有三条：学习刻苦，成绩优秀；对所学经学知识融会贯通，有独到见解；表达能力强，心态从容。在各位博士的推荐下，太学祭酒协调了一个名单，请张堪过目，他发现南阳籍的占了两位。张堪知道现在皇上已经开始注意用人，召见就应做到五湖四海，尽量少找南阳籍学生，于是只留下朱晖，再从陇西五郡籍诸生中增加一位。

从这个名单中选出的五名代表，在全太学中可谓是千里挑一。上报太常过目，自然只是个程序，因为他早就交代过此事由张堪全权负责。此后，为了不出差错，张堪又与代表们见面，主要是听一听他们汇报的内容。他根据每个人所讲的内容，又给予点评，给代表在汇报时如何言简意赅传授经验，教给他们觐见皇上的礼节和注意事项等。他又特意对朱晖格外提醒，皇帝当年在长安太学学的就是《尚书》。朱晖见张堪对自己这么关心，心中感动不已。

皇上巡视后，张堪要进一步安排皇上对太学的旨意，没马上回宫，在校园里又碰到朱晖。朱晖今天被皇上提问的内容还真是张堪所说的范围，越发对这位老前辈打心眼里佩服。对于朱晖今天的表现，皇上也十分满意。活动结束后，他还特意嘱托张堪对朱晖世侄要多关心，才对得起朱岑老同学呀！

洛阳的十月金秋，天高气爽。张堪与朱晖走在太学的校园里，又谈了许多生活上的事。看到眼前这个诚实可爱的后生，他也是满心欢喜，嘱咐朱晖，生活上缺什么、短什么就来找他。张堪特意告诉他，皇上对他寄予厚望，要他多学本事，将来报效朝廷。张堪还回忆起当年朱晖的父亲朱岑在长安对自己的关心，顺便又向朱晖问起他妈妈的身体和家庭的经济情况，朱晖都一一做了回答。张堪知道，朱家在宛县也算是大户人家。当听说虽然父亲去世了，但朱家的家业都由朱晖的叔父打理，家人衣食无忧，母亲的身体也很好时，张堪告诉他，自己的孩子尚小，家业也大不如前，自己的身体也不太好。将来如果自己不在了，还请他这位小侄费心照料家小。朱晖认为张堪是前辈，当时只是拱手却没有敢应承。后来朱晖官拜临淮郡（郡治徐县，今苏北泗洪县南）太守，从此两人再也没有见过面，成为了一件憾事。

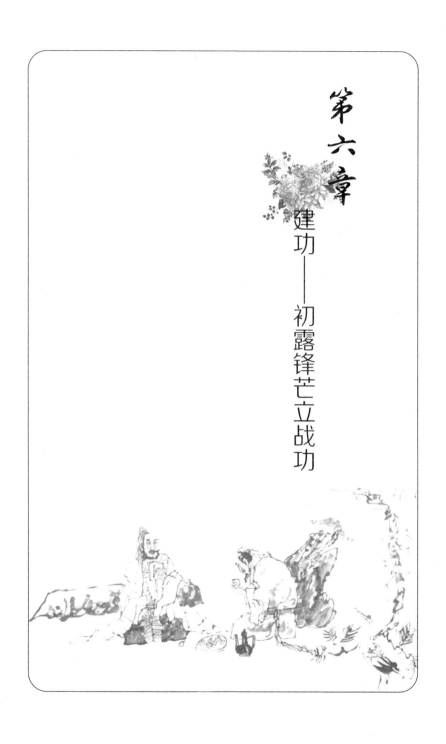

# 第六章

## 建功——初露锋芒立战功

# 一、三迁谒者

中国古代封建统治下，信奉"明主治吏不治民"，十分重视对官员的考核管理。对郡县官员的考核由各州刺史负责，朝廷年终听取上计。考核项目包括各地户口增减，垦田数量，财政收支，社会治安等。对朝廷命官的考核就如董仲舒在其《考功名》一文中所说："合其爵禄，并其秩，积其日，陈其实，计功罪量，以多除少，以名定实。"而朝廷则根据考核结果决定其升迁与否。

张堪入朝后，凡事尽心尽力，不仅能够圆满完成皇上交办的各项任务，还经常主动为光禄勋和皇帝提出好的建议。他待上不卑不亢，待下平易近人，而且从来不搞远近亲疏那一套。就像当年在太学一样，人人对他都是交口称赞，年终考核都是最好的。建武四年他被迁灌谒者，就是冠以谒者名义的郎中。第二年下来，考核结果又是最好的。建武五年，张堪升为给事谒者。建武六年他升为常侍谒者。按照《后汉书·百官志》中的记载：谒者三十人，"常侍谒者五人，比六百石"。此时的张堪，经常受皇上指派，代表皇上出席一些礼仪性活动，诸如慰问高官、参加大臣的葬礼，甚至持符出使四夷，等等。

# 二、委以重任

作为常侍谒者，张堪奉诏第一次执行的重要任务，就是"使送委输缣帛，并领骑七千匹，诣大司马吴汉伐公孙述"。由此立下平定蜀郡的头功，在途中就被升为蜀郡太守，那年张堪才38岁。

建武九年（公元33年）八月，刘秀派来歙为统帅，平定陇西隗嚣。经过一年的艰苦战斗，汉军取得了重大战果，陇西大部分地方被攻克，隗嚣抑郁而死。到了第二年十月，除了王元投奔了公孙述外，隗纯等残余势力都投降了汉军，陇西被一举平定。建武十一年三月，建武帝认为陇西已经稳定，天气已经转暖，大军已经得到了休整，必须解决蜀郡地区自立为王的公孙述，搬掉汉室统一天下的最后一块绊脚石。

公孙述（？—公元36年），字子阳，扶风茂陵（今陕西兴平）人。汉哀帝时，他的父亲公孙仁任朝廷郎中，后迁为河南都尉，为一郡最高军事长官。公孙述被补为清水（在今甘肃省境内）县长。王莽天凤年间（公元14—19年），公孙述担任导江（即原蜀郡）卒正（太守），治理临邛（今四川邛崃）。更始二年（公元26年）秋，更始帝派柱功侯李宝、益州刺史张忠，一起率领兵众万余人攻打蜀地。公孙述依靠蜀地易守难攻的险要地势，军民合力打败了更始军，于是他自立为蜀王，定都在成都。建武元年（公元25年）四月，公孙述自立为帝，立国号为成家（一作大成或成），因崇尚白色，后人称他为白帝，定年号为建元龙兴。同年六月，刘秀在河北鄗县千秋亭（位于今邢台市柏乡县固城店镇十五铺村北）称帝后，立志天下太平，让百姓远离战乱。他几次修书给公孙述，劝其归附朝廷。但公孙述的皇帝瘾才刚过上，岂肯归顺，根本不把刘秀的劝告当回事，反而聚集军队数十万人，在汉中囤积粮草。他同时又建造十层高的楼船，大量刻制天下州郡长官的印章，大有独霸天下的野心。此时正好陇西隗嚣反叛，刘秀无暇顾及他事，只好先不理他。

平定了陇西隗嚣之乱以后，光武帝命来歙率盖延、马成从北向南攻打下辨（属汉武都郡，在今甘肃成县）、河池（属汉武都郡，今甘肃省东南部徽县）。同时他又调吴汉率刘尚、刘歆至津乡（在今湖北宜都）会合岑彭，从东向西攻蜀。

建武十一年（公元35年），吴汉与征南大将军岑彭（字君然，南阳棘阳人，今河南省新野县人）自荆州（荆州治武陵汉寿，今湖南常德西北）入蜀讨伐公孙述。大司马吴汉曾任渔阳郡安乐县令，后追随刘秀南征北战，刘秀称帝后拜大司马。征南大将军岑彭熟知水性，故刘秀安排岑彭统领东路汉军。岑彭攻破荆门（今荆门市虎牙关）后，率领大军长驱入蜀。吴汉留守夷

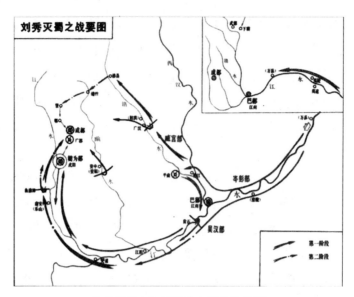

岑彭所率东路汉军进攻蜀地路线图

陵（今湖北省宜昌县），修理舟船，训练将士。事毕率所部三万人溯江西上，一路所向披靡。公孙述派奸细潜入汉军，先刺杀了北路领军将领来歙，接着又刺杀了东路领军将领岑彭。刘秀只好命吴汉统领东路汉军，继续向成都挺进。建武十二年（公元36年），吴汉率部与公孙述大将魏克、公孙永大战于鱼涪津（今四川乐山北），大破蜀军，遂北上进攻武阳（今四川省眉山市彭山区），击溃来救援的蜀将史兴，顺势攻下广都（今四川省双流县），前锋直逼成都（今四川省成都市）。

俗话说，兵马未到，粮草先行。建武九年，刘秀派吴汉和岑彭将隗嚣围困在西城（今甘肃省天水市西南），自己则回到洛阳。他临走给岑彭留下一封书信，信中说："人苦不知足，既平陇，复望蜀。"实际上是向属下表明了平陇胜利在望，乘势伐蜀的决心。哪知道隗嚣在蜀军的接应下逃入冀县（今甘肃省甘口），而汉军则因粮草耗尽不得不撤回汉中。直到一年后，来歙才攻克落门（今甘肃武山），最终打败了隗嚣残部。

前车之鉴，后事之师。在部署东、北两路军队夹击蜀军，前方将士一路英勇杀敌的同时，建武十二年（公元36年）七月，在洛阳南宫却非殿，刘秀诏常侍谒者张堪宣光禄勋杜林（？—公元47年，字伯山，扶风茂陵人，今陕西兴平东北人）、大司农高诩（？—公元37年，字季回，东汉经学家，平原般县人，今山东省德州市陵城区人）、太仆朱浮（约公元前6—公元66年，字叔元，沛国萧县人，今安徽萧县人）来南宫却非殿议事。

当时大司马吴汉已经率军到了伐蜀前线。刘秀就直接宣大司空李通、光禄勋杜林、大司农高诩、太仆朱浮安排伐蜀的后勤补给。同时诏常侍谒者张堪率三千郡军，负责这次转运七千匹战马和十万匹缣帛的任务，令他十月底前到达成都，协助大司马吴汉征伐公孙述。大司农、太仆各派一名属官作为张堪的副将，光禄勋则抽调下属羽林郎十人作为其贴身护卫。

张堪负责运送的战马和缣帛对吴汉取得伐蜀的胜利至关重要。缣帛在当时是很贵重的物品，可以作为货币使用。蜀郡是鱼米之乡，部队筹集粮草很容易。而缣帛运输轻便，既可沿途换取粮草，又可以作为犒赏有功将士的赐品。所以运输缣帛作为军需物资是一个高明的决策。这十万匹缣帛是从洛阳太仓领取的，十分便捷。但是，军马则要到天水郡（后改为汉阳郡，今甘肃省境内）流马苑调拨。几千里的路程，七千匹军马的数量，确实是一项十分艰巨的任务。

中国古代自西汉时起，军马作为重要的战争手段，就受到了高度重视。中央设太仆，为九卿之一，负责皇帝的舆马和马政，调集草料、养殖军马是其主要职责。全国各地还有养殖军马的基地，叫牧师苑。西汉时，凉州的河西六郡是重要的军马繁殖基地，最多时曾经设置了三十六个牧师苑，饲养规模达到了三十万匹，故有"凉州之畜为天下饶"的说法。只是到了东汉时期，国力渐衰，为了节约经费，大部分牧师苑都被取消了，只剩下了天水郡流马苑，该马苑是当时东汉政府在西北地区唯一的军马调转中心。据《水经注》记载："苑川水出勇士县（西汉时属天水郡）之子城南山，东北流，历此成川，世谓之子城川，又北迳牧师苑，故汉牧苑之地也。羌豪迷吾等万余人，到襄武、首阳、平襄、勇士，抄此马苑，焚烧亭驿，即此处也。"这里记载的羌豪迷吾的反叛发生在公元78年，由此证明41年前的建武十二年此处还有马匹。

建武十二年的流马苑，虽然刚刚从隗嚣的陇右割据政权夺取回来，军马繁殖肯定没有那么快，但是也收留了陇西战事中汉军缴获的敌方马匹。据史料记载，建武十一年夏，刘秀拜马援为陇西太守，发步、骑兵三千人，击破了先零羌于临洮，斩首级数百，缴获马、牛、羊万余头。

刘秀为平蜀战役一下补充了七千匹军马实属不易。为了保证完成这项重要任务，光武帝选派了得力将领和三千郡军交由张堪指挥，以便完成好军需物资转运任务。这种任务对张堪来说，已经不是第一次了。早在建武六年，刘秀亲率汉军平陇西隗嚣叛乱时，他就负责后勤粮草运送。只是这次去蜀地，不比去长安。后人李白曾有诗曰："蜀道之难，难于上青天！"三千多里路途，不是爬山，就是涉水，并且要在三个月内运到成都，任务比较艰巨。七千匹军马要从天水郡调拨，三千士兵每人需负责两匹多，马匹群牧惯了，很难服从生人驾驭。尤为重要的是这些马匹、官兵路上的粮草就是不小的负担。经皇帝恩准，他们路上所需粮草由沿途郡县提供，以抵顶岁贡，这样就省去了自身很大消耗。

张堪为确保此项任务的完成，进行了周密部署。7月底，他们先从洛阳拉上缣帛和部分粮草出发了。他们从洛阳沿崤函驰道①西出函谷关（今河南省灵宝县北）到达长安。这些驰道虽然已经使用了200多年，其间又横遭战乱，但仍然是全国重要的交通干线。到长安后张堪兵分两路，一路由一名副将带领士兵守护十万匹缣帛，驻在长安守军大营；另一路由张堪和另一副将带领亲兵西去天水调运马匹。

从长安往西北去天水还要走1100里。而且沿途贫困荒凉，山高路险。当时陇西刚刚平定，还要提防当地散兵流寇的袭扰。张堪手持圣上的诏书，带领亲兵到陇西郡马援处借郡兵三千将士，要求是这三千军士须为熟识马性的骑兵。这样不仅可以保证接收七千匹符合战斗需要的战马，保证把这些没有驾驭过的战马平安送到成都前线，而且要求这支整建制的战斗部队到关键时刻还能够成为一支战斗力量。

马援（公元前14—公元49年，字文渊，扶风茂陵人，今陕西杨凌）是

---

① 驰道，是能够驰马通行的大道，类似今天的国道或高速公路。秦始皇在统一天下之后，于即位第二年（公元前220年）时，下令修筑驰道，以咸阳为中心通向全国各地。道路宽50步（合今69米），每三丈（今约7米）植青松一棵。《汉书·贾邹枚路传》曰："为驰道于天下，东穷燕、齐，南极吴、楚，江湖之上，濒海之观毕至。"

西汉末至东汉初年的一位著名军事家，东汉开国功臣之一。他原为陇右军阀隗嚣的属下，甚得隗嚣的信任，后归顺光武帝刘秀，拜为伏波将军。建武八年，在刘秀部署平定陇西隗嚣战役前，马援在光武帝面前用米堆成山谷沟壑等地形地物，以此来标明山川形势，标示各路部队进退往来的道路。

马援为消灭隗嚣集团势力，立下了大功，刘秀对他大为赞赏，建武十一年拜其为陇右郡太守。

凭借着自己对刘秀的一片忠心，马援立即遵旨选派了年轻力壮、有战斗经验的三千突骑兵交给张堪。同时马援增派了手下得力的郡尉帮助张堪一起带兵。郡兵先徒步行军，星夜赶往天水郡的流马苑调拨马匹。由于这里的马匹大部分是马援他们去年夏天在粉碎羌人叛乱时缴获后上缴到流马苑的，多数都是已经上过战场的军马，所以张堪一行到达后，很快就从一万多匹军马中挑选了七千匹壮马。

士兵每人骑一匹带一匹或两匹，这三千郡兵赶着七千匹战马，到达陈仓（今宝鸡市）后直接南下。陈仓也称"雍城"，典故"明修栈道，暗度陈仓"说的就是这里。

张堪带领兵马，从陈仓向西南出散关，沿水谷道至凤州（凤州古城在今陕西凤县），出凤州向东南进入连云道。他倒是没有暗度陈仓的计谋，只是想按时与运输缣帛的人马在武关驿胜利会师。当初张堪西去天水调拨军马，将副将和运输缣帛的人马安置在长安守军大营，约定半个月后在褒斜道武关驿（附近有军事要地武休关，即今陕西省留坝县武关驿镇）会师。

九月十五日，运送缣帛的人马从长安驿站出发，进斜谷口南下汉中。为了争取时间，张堪给他们规定的路线是走关中至汉中距离最短、路况最好的褒斜古道。

褒斜古道，因南口名"褒谷"（位于今汉中市城北），北口名"斜谷"（斜峪关，在今眉县境内），沿褒、斜二水山谷成道而得名。它是我国古代横跨秦岭，连接关中、巴蜀之间最古老的一条通道。后人顾祖禹于清朝初年时所撰《读史方舆纪要》中称："褒斜之道，夏禹发之，汉始成之。南褒北斜，两岭高峻，中为褒水所经，春秋开凿，秦时已有栈道。"虽然褒斜道沿途沟谷狭长，关中至汉中还有子午道、义谷道、傥骆道，但只要褒斜道畅通，那三条道就很少有人走。它全程498里，折合汉里598.8里（周秦汉，1里等于今415.8米），自古是兵家自关中平原进蜀必经之路。早在公元前314年（秦惠文王更元十一年），秦派张仪、司马错攻打巴蜀，秦军就是从褒斜道直插成都的。后来汉高祖刘邦据汉养精蓄锐，秣马厉兵，安排樊哙"明修栈道"麻痹项羽，自己则取道陈仓攻打关中。建武九年，岑彭率军离开陇西战场南下荆门，主力部队也是从褒斜道经过的。张堪之所以选择这条路，正是由于它是最近、最安全的一条路。沿线邮、亭、驿设置齐全，行走30～50里就可以吃饭或住宿，行军后勤保障较好。同时，褒斜道建设规格高，路面宽，有不少地段路上方建有顶棚，远看像山涧上的楼阁，所以叫阁道。历史上最多时竟有栈阁近三千间，可以遮挡雨水和山上流下的泉水，以及山坡上滚落的石块等。据北魏《石门铭》中记载：阁道"阁广四丈，路广六丈"，折合成今天的尺寸，应该是阁宽约九米，路宽约十三米。对于大部分陇西士兵来说，在广阔的原野上驰骋习惯了，开始还真有些不适应，不过慢慢也就习惯了。再加上路边五里一邮，十里一亭，三十里一驿，风景如画，头顶白云，脚下激流，还真有种不一样的感觉。

九月底两路人马会合后，南行至汉中郡的南郑，正赶上天降暴雨，所以张堪决定在这里进行短暂休整，补充给养。从南郑到成都还有1200里，按每天行军30～50里的进度，十月底到达成都是没有问题的。进驻南郑后，张堪照规矩立即修书给刘秀，汇报行军状况。汉朝时也有类似今天的快递，快马传书，最快日行400里，南郑距洛阳1200里，三天即可送达。

汉中郡地处秦岭与巴蜀山脉之间的盆地上，自古就是水草丰美的鱼米之乡。特别是汉王刘邦被封于这里，实现了独霸天下的大业，应该是汉朝的福地。这里是有名的粮仓，筹措粮草比较容易，所以在这里休整也是出于完成任务的保证。

张堪是个善于察言观色的细致人，尽管大家一路上平安无事，热情很高，但他发现队伍里有些人越来越不爱讲话了，从中就感到有些问题。于是他主动接近士兵和他们拉家常，发现原来是有些人开始想家了，特别是年纪稍微大一些的士兵，家里上有老下有小，牵挂就更多了。其实他自己也是如此，出来两个月了，小儿子和夫人还住在南阳，虽然有岳父照顾，也不知他们现在怎么样了。他是一个长年在外奔波的人，尚且如此念家，对那些没有出过远门的郡兵们来说，想家也是人之常情。随着时间的推移，部队离家乡越来越远，如果不注意这些就可能要影响士气。于是，张堪一方面注意活跃将士们的业余生活，组织将士们开展适合军人的体育活动，有的踢蹴鞠，有的投石，有的射箭，最简便易行的是摔跤和角抵。体育活动一开展，整个队伍马上活跃起来了。另一方面，张堪给大家讲解这次任务的重要意义，说这次是平定天下的最后一仗，可以用大家的付出换来国家、家庭的幸福平安。他鼓励大家用出色的表现，立下战功来回报陇西百姓、马援太守以及当今圣上的期望。还有就是在生活上，照顾到陇西地区人的饮食习惯，增加牛羊肉的食用。将士们都被张堪的话语和行动感动了。张堪还以身作则，发动有文化的将士给大家写家书，报平安。大家都说张堪待士兵如兄弟，这支队伍慢慢地就更有了凝聚力。

本想要在南郑整休两天，但是先头部队回来急报，在距沔阳（今勉县旧州铺）金牛驿不远处，因昨天山洪暴发，有一段山路被冲毁了。沔阳县令正在组织民工抢修，恐怕要三五天才能够通行。张堪听后感到事态严重，七千匹战马、三千多名将士，窝在这里光吃住就是不小的压力，要按时到达成都，下段行军的时间就会受到影响。因军情紧急，于是他号召将士们抢修道路。大家积极响应，纷纷表示，张大人待我们如同亲兄弟，我们一定要尽快修通道路，和大人一起完成好这次任务。《东观汉记》中记载："堪同心之士三千人，相谓曰：'张君养我曹，为今日也。'"张堪把队伍交给了副将，自己带着一千名将士，紧急赶到了水毁现场。

现场修路民夫一看这支年轻力壮的队伍来参加抢修，马上热情高涨起来。人多力量大，本来三天的工程，一天就修好了。当地官府和百姓夹道为这支仁义之师送行，张堪他们又开始了下一段行程。

从南郑向西经过两天的行走，行程80里到达沔阳县（今陕西省汉中市勉县）的金牛驿。从这里向南就是最著名的金牛道，其名字起源于西汉扬雄《蜀王本纪》中载的一个该道开凿的传说。公元前316年，秦惠文王想去攻打蜀国，但苦于没有道路，便征求大将们的意见。大将司马错提出了一个计策：先打造五头硕大石牛，放在入蜀路口，并在石牛尾下放置一些金子，再放出风声说：这些石牛能屙金子，想送给蜀王。蜀王听到消息后，便派五个大力士率领上千人修路，然后把石牛拖到了成都，于是便就此修成了一条入蜀的道路。秦惠王派张仪、司马错沿着此路进兵，秦国由此灭亡了蜀国，故称金牛道。这只是一个传说，实际上秦蜀古道是出于巴蜀地区与中原地区千百年经济文化交流的需要而逐渐修成的。据史料记载，秦昭襄王（公元前325—前251年，又称秦昭王，嬴姓，赵氏，名则，又名稷，秦惠文王之子，秦武王的异母弟，战国时期的秦国君）时，丞相范雎（字叔，战国时期魏国人，著名辩士，秦国一代名相）大规模整修入蜀栈道。西汉末年，公孙述据蜀称帝，通过金牛道来控制汉中。金牛道一路上有很多地名都与石牛有关：如石牛铺、五丁峡、五丁坟、五丁关，还有这个金牛驿，据说当年这里就是秦放置石牛的地方。这里向北进入陈仓道，直达陈仓（今宝鸡），向南可到蜀郡成都。这里被后人称作"为秦之咽喉，蜀之门户"。唐朝诗人曾经有诗《金牛驿》曰："山岭千重拥蜀门，成都别是一乾坤。五丁不凿金牛路，秦惠何由得并吞。"

张堪率一众将士从金牛驿出发，南折进入五丁峡，过五丁关、牢固关，来到了葭萌境内的七盘关。七盘关在川陕交界咽喉处（今陕西宁强黄坝驿乡与四川广元转斗乡的分界线）的七盘岭上，号称"西秦第一关"，是四川连接秦岭以北的东北、华北、中原以及西北的唯一道路枢纽。有后人诗赞七盘关："蜀道雄千古，严关峙七盘。霜搜红树直，山锁白云寒。"接下来的朝天峡，亦称明月峡，山势奇险，风姿伟岸。这里流传有许多刘邦、萧何的故事和遗迹，如汉王洞、萧何崖和明月峡老虎口下的萧何碑等。

难怪诗人李白发出了"蜀道之难，难于上青天"的感叹，进入蜀地以后更显道路险阻，只见山高水急，峰峦叠嶂，云锁峭壁。特别是想要渡过嘉陵水，需要通过绝壁上的飞阁栈道，才能来到葭萌县（今四川省广元市）。先秦古蜀国苴（音查），蜀王封其弟葭萌为苴侯，秦国置县时作为县名（今四川广元昭化镇）。十月关中地区已经秋高气爽，这里还是暑气甚浓。在张堪的率领下，大家行军加倍小心，每天挥汗如雨，披荆斩棘，跋山涉水。将士们还要克服水土不服、酷热难当的不利条件。好在张堪虽然没有来过这里，但是他平时博览群书，对沿路的地理常识和历史故事十分熟悉，于是他

今天的剑门关　摄影　赵黎明

就讲给将士们听，大家也就不觉得天气有多么炎热了。特别是等来到了号称"三百里，十万树"的"皇柏大道"，将士们坐在参天古柏树下，一边听张堪讲述"皇柏大道"的故事，一边享受一把秦始皇时代驰道植柏的荫凉。

十月二十日，张堪带领的一众军马，来到了入蜀的最后一关剑门关。只见高耸入云的大剑山，到这里后就像被利剑斩断了，路两旁的峭壁如同关口，从剑门关向南望去，就是"天府之国"蜀郡了。剑门关大有"一夫当关，万夫莫开"之势，再往南走就没有险峻的道路了。

经过三个月的跋山涉水，张堪终于可以按期将战马和缣帛运到成都了。张堪每到一地都派人把行程报给朝廷，刘秀对此非常满意。十月二十五日，张堪到达广都（今四川省双流县），这里离到成都还有一天的路程，吴汉军队攻打成都的大本营就在这里。张堪见到了汉军监军郑兴，向他清点移交了马匹和缣帛。郑兴高度赞赏了张堪提前完成任务，为取得平蜀之战胜利立下一件大功。同时郑兴告诉张堪昨天接到皇帝的圣旨，已经追拜他为蜀郡太守[①]。这一方面表明了刘秀对成都志在必得的决心，对于这个还没有收复的蜀

①　太守是古代官名，秦和汉初称郡守，汉景帝中二年（公元前148年）更名为太守。太守为一郡的最高长官，总揽全郡的行政、财政、军政大权。有权任用、察举自己的属僚，春季还要走遍全郡各县，劝民种植农桑，同时还要负责赈济灾荒。

郡，张堪当然知道皇帝的用心；而另一方面这也确实给张堪施加了一定的压力。郑兴向他介绍了因战事不利，主帅吴汉想打退堂鼓的情况以后，张堪深感问题的严重性，他认为自己不光要按时把军需送到前线，还要进一步帮助大司马吴汉拿下成都，否则将会大大延误刘秀实现全国统一的部署。所以他安顿好了人马，让大家休整一下，然后他自己就立即带上护卫，在郑兴的陪同下快马赶往成都汉军大营，去面见大司马吴汉。

# 三、助汉平蜀

刘秀在建武十年（公元34年）十月以来歙为统帅，先后攻克了高平第一城（今宁夏固原）和隗纯（隗嚣之子）盘踞的落门（今甘肃武山）之后，割据陇西的隗嚣集团就此灭亡了。刘秀乘势而上，部署了从北、东两个方向一起攻打蜀郡公孙述的一场战役，这就是留下千古佳话的"得陇望蜀"背后的故事。

建武十一年（公元35年），来歙趁岑彭长驱入蜀之际，率领虎牙大将军盖延、扬武将军马成向河池展开了攻击，大破蜀将王元，占领了河池（今徽县西北）和下辨（今成县西北），准备入蜀。在汉军的凌厉攻势面前，公孙述惊恐万状，急得犹如热锅上的蚂蚁。他的弟弟公孙恢见状进言：选派一批身手不凡、性情乖巧的士兵假扮投降士兵，混入汉军大营，伺机刺杀东西汉军主帅，造成汉军大乱，汉军便可不攻自溃。公孙述听从了这个建议，命令西路蜀将王元、东路蜀将延岑共同实施这一计策。

七月，来歙率领汉军刚打了胜仗，部队正在下辨稍做休整，此时王元派刺客来刺杀来歙。来歙被刺客刺中胸部，不敢拔刃，生命垂危，派人急招来盖延。盖延看到来歙伤势严重，只会伏地痛哭。来歙见状厉声呵斥盖延："你这是什么样子？现在我遭刺客刺中，不能报效国家，叫你来是要把军事重任托付给你，不是叫你像小姑娘一样遇事就哭的！不要以为我身负重伤，就不能对你军法从事了！"盖延这才止住哭涕，认真记下来歙的吩咐，言毕这个久经沙场的将军就永远闭上了眼睛。消息传到洛阳，刘秀悲痛万分，亲自安排来歙的后事。

时隔三个月，这一悲剧又在岑彭身上重演了。在今天四川省彭山县城东北部，因其地处府河（锦江）、南河（武阳江）二河的交汇处，故名江口。秦汉时期这里有个小镇称为彭亡聚。建武十一年十月，岑彭率汉军攻克武阳后，扎营在彭亡聚。岑彭因忌讳此地名不祥，曾打算移营，但是已经日暮天黑，就没有再坚持。当夜，公孙述指派的刺客潜入营中，伪称是公孙述身边逃亡的侍从向汉军投降。这位随刘秀转战中原屡建大功的大将军信以为真，当即将其收留军中，哪知当夜他就被这个假装逃亡的士兵刺死了。俗话说：良驹易失前蹄，名将疏于防范。后人总结是福无双至，祸不单行。汉军三个月之中因奸贼刺杀丧失了两员得力干将，上演了一出千古遗恨的历史悲歌。公孙述的卑鄙伎俩虽然暂时得逞了，但是不仅没有挽救其灭亡的下场，还为其死后被焚尸、灭族，以及吴汉的屠城埋下了祸根。

刘秀一方面命东路军的指挥一职由吴汉接替，另一方面再次亲自给公孙述修书一封劝其降汉："不要因为来歙、岑彭被你杀害而疑虑，现在投降还来得及，可以保全你和家人的性命，不要期望我会屡屡给你下诏。"这显示出刘秀对蜀郡志在必得的决心。

建武十一年十二月，吴汉率三万汉军从陵夷出发，逆江而上讨伐公孙述。建武十二年正月，吴军先后拿下了鱼涪津（今四川省乐山市北的岷江津渡）和武阳（今四川省彭山县），进入了犍为郡，吓得各县城都闭城坚守。此时，刘秀下旨，要吴汉直取广都（今成都市南部），占领蜀郡中心地带。吴汉遵旨攻到了成都城南，并派一支小股部队烧毁了成都市桥①。刘秀深知吴汉的脾气秉性，得知吴汉按照他的旨意得手后，就立即修书要他不可轻敌，毕竟城内尚有公孙述十万兵马。但吴汉是一位见敌就杀红眼的将军，几次组织攻城都是亲自冲锋陷阵，结果都没有取胜，不仅损兵折将，他本人也险些

---

① 传说李冰在成都建造七桥，上应七星。南朝梁朝人李膺撰写的《益州记》中说，成都有7座以星宿命名的桥，俗称七星桥，分别是长星、员星、玑星、夷星、尾星、冲星、曲星。其中的冲星桥就是市桥，据考证市桥遗址在今成都市区西胜街南。

命丧阵中，慌乱之中在水中抓住马尾巴才逃出来。此时汉军只剩下仅够七日消耗的军粮，吴汉就暗地准备船只准备撤退。吴汉对监军郑兴（字少赣，河南开封人，两汉之交时的著名儒学大师。郑兴擅长历算，喜好古学，尤其对《左氏》《周官》素有研究，建武六年投奔刘秀，拜太中大夫）说："今天又战败，粮草又不足，对于战事非常不利，不如暂且先退武阳。"郑兴不同意他的看法，说："皇帝已经派遣张堪前来，就要到达广都了，不如等他到了，看有何圣旨再定，如何？"监军的意见非常有道理，吴汉只能同意等待候任蜀郡太守张堪的到来。

十月二十五日，张堪率运送马匹和缣帛的将士到达广都（今成都双流），这里距成都仅一天的路程，既是吴汉攻打成都的大本营，也是吴汉大军的后勤保障基地。张堪与吴汉同为南阳同乡，平时在朝上相互颇为熟识，再加上现在提前送来了战马、缣帛，吴汉如久旱逢雨，热情与之相见。

张堪先报告七千匹战马和军需物资已经运到了广都，已将其转交给监军郑兴。吴汉听后十分高兴。接着张堪主动与吴汉说起战局形势，转达皇上的慰问，表示皇上对吴将军夺取成都的胜利充满期待和信心。他自信地向吴汉分析道："广都地处最前沿，大司马您坐镇广都，成都早已乱作一团，我在来的路上已知蜀军大将程乌、李育已归降了扬武将军（代理中郎将）马成，武都已经降汉。辅威将军臧宫已经准备南下成都，这场攻克成都的大战取胜已成定局。成都东、西两翼均已归汉，道路畅通，皇上命我运送的战马、缣帛，使大司马您加大了实力。再加上护送军马的三千威猛陇西郡兵，休整后都可以助您一臂之力。这次您完全可以攻下成都，大功即将告成。如果您现在退兵，将会使汉军前功尽弃。"张堪又进一步对吴汉分析道："公孙述已经日暮途穷，必败无疑！我军虽然攻势不利，粮草不足，但这算不了什么！只要打下成都，那里要什么有什么！"张堪又说："如果大司马就这么撤军，再想平蜀就只能几年以后了。如果这么来回折腾，何时才能四海归一呢？我军精锐尚存，完全可以背水一战！成败在此一举！"吴汉听了，沉默良久，最终解除了顾虑，打消了退兵念头。

但是对于如何夺取最后的胜利，吴汉心中还是没底。这时站在吴汉身旁的监军、太中大夫郑兴，看出吴汉还在犹豫，就对吴汉说："张太守刚才所言极是，公孙述已经是垂死挣扎，强弩之末。要想战胜他，我军可以表面假装败退，主动示弱，诱敌出战。在暗地里我军可以利用皇上调拨给您的缣帛犒赏有功将士，激发士气；用七千匹战马和三千陇西郡兵，加强突袭铁骑的力量，只要公孙述一出城，即是野外决战，汉军的优势，尤其是铁骑即可以充分显现了。"吴汉听了连连点头称是。

张堪与郑兴都是在皇上身边做事的，虽然二人私人交往不多，但原本张堪就十分佩服他的学问，特别是对郑兴反对谶纬之说很有共识。今天见他不仅坚定地支持自己，还为吴汉谋划了对兵之策，不由得更对郑兴肃然起敬。郑兴作为皇帝身边的智囊，一向敢于直言。建武七年三月三十一日，洛阳出现了日食，人们多有议论。他向刘秀上奏："国家没有善政，天意就在日月上表现出来。变咎一来，不可不谨慎，其要害在于针对人心，选择恰当的官吏使用。古时尧帝知道鲧不可用而用了他，这是屈己之明，因人之心。齐桓公不计旧仇而用管仲，晋文公回晋国而用郤縠，都是不计私仇，择人处位的意思。现公卿大夫多推举渔阳太守郭伋可做大司空，而陛下没有及时定下来，道路上流言很多，都说'朝廷想用功臣'，功臣可用而位置错了。希望陛下上以唐虞为师，下看齐、晋的做法，来成就屈己从众的美德，促成群臣让善的功劳。"刘秀对郑兴的直言没有表态，但是在他说完不久，五月刘秀就拜李通为大司空。

刘秀很有才学，但其致命弱点是迷信谶纬之学。有一次，刘秀和郑兴讨论到郊外祭祀的事情，他说："我想用图谶来推断怎么样？"郑兴直言相告："我不从事预言。"刘秀立刻勃然大怒，说："你不从事预言，是认为它不对吗？"郑兴这才感到自己对皇上有冒犯了，赶紧解释说："我从来没有学过图谶之书，并不是认为它不对。"刘秀虽然当时把气消了，但也知道郑兴反对谶纬，所以后来就一直不重用郑兴。在攻下成都平了公孙述以后，刘秀就将他留在了成都，但是也没有新的任命。对张堪来说，郑兴留在成都是求之不得的好事，于是上奏朝廷拜郑兴为蜀郡郡丞。但是不久郑兴被侍御史（皇宫殿上负责弹劾不法和监督郡县的官员）弹劾，说他在奉命出使期间私买奴婢。于是郑兴被贬到莲勺县（故址在今陕西省渭南市临渭区交斜镇来化村）做县令，可不久就又因事罢官。此后，郑兴来到黄河岸边的湖县（后叫阌乡县，今与河南省灵宝合并）讲经授徒，三公几次请他做官他都不肯出来，最后死在家中。豫西有一句俗话"阌乡不是乡，故县不是县"，说的就是这里。阌乡其实是个县名，而故县则只是阌乡县下属的一个乡。

吴汉听从了张堪和郑兴的意见，一方面令护军高午、唐邯在广都秘密组织训练万人突袭铁骑，犒赏有功将士；另一方面向敌人表面上示弱，找来一些伤残士兵在营外游走，但不再主动挑战敌方。张堪则以蜀郡太守的名义，在收复的地区建立东汉政权的地方统治机构，配备得力的县令维护社会秩序，广筹军粮草料，以保证战事需要。

建武十二年（公元36年）十一月十八日，两军开始了蜀汉决战。吴汉命军中拿出储备的粮食，让将士们饱餐一顿。拂晓时分，他命臧宫率汉军从北面攻打成都咸阳门，公孙述命延岑率蜀军迎战，结果汉军不堪一击，延岑胜了三个回合，公孙述不由得心中暗喜。其实，吴汉这是在让臧宫佯攻牵制大部敌人。早上太阳刚出来，吴汉就从东南面攻打阳城门。公孙述看到延岑连连取胜，又看到占卦上说"虏死城下"，心中大喜，认为今天吴汉必败死城下。于是他自己就亲自率五万蜀军出城迎战吴汉。双方大战几个回合，汉军就败下阵来，待蜀军追兵远离城门，汉军又反攻回来。就这样反反复复，双方的拉锯战自早晨战至中午，战局胶着，不分胜负。双方将士均无法进食，士卒疲惫。这时吴汉暗中派护军高午、唐邯率铁骑精兵万人从侧面冲锋陷阵，蜀兵大乱。高午冲入阵中，远远看到白帐战车上的公孙述，快速冲到跟前，举枪刺中公孙述胸部，将其挑下战车。蜀军主帅的左右护卫被眼前的一幕惊呆了，等他们回过神来，公孙述已经大叫一声跌下车来。一帮护卫拼命从高午的枪下把受了重伤的公孙述抢回城中。

公孙述当天夜里即因伤重不治而亡。死前他将成都蜀军与一家老小都托付给延岑，要他坚持固守，说完就一命呜呼了。但是第二天早上，延岑就开城率蜀军向汉军投降了。这个靠乱世起家的人，几易其主，能活命是他最先要考虑的，哪里还会管公孙述的临终嘱托。只是公孙述从称帝到死共十二年，正好应验了当初他做梦时有人对他说的"八厶子系（八厶就是公，子系就是孙），十二为期"。对于东汉朝廷来说，如果从建武十年平定陇西后开始算，平蜀之战已经进行了近两年，双方各投入兵力二十万，但是整体来看，还是汉军战斗力更胜一筹。这一决定性的胜利意义重大，它标志着东汉王朝"恢复汉室，统一华夏"的战略目标已经实现，东汉政权由此确立了全国的统治地位。

# 第七章

## 上任——蜀郡东汉首任张太守

# 一、入主蜀郡

《续汉书·郡国志》中记载，蜀郡，秦置。位于洛阳西三千一百里，十一城。东汉蜀郡属益州刺史部，郡治成都（今四川省成都市）同时也是益州治。"州治太城，郡治少城。"蜀郡位于益州版图的西部，和"蜀"的表象相同，像一条向上爬的春蚕，头部东与广汉郡相邻，尾部坐于越嶲（音西）郡之北。蜀郡下辖成都、广都、江原、临邛、郫县、繁县、广柔、蚕陵八个县和绵虒（sī）道、汶江道、湔氏道三个道。蜀郡资源多样，物产丰富，"家有盐铜之利，户专山川之材，居给人足，以富相尚"。自古号称"天府之国"，但是在连年战乱之后，却满目疮痍，人心惶惶。

蜀郡的前身是战国时期的蜀国，公元前326年为秦惠王所灭，并在此设立了蜀郡。郡治成都，东去洛阳3120里，东接广汉，北接汶山，西接汉嘉，南接犍为。享誉海内外的都江堰，就是秦国蜀郡太守李冰父子所建。汉承秦制，西汉仍置蜀郡，郡治成都（即今天的成都市）。西汉后期，王莽篡政，将蜀郡改称为导江，公孙述受命为导江卒正（即蜀郡太守）。王莽末年，天下大乱，群雄竞起，公孙述就自称辅汉将军兼领益州牧。建武元年（公元25年）四月，公孙述在蜀郡功曹李熊的策划下称帝于成都，国号成家（一作大成或成），改元年号龙兴。后来不知哪个有才的人还根据"公孙述据蜀称帝"发明了一句成语，叫"成家立业"。李熊因策划有功，被公孙述任命为大司徒。公孙述的弟弟公孙光、公孙恢则分别任大司马和大司空。

成都城最终被汉军攻破了，公孙述割据政权的垮台，对东汉王朝来说算是完成了统一大业。对于张堪来说，则成为了东汉蜀郡的首任太守。在延岑率手下战将出城向吴汉投降后，张堪才开始正式行使太守的职责。在岑彭西进成都征途中，刘秀曾任命他为益州牧。现在岑彭已经被公孙述派人刺杀了，而刘秀又没有任命新的州牧，所以蜀郡的交接只有靠张堪了。他考虑到下一步权力的有序移交，就以蜀郡太守的名义向吴汉提出了三条建议。其一是经过两年来的征战，汉军已经十分疲惫，需要在城外休整几日，并由延岑手下从城里筹措所需粮草；其二是请吴汉命令延岑属下所有蜀军出城接受改编，大部分可以遣散回家，留下一批精干的将士进行整训，补充编入汉军系列；其三是张堪带领临时郡丞郑兴及以下属官，在三千郡军（大部分是收编的蜀军）护卫下开进成都城，接管城市社会管理，收缴公孙述的府库资财。对于张堪的三条建议，吴汉欣然同意。今天的胜利多亏了张堪当初的建议和后勤保障的及时到位。如果没有张堪太守的坚持和建议，说不定此刻吴汉正在雒阳接受刘秀的追责呢！

　　建武十二年十九日上午，张堪率领属员及三千郡军，从阳城门第一批进入成都。自皇上追拜他为蜀郡太守后，张堪已经找成都籍官员详细了解了风土人情，也拜读过扬雄的《蜀都赋》，但今天第一次踏进阳城门，他还是感到一切都很新奇。关于"成都"一名的来历，据《太平环宇记》记载，是借用西周建都的历史经过，取周太王（周朝先祖）迁到岐山"一年而所居成聚，二年成邑，三年成都"之意而得名成都。它坐落在成都平原，物产丰富，早有"天府之国"的美称。自秦惠王二十七年（公元前311年），秦相张仪（？—公元前309年，魏国安邑人，今山西万荣张仪村人，魏国贵族后裔，与苏秦同师鬼谷子。张仪首创了连横的外交策略，游说入秦，被秦惠王封为

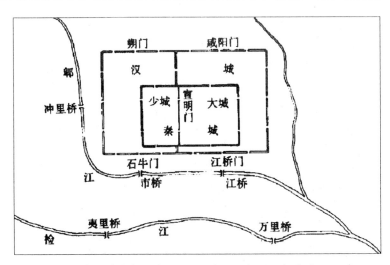

秦国修筑成都城的平面示意图　摄影　赵黎明

相）、蜀守张若（生卒年不详，秦惠文王时人，公元前316年，秦惠文王派大夫张若、司马错、都尉墨獾灭蜀国，以张若为蜀国守）按照当地地理环境，自规划建城以来，已经过去300多年了，但是作为全国六大都市之一的成都，其坚固的城墙、雄伟的城楼在郡国治所里依然是最为辉煌的。

汉武帝元鼎二年（公元前115年）时重建成都，"其都门二九，四百余间，两江珥其市，九桥带其流"。成都有城门18座，街巷之门就有400多座，已经是一个有7.6万多户，近40万人口的大城市。自秦灭蜀国设蜀郡，派张仪比照长安建成都以来，成都建设得很快。当初李冰任蜀郡太守时，分流岷江，引郫江（内江，今府河）、检江（外江，今南河）两江环城，并在江上建了七座桥，到汉朝就已经增加到十八座了。

我国古代的城市建设，都遵循了春秋时代的《考工记》中规定的重要原则。其一是城市的选址条件："非于大山之下必于广川之上，高毋近旱而水用足，下毋近水而沟防省。"其二是城市规划的具体原则，"因天材、就地利"，城郭"不必中规矩"，道路"不必中准绳"。用今天的话来说就是既有基本原则，又坚持实事求是。据《城隍庙记》记载："蜀地土惟涂泥，古难版筑，至秦惠王始命张仪与蜀守张若城成都……其椎初作，壤颓莫就。有

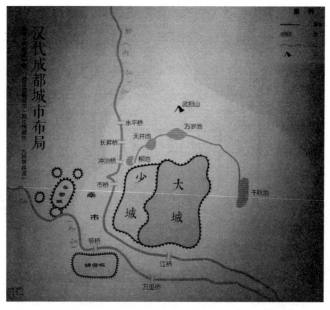

汉代成都城市布局　赵黎明　摄于成都博物馆

大龟周旋而行，俾垒堵依准而立，即今城也。"所以，成都又有"龟城"的别称。当初秦相张仪和蜀郡太守张若规划建设成都城，开始修建城墙，不料却是屡建屡倒。后来经巫师指引，沿大龟爬行的路线建筑城墙才得以成功。这可能有些被神化了，但是了解当地地形、土质的实际才是成功的前提。城市建设为两城相连结构，小城（也叫少城）在西，大城（也叫太城）在东。少城的东城墙就是太城的西城墙。同时城市功能也有规划，太城多为居民，益州的治所就在太城；少城则属于工商业聚集区，蜀郡的治所就在少城。

公孙述原本就是蜀郡的太守，后来他自封为皇帝，但是实际的"皇宫"还是在郡府基础上建设的。张堪一行径直来到成都蜀郡府，与别处的官府不同，这里的大门前立着两尊红砂岩雕凿的石犀牛，而没有石狮。张堪看到石犀牛，马上就想起了秦蜀郡太守李冰，因为这两尊石犀牛正是李冰在任时所雕。在蜀文化中犀牛是可以防水灾的瑞兽，据扬雄所著《蜀王本纪》中记载，李冰做石犀牛五头，"两枚在府中"。唐朝诗人杜甫见过，还作有《石犀行》诗："君不见秦时蜀太守，刻石立作三犀牛。自古虽有厌胜法，天生江水向东流。蜀人矜夸一千载，泛溢不近张仪楼。"成都曾经水害成灾，李冰的用意是防止成都遭遇水灾。李冰作为太守，为官一任，造福一方，世代传颂。张堪瞬间看到了一尊光辉的榜样，感到蜀郡的人民都在看着自己，李冰、文翁等历史上出色的太守们也在看着自己。张堪来不及多想，眼下最重要的是尽快完成郡府权力交接。于是他果断处事，成立了郡府衙门。郑兴已经被皇帝拜代蜀郡丞，张堪从随员中挑选了郡府功曹、主簿、督邮。掾、史书佐，多由原郡府官员中选拔。同时，他还从当地声誉好、威望高、通五经之贤达者中选聘三老，帮助推行政事和教务。所有官员均当天到岗，开始行使郡守交办的职能。

自古蜀郡号称"天府之国"，成都与长安并称"两城财富甲天下"，历来官府库存钱粮丰裕，百姓温饱有余。公孙述称帝招来了战乱之祸，虽然导致生灵涂炭，但官府库里依然是金银珠宝堆积如山。张堪一方面组织专人对官府库藏逐一清点造册，逐一封存，派专人守卫，确保这些财产的安全；另一方面则是开仓放粮，赈济流民，安抚民众，恢复社会秩序。同时他作为刚刚走出皇宫的官员，深知刘秀的日子难过，全国各地百废待兴。张堪从国家

石犀牛　赵黎明　摄于成都博物馆

大局出发，将府库中的真金白银、蜀地有名的蜀绣，精选出一批交由专人送往洛阳。最有趣的是，公孙述为自己称帝准备的盲人乐师、祭祀用的乐器、用五彩羽毛编成篷盖的銮驾，以及帝后帝妃专用的车辆，都还没来得及用，就被张堪接收后进贡给皇帝刘秀了。

# 二、吴汉屠城

本来，张堪深知吴汉和刘尚的秉性，不想叫汉军进城。汉军应该好吃好喝地休整几天就开拔回京师去复命。但是没有等张堪进一步与吴汉商议，汉军就如潮水般涌入了城里。后来才知道，吴汉之所以进城，实际上是将士们还记得战前吴汉所许诺的打下成都要什么有什么，同时刘尚早就想进城捞一把，反复地鼓动吴汉进城。另外汉军此次平蜀虽然取得了胜利，但是也损失惨重，损失了来歙、岑彭两员大将，吴汉、臧宫也吃尽了蜀军的苦头，大家都想一雪前仇。

报仇是第一件大事。吴汉首先将公孙述的妻、子及三族和公孙晃、延岑的三族尽数夷灭。本来张堪想劝吴汉把这些降将交给朝廷发落，但是吴汉哪里会放过这些人，眼睛都杀红了。公孙述的尸体前几天已经下葬，又被汉军挖出鞭尸，最后把头颅割下来要带回洛阳请功。俗话说"上行下效"，大司马都杀红眼了，底下的士兵们更是大开杀戒，城内外包括小孩、老人在内的居民被屠杀的有数万人之多。

接着是抢掠资财。汉军的士兵多数来自内地贫困地区，没有见过什么叫富足。因为府库、宫殿区都已经被张堪查封，有郡军把守，汉军不好逾越规矩。但居民区、商业区就成为汉军抢掠的对象了。浮财早被抢光，最后就连纺织机上还没织完的蜀锦都被士兵们割断掠走了。

抢不走的东西就焚烧。很多人被杀了，值钱的东西被抢走了，公孙述政权的高官、贵族的豪华宅邸，带不走的就一把火烧掉。就连公孙述建造的十层红楼，还没有最后完工，也被刘尚的手下一把火点着了。雕梁画栋，绫罗彩绸，都在熊熊大火中化为灰烬。火光照亮了夜空，一片哭声震天。成都城里建筑密集，特别是"大成"的皇亲国戚们的官邸紧邻公孙述的"皇宫"，火势蔓延，致使公孙述所建宫室也烧掉了许多。整个成都浓烟遮日，尸骨成堆，街上血流成河，惨不忍睹。

所有这些，张堪都看在眼里，疼在心上。对吴汉、刘尚的屠城暴行，他作为地方长官不管是失职，管又管不了。吴汉连光武帝刘秀的话都可以不听，刘尚更属于刘氏家族的人，谁敢阻拦。张堪最后权衡的结果，只能够一五一十地把成都发生的事情详细快报给刘秀。刘秀听说汉军在成都屠城的事件后大怒，为此狠狠地斥责了吴汉，并立即征调他北返。刘秀还怒骂吴汉的副将刘尚道："城降三日，吏人从服，孩儿老母，口以万数，一旦放兵纵火，闻之可为酸鼻！尚宗室子孙，尝更吏职，何忍行此？仰视天，俯视地，观放麑啜羹，二者孰仁？良失斩将吊人之义也！" 翻译过来就是："成都城已经投降三天了，官吏军民无不顺从地归附本朝。城市之中，仅仅是年幼的孩子、花甲的老人就有几万口。你们回答朕，为什么要纵兵放火烧杀？这事让人听了鼻子都发酸，实在令人痛心。刘尚，你也是宗室子弟，也做过地方官，你怎么能够忍心做这种事？你抬头看看朗朗青天，低头再看看茫茫大地。你不觉得愧对天下吗？过去，秦国人西巴心怀慈爱，亲手将受伤的小鹿释放回林。晋国人乐羊为了保住自己的性命，却大嚼用自己儿子肉做的肉羹。你们说，这两个人，究竟谁更仁义？你们这样做，还有什么资格说自己是'吊民伐罪'的仁义之师？" 但他也只是骂了一顿，对屠城负主要责任的汉将不仅没有被追究责任，最后还得到了奖赏和提拔。当时刘秀就任命臧宫为广汉太守，率军镇抚蜀地。建武十三年（公元37年），为了犒赏臧宫平定蜀地的战功，朝廷增加了臧宫的封地，改封他为酂侯。

建武十三年（公元37年）一月，吴汉率军从蜀郡江水（今长江）乘船顺流而下，暂驻南阳，皇帝特准许他到南阳省亲和祭祀祖先。"光宗耀祖"这个成语可能就是给吴汉准备的。四月班师凯旋京城洛阳，刘秀非常高兴，不仅不提成都屠城的事，反而奖励给吴汉两万斛粟，表彰他在伐蜀中的功绩。他还大开华宴，慰问将士，以示庆祝。对有战功的，一律以策书记其功勋。刘秀还让功臣们自己提要封什么地方，只要可能，他都尽量满足他们的愿望。功臣们纷纷提出要求分得京城附近和南阳等富饶郡县的土地，由此致使这些地方差不多全被封光了。

建武十三年四月，蜀郡太守张堪派人将公孙述遗留的瞽师、郊庙乐器、葆车、舆辇等御用品送到洛阳。刘秀大喜，他这个皇帝虽已登基十三年，但由于忙于征战，这些东西都没有置备，有些他都没有见过！这下好了，天下统一了，这些御用礼器、行头都配备齐全了，这才刚有点当皇帝的感觉。可怜公孙述尽管抢先登基称帝，但也只是偏安了十二年，这才是忙活半世，却为他人做了嫁衣，真是可悲可叹！

关于吴汉屠城，还有一句成语，说"家有敝帚，享之千金"。意思是说刘秀针对吴汉屠城指责他，说老百姓家里有破扫帚也价值千金，不能掠夺他们的财产以致失去民心。历史证明，正是由于吴汉屠城，造成了成都百姓及官员始终对东汉朝廷怀有异心。《华阳国志·卷五》记载：建武十八年，刺史、郡守抚恤失和，蜀郡史歆怨吴汉之残掠蜀地，拥郡自保反叛。攻打太守张穆，张穆翻越城墙逃跑，宕渠（今四川渠县东北）杨伟等起兵响应史歆。朝廷派大司马吴汉率领刘尚和臧宫二将军讨伐，包围成都百日。七月，吴汉攻下成都，诛杀史歆等。这史歆本来是岑彭的部下，曾经跟随岑彭征讨公孙述。现在反而反叛朝廷，很大程度上是被逼无奈。这让我们想起另外一个人，就是邓奉。邓奉是邓晨（刘秀的二姐夫）之侄，新莽末年，天下大乱，邓奉起兵于清阳县（即《后汉书》中所记育阳县，在今河南省南阳市南六十里），曾经保护过刘秀的妻子阴丽华及其家人，刘秀称帝后被封为破虏将军。因为吴汉纵兵劫掠南阳百姓，邓奉率军将吴汉驱逐出南阳，成了汉军的叛将。公元27年（建武三年），刘秀亲征，邓奉兵败出降，被斩首。这也是一个被吴汉逼反的典型例子。

吴汉是一员虎将，为刘秀复汉大业立下了汗马功劳，对刘秀也可以说是忠心耿耿。有后人称赞他"射马擒王，兵机莫测。出险履危，不动声色。儒雅彬彬，功名任职。图像云台，中兴辅翼"。可能正是因此，即便他后来为达目的会不择手段，犯下错误还不知悔改，会被同一块石头绊倒几次，但最后刘秀还是对他十分器重。也就是吴汉，换一个人刘秀恐怕早斩首他八次了。

# 三、慰抚吏民

作为东汉王朝首任蜀郡太守，张堪没有新官上任三把火的冲动。因为他面对吴汉屠城后留下的惨不忍睹的成都，深感肩上的担子太重了。他知道，在公孙述多年的经营下，百姓过上了安稳的日子。这下好了，公孙述灭亡了，汉军的暴行也深深刺痛了蜀人的心。张堪对此心里非常清楚，当下百废待兴，但最重要的事情还是慰抚吏民。否则，民心不稳，蜀郡的局势就不会稳定，所以他采取了以下六条措施。

其一是"搜求隐逸，旌表忠义"，对反对公孙述割据政权的蜀中官吏和地主豪族都"擢而用之"。自古以来，用人问题就是政治路线的集中表现。用什么人，就是一个风向标。张堪为了安抚百姓，广聚人才，上奏刘秀，旌表忠义，举贤用能。《华阳国志》中记载了刘秀诏表的十二人。

常少和张隆。《后汉书·隗嚣公孙述传》中记载："帝及与述书，陈言祸福，以明丹青之信。述省书叹息，以示所亲太常常少、光禄勋张隆。隆、少皆劝降。述曰：废兴命也。岂有降天子哉！"刘秀给公孙述修书，叫他考虑利害关系，归顺朝廷。公孙述把信交给近臣太常［太常，中国古代朝廷掌宗庙礼仪之官。本名奉常，汉景帝中元六年（公元前144年）改为太常；新朝改名秩宗；东汉复称太常］和光禄勋（官名，九卿之一，总领宫内事务），意思是听取他们的意见。这两位都劝公孙述投降。公孙述以哪有天子投降的理由加以拒绝。常少与张隆都郁闷而死。张堪奏报了常少和张隆的事情，刘秀诏追赠常少为太常，追赠张隆为光禄勋，重新按照太常和光禄勋的礼仪改葬。

李业，字巨游，广汉梓潼人，师从博士许晃专习《鲁诗》。汉平帝元始年间，他因精通诗经被举荐为郎官。恰逢王莽握得朝廷大权，李业以病为由辞官。公孙述得知便征召李业当诗经博士，而李业说自己有病不肯接受。公孙述感到太没颜面了，就又派大鸿胪（中国古代朝廷掌管诸侯及藩属国事务的官员）尹融拿着所谓的诏书，胁迫李业说，你如果接受这个职务，就可以封公侯，如果不接受就赐予毒酒。李业坦然面对毒酒一饮而尽。李业死后，公孙述又怕背上杀死贤人的恶名，派使者前去吊唁，还送上一百匹绢帛，李业的儿子逃跑，拒绝接受赏赐。

王嘉，字公卿；王皓，字子离，蜀郡江原（今四川成都崇州）人。两人都是贤德有才学的人。西汉平帝时，王皓为美阳（古县名，治所在今陕西武功西北）令，王嘉为郎人。王莽当政后，两人辞职回乡。公孙述没有召到李业，又征召王皓、王嘉，怕他们也不来，就事先拘捕了他们的妻子儿女。使者对王皓说，赶快收拾行装和我去赴任，才可以保证你妻子儿女的安全。王皓怒斥道："狗、马还会认识主人，何况人呢？"说完拔剑自刎。使者只好割下王皓的头颅回去交差。公孙述气急败坏，于是诛杀了王皓的一批亲属。使者又去找王嘉，王嘉已经听说了王皓的壮举，叹息说我走在后面了！说着当着使者的面也拔剑自刎。刘秀批准了张堪的奏折，对蜀郡为保持气节自刎的王皓、王嘉及广汉的李业大张褒奖，广泛宣传他们的品德并将表彰的匾额挂在他们的家门上。此举深得民心，全城人奔走相告。

朱遵，字孝仲，蜀郡武阳县（今四川省眉山市彭山区）人。公孙述割据称帝时，他正担任犍为郡功曹（掌管郡内一切人事的官员），率领部队在六水门（在武阳县，《水经·江注》上记"籍江为大堰，开六水门，用灌郡下"）抵抗公孙述的进攻。但是由于寡不敌众，只好把车停下来，拴好战马，发誓死战，最后被公孙述的军士杀害了。光武帝下诏嘉奖朱遵，追封他为复汉将军，并让郡、县设朱遵祠堂。

费贻，字奉君，犍为郡南安县（今四川南部荣县）人。《后汉书·独行列传》中有其传。他少好学，有志操，为乡党所推重。公孙述割据蜀地自立为帝时，到处招揽人才装点门面。公孙述想征费贻为官。但费贻并不想为公孙述做事，但又不想断然拒绝引来杀身之祸，于是他就装疯！他把全身涂满油漆，看上去就像"头上长疮，脚底流脓"，一副不堪入目的样子；而且他还变得疯疯癫癫的了，完全不省人事。于是公孙述就不再强迫他当官了。这样，费贻"退藏山薮（音搜，意民间、草野）十余年"，他韬光养晦、忍辱负重竟然长达十多年。直到汉光武帝刘秀消灭了公孙述，平定了蜀地，费贻的病也就自然而然地好了。光武帝听说了费贻之贤，被费贻的忠心感动了，下诏征拜费贻出任合浦（郡治合浦，今广西北海市合浦县城）太守。蜀中的人有歌称赞他："节义至仁费奉君，不仕乱世避恶君。"

冯信（公元前36—？），字季诚，郪县（今四川三台县南郪江乡）人。郡里三次推举他为孝廉，州里也举荐他为茂才，官府聘请他十三次，朝廷也下诏召他为官，他都不去。公孙述割据益州时，他假装眼瞎，拒绝在公孙述手下做事。

文齐，字子奇，梓潼县人，生卒年不详，新朝王莽时期拜益州郡太守，汉平帝元始年间（公元1—5年），文齐出任京师（长安）城门校尉（统率守城部队的高级统兵官）。王莽执政时，益州郡（今云南滇池）人民不堪重负，发动起义，王莽派遣将军廉丹率军前往镇压，被起义人民杀败。王莽又派文齐前去征讨。文齐率军至益州后，征而不讨，围而不歼，说服起义民众归顺朝廷。王莽即任命文齐为益州太守。在任期内，文齐组织边民垦荒造地，修筑灌渠，开垦农田两千多顷。同时练兵养马，修筑路障边塞，保证边境平安，老百姓衣食无缺，生活安乐，对其十分拥戴。后公孙述占据蜀地称帝，遣使臣劝说文齐臣服，文齐坚决抵制，拒不归从。公孙述以拘捕他的妻子相威胁，并许诺封他为公侯，他仍坚辞不应。公元25年，光武帝刘秀即帝位后，文齐专门派出使者，绕道前往河北向光武帝致意，深得光武帝的嘉许。公孙述被杀后，光武帝任命他为镇远将军，并封为成义侯。

董钧，字文伯（公元前12—公元63年），犍为郡资中（今资阳）人。他习礼明经，学识博通古今，被光武帝任命为博士，在朝廷上常常对于政事发言。董钧研究的礼学是庆普的《庆氏礼》，是属于今文经学的《仪礼》，与《周礼》和《礼记》并称为"三礼"。

程乌、李育二人曾经都是公孙述的大将，确实会带兵打仗，而且拥护归顺朝廷。后来张堪举荐他们也被刘秀提拔重用。至于原来的官员，只要没有罪恶，愿意继续报效朝廷的，一律既往不咎，继续留用。对新旧交替时期有立功表现的都被委以重任。朝廷对这些人的表彰、任用，使蜀郡的人民知道了这才是他们该效忠的朝廷，大有使民心归附的作用。

其二是安抚百姓，心归朝廷。蜀郡与中原交通不便，在王莽末年的中原群雄混战中，蜀郡很少受到战乱的袭扰，社会、经济相对稳定。公孙述称帝之前相对比较开明，用从中原带来的先进农业技术，指导当地居民开垦荒地，兴修水利，引种高产水稻，植桑养蚕。织造的蜀锦闻名于世，使得"天府之国"富庶祥和。虽然大多数百姓也知道割据一方是没有前途的，但当他们看到公孙述灭亡之后吴汉的残暴，反倒怀念起这个自封的"皇帝"了。公孙述自信是白帝（古代神话中的主西方之神）转世，有地方豪绅在子阳城（今重庆市奉节县）白帝山上建白帝庙祭祀公孙述，白帝城因此得名。直到明正德七年（1512年）四川巡抚林俊（1452—1527年，字待用，号见素、云庄，今莆田市荔城区人）拆毁公孙述像，改为祭祀江神、土神和马援像，改称"三功祠"为止，白帝庙里的公孙述被供奉了1400多年，香火从未间断。由此可见，公孙述在当地百姓心中占有一定位置。张堪要想治理好蜀郡，首先要安抚民心，聚拢民意。为此，张堪连续采取一系安抚百姓的措施。打着汉朝皇帝刘秀的旗号开仓放粮，救济因战乱造成一贫如洗的百姓。恢复市场，支持工场作坊开业。对安置流民就业的另有奖赏。扫清公孙述的余孽，维护社会稳定。这些措施，使成都百姓慢慢从吴汉屠城的阴影中走出来，开始了新的生活。

其三是精简机构，减轻蜀民负担。刘秀建立东汉王朝以后，把休养生息作为治国第一方略。建武六年关于休养生息方面刘秀就连下两诏。六月二十四日下诏："设置官吏是替老百姓服务的，而今百姓遭难，户口减少，而国家官吏的设置还很繁多。现令司隶、州牧各自在所辖范围核实实际需要，裁减官员。无论是县，还是封国，不足以设长吏（《汉书·景帝纪》：吏六百石以上，皆长吏也）的，予以合并。"于是全国合并减少了四百余个县，官吏职位也减少了，十个官员留下一个。同年十二月二十八日，刘秀又下诏："前些时战事不息，国家经费不足，所以按十分之一收税。如今粮食储备增多，从现在起，各郡、各封国，收取现有田地的田租，恢复三十税一的旧制。"东汉初年，内地农民的租赋徭役负担，比起西汉后期和王莽期间大有减轻。但是蜀地一直在公孙述的统治下，不仅不实施以上诏书，反而为支撑"大成"小朝廷，还在不断加重百姓负担。张堪到任后，重新宣布了皇帝诏书，立即宣布了精简机构、官员和减轻税负的政令。蜀郡属县由公孙述时期的十五县，合并为六县，官员精简了九成。另外公孙述称帝期间，益州及各郡，养兵二十万，其中大部分是蜀郡所出，张堪严格执行朝廷在建武六年的诏令，裁省郡兵，使十几万郡卒得以回家团聚。这几招深得民心，蜀郡的百姓无不对当今皇帝称颂。

其四是解放奴婢。张堪广泛宣传当今圣上前后九次下诏释放奴婢，或提高奴婢的社会地位，使大量奴婢免为庶人，使流民返回农村，促进生产。对这一点抵触最大的是成都侯、罗、司马等望族大户。张堪就首先在成都废除奴婢买卖，从各级官员开始，如有违反者革职查办。同时他深入调查了解一些大户买卖奴婢的事实，做好扬雄、司马相如这些著名官员后人的工作，请他们带头释放奴婢，并给奴婢土地，安顿好生活。这一办法有很大引领作用，一个月时间，成都就释放奴婢上万人。同时，为了解决一些大户人家用工难题，张堪实事求是地推广煮盐、织锦雇工的办法，规范官佣与私佣管理办法。

其五是安置流民。流民是战争的衍生品，同时流民又是社会动荡的火药桶。张堪深知要想保住成都战后安定的社会环境，恢复遭战乱破坏的生产和生活秩序，就必须尽快安顿好流民。朝廷平定了蜀郡割据以后，那些躲避战乱、流落外地的人口不断回乡，郡县官府都帮助他们搞好安置，原来的住房损坏的帮助修复，被侵占的耕地，只要有官府核发的地契的，全部归还原主。帮助工商业作坊、店铺尽快恢复开工营业，安置本地或外地迁徙到蜀的年轻流民，到盐场、商铺做工。实在没有技能的则划给一定荒地垦殖。安居才能够乐业，成都大街上看不到无家可归的人。土地复耕和垦田数目大大增加，锦江两岸很快恢复了"百室离房，机杼相合"的盛景。

为了使蜀民消除与朝廷的隔阂，张堪对各级官员宣传刘秀皇帝的仁政。他利用成都负有盛名的学者庄君平（名遵，字君平，又称严君平，公元前86—公元10年，西汉晚期道家学者，思想家）终生不仕，归隐著述、设馆授徒于郫县平乐山，宣讲《老子》《庄子》，并在此山上写出了"王莽服诛，光武中兴"预言的历史事件的事例，宣传刘秀皇帝征服公孙述割据、统一天下的壮举。他还当众宣读光武皇帝对吴汉屠城怒斥的谕旨，代表朝廷向成都受到屠城伤害的百姓表示歉意。同时张堪表示他也要承担一定责任，没有保护好成都百姓，是他这个太守的失职。

张堪在谈到公孙述时，他一方面指出公孙述自立为王，武装割据的罪行，另一方面又说蜀郡之乱是王莽乱政带来的恶果，蜀郡百姓也是受害者。蜀郡人民对汉朝的建立和发展做出过突出贡献。他经常把以身救刘邦的西充人纪信（公元前？—前204年，字成，西充县紫岩乡扶龙村人。秦末随沛公刘邦起兵，作战骁勇，初升为部曲长，后被加封为将军。史上有"西汉一人""功盖三杰"之誉），汉祖自汉中出三秦伐楚，萧何（公元前257—前193，西汉开国功臣之一。沛丰人，早年任秦沛县县吏，秦末辅佐刘邦起义，史称"萧相国"）发蜀、汉米万船而给助军粮，西汉时的成都文学家司马相如、成都人扬雄和资中人王褒挂在嘴上，以提振各级官员的士气，使大家知道，蜀郡在中央朝廷眼里的重要地位。

司马相如和扬雄，是成都文化学者的两张名片。司马相如（约公元前179—前118年），字长卿，蜀郡成都人。西汉辞赋家，中国文化史文学史上杰出的代表，工辞赋，其代表作品为《子虚赋》。作品辞藻富丽，结构宏大，使他成为汉赋的代表作家，后人称之为赋圣和"辞宗"。他与卓文君的爱情故事也广为流传。张堪在太学时，不仅喜欢听司马相如的爱情故事，更喜欢他的辞赋。现在来到他的家乡为官，是与他有缘。在工作之余，张堪找人带路，

成都的支矶石街和羊内的支矶石　摄影　赵黎明

由郡府步行西去五里，前去拜谒司马相如的故居，只是这里早已是人去楼空。相传司马相如弹琴的地方，如今成都市通惠门外琴台路真有一块巨石，据说是当年的弹琴台。张堪望着这块巨石，耳边仿佛回响起令卓文君动心的琴声。在张堪心里，司马相如不光有才艺，重情义，更可贵的是他对国家、对巴蜀人民的赤子之情。他奉旨平乱，发《谕巴蜀檄》，作《难蜀父老》，他在有名的《子虚赋》中劝说皇上与满朝官员"除嗜欲戒奢侈"，热情宣传《老子》所说的："我无为而民自化，我好静而民自正，我无事而民自富，我无欲而民自朴。"

张堪经常光顾的还有支矶石街。这条街上传说有一块紫红色的巨石，是当年张骞出使西域回来，用船运回来送给严君平的。严君平仔细看后说是天上掉下的陨石，是织女用来垫织机的石头。这下这块石头，甚至连放这块石头的街道都火了。据说现在这块石头被移到成都市青羊宫的文化公园，石上所刻"支矶石"三字仍很清晰，只是经过专家考证，它不是来自织女垫织机的天石，也不是西域的陨石。而是西蜀原始部族落，为纪念祖先或祭祀需要的特定场合竖立的大石头。

严君平培养的高徒扬雄，西汉蜀郡成都（今四川成都郫都区）人。少好学，口吃，博览群书，长于辞赋。他大器晚成，年过四十，才游京师长安，以文见召，奏《甘泉》《河东》等赋。汉成帝时任给事黄门郎。王莽时任大夫，校书天禄阁。扬雄是继司马相如之后西汉最著名的辞赋家。所谓"歇马独来寻故事，文章两汉愧扬雄"。张堪早就知道扬雄和他的才学，并且对他非常赏识。现在张堪走在严君平摆摊占卜蓍龟给人看相的大街上，总觉得严君平仿佛也在用他的智慧，给自己出谋划策。

张堪利用空闲时间在成都走街串巷，不是休闲看风景，而是拉近自己与蜀郡百姓的关系，汲取巴蜀文化的精华，用于治理蜀

扬雄画像　赵黎明　摄于成都博物馆

1911年都江堰水利工程照片　赵黎明　摄于成都博物馆

郡。他十分重视对郡县官吏的管理，这些人是保证东汉朝廷统治的基础，也是蜀郡百姓眼中东汉朝廷的代表。他从自身做起，时刻以蜀郡历史上的能臣廉吏为榜样。下属陪他视察成都的建设，见到灌溉水利设施，他总要给大家回顾秦朝时蜀郡太守李冰的事迹。李冰（约公元前302—前235年）战国时期魏国人（今山西运城），号陆海，战国时代著名的水利工程专家。公元前256—前251年被秦昭王任为蜀郡太守。其间，他秉承"道法自然""天人合一"的思想，和其子一同主持修建了"湔堋"（即现在的都江堰水利工程），保证了大约300万亩良田的灌溉，使成都平原成为旱涝保收的"天府之国"。

如今这座水利工程，由于年久失修，已经破损严重。张堪看到后立即责成有关府曹暂缓郡府的维修，先安排维修水利工程，以保证百姓生产生活的需要。

张堪是太学出身，重视教育与他的教育经历有关。上任不久，他就在蜀郡三老的陪同下视察成都郡学，秉承发扬文翁治蜀首重教育的理念。由地方政府拨款，兴办官学的第一位教育家是蜀郡太守文翁。

文翁（公元前187—前110年），名党，字仲翁，庐江舒人，西汉景帝末年，为蜀郡太守。他在市区用石头建造了一幢校舍作为蜀郡府学，称为"石室精舍"，后人称为"文翁石室"。文翁对入室受业的学生，制定鼓励政策，如给予减免赋税徭役的奖励；成绩好的学生，毕业后可以任命到各级官府中为官等。文太守每次到各县视察，都带领在校学生们去各地考察民情，以充实知识，多方鼓励青年读书求学；经过文翁不懈的努力，蜀郡各地也相继办起了许多乡学。文翁办的官学，不仅为蜀地培养了像司马相如那样的杰出人才，还引起了皇帝的重视，推动了全国各地兴办官学。文翁的郡学开办17年后，汉武帝刘彻看到文翁办学成功，决定推广文太守的经验。下令全国，普遍兴办文翁石室式的官学。张堪自己就是兴办官学的受益者，他在入太学前，就是在南阳郡府

文翁画像

学学习的。当听说原来的"石室精舍"郡学被上收为州学，现在的是新建不久的郡学，老师和学生都因汉军屠城四散回乡躲避战乱去了之后，张堪立即拍板，安排经学大师郑兴负责郡学恢复建设，责成三老负责请回老师，召回学生，落实原来对待学生的优惠政策。并从紧张的郡府财政资金中划出部分解决办学经费问题。同时还定下规条，以后从自己的月俸中拿出一半支援办学。东汉郡太守官秩一年1440石。张堪一下拿出一半的薪俸，可见其对教育的重视。

这些看起来很平常的事，实际上是张堪向蜀郡上下表明，当今圣上对蜀郡

我国第一所由地方政府创办的学校蜀郡郡学，后人称"文翁石室"

人民是相信的，张堪做官就是要像李冰、文翁那样，为官一任，造福一方。

其六是讨伐奸贼，保郡界平安。就在张堪带领蜀郡官员，抚平战争，恢复蜀郡生机之时，接连出现了杀人越货、火烧民宅的案件。张堪率人现场勘查，初步认定是一伙逃入深山的公孙述残匪所为。虽说每次出动的人数几十人到几百人不等，但他们分散作案，手段残暴，对郡内安全影响极大。通过缜密侦查，广泛收集情报，张堪慢慢摸清了这些残匪的盘踞地点和人员情况。这伙残匪盘踞在成都西北150里外在湔山（也称玉垒山，今彭州九峰山），有近千人，为首的是劝说公孙述称帝的李熊。这个曾经名噪一时的大司徒，自刘秀伐蜀以后，曾经带兵与岑彭打过几仗，都被打得落花流水，虽然侥幸没有丢掉性命，可是回来就被公孙述免去了大司徒的官位，被贬到延岑手下任主簿。在公孙述死去的当天晚上，李熊得知延岑决定第二天要出城投降，深知自己曾经是公孙述的心腹，又是鼓动他称帝的主谋，投降了汉军也不会饶恕自己。所以他就趁城中混乱，联络了过去的部下，在夜色的掩护下从密道潜出城外，仓皇逃进湔山。湔山方圆几百里，山高林密，地势险峻，作为军事扎营设寨，易守难攻。李熊梦想以此为基地，在这里积蓄力量，以图将来起事。他们每次出动，多有社会不轨之徒做接应内线，所以几乎每回都没有空手而归过。

东汉初年，作为郡一级设专掌军事的都尉，常设一千至五千人的郡军。建武六年以后，除去边郡外，都废除了执掌地方兵权的郡国都尉，以后又罢轻车、骑士、材官及楼船士等，实际上取消了地方军队。在和平时期，少量维持地方治安的郡县兵，由太守令长兼管。张堪太守既是行政最高长官，也是统领军事的最高长官。但是他手里只有平时负责维持治安的不足千人的郡兵，剿匪的任务根本无力承担。张堪只好急奏皇上，请求支援。好在当初汉军攻下成都回师东去后，光武帝觉得蜀地刚刚平定，社会还未完全稳定，就留下了辅威将军臧宫，拜为广汉太守，率军镇抚蜀地。臧宫在接到要他协助张堪平定匪患的圣旨后，马上到成都拜会张堪，一起商讨剿匪对策。两人经过商议，都认为派军强攻难度很大，只有诱敌出山，歼其主力。于是，他们认真制定了一个诱敌制胜的计策。臧宫负责率五千兵马秘密西进，穿过章山（今华蓥山）潜伏至玉垒山（今彭州九峰山）。张堪负责在彭州虚假布设筹措军粮的计划，并广散消息，说三月十五日筹齐运发成都。消息很快传到李熊耳中，山中存粮已经不多，他便决意要劫取这批军粮，并派人打探地点，决定三月十五日出动主力下山直扑彭州。哪知还没有见到一粒粮食，就钻进了臧宫布下的口袋阵。不到一个时辰，就结束了战斗，残匪八百多人死伤大半，剩下的乖乖投降了。只是李熊狡诈，指派副将出兵，他自己还在匪巢做着美梦！臧宫按计故意放跑了一些残匪，实际上是让他们回去报信。

整个战役进展十分顺利，张堪和臧宫分手，二人分别上奏复命。臧宫率部队回到广汉雒县城。投降的士兵，大部分被遣散回家，剩下几个精明强干、想立功受奖的，授意他们故意逃回山寨。留在山上的李熊听到消息，仰天长叹，痛心不已。看到眼前这几十名残兵败将，这伙残匪的士气一落千丈。没过多久，李熊就被张堪放回去的俘虏杀死，割下首级。张堪对他们论功行赏，妥善进行安置。同时，通过他们把成都市内和各县残存的成军残余势力一网打尽。至此，公孙述政权的骨干无一漏网，残兵败将消灭殆尽，清除了蜀郡动乱的毒瘤，百姓们无不拍手称快。

第八章

清廉——扬名蜀郡折辕车

# 一、励精图治

吴汉在刘秀圣旨的催促下，班师还朝，凯旋而归，受到皇帝刘秀的宴请与犒赏，全军上下欢欣鼓舞。但是他却给自己的同乡太守张堪留下了一个烂摊子。张堪这个东汉蜀郡的第一位太守，虽然从秩六百石的侍从谒者一下成为了秩二千石的封疆大吏，但心里却无法兴奋起来。他要面对的是满目疮痍的废城和流离失所的灾民。如何使蜀郡由乱到治，使蜀郡的臣民从心里拥护东汉朝廷，这是件非常困难的事情。

张堪长期在朝廷皇帝身边做事，对国家的大政方针和光武帝刘秀的治国理念熟记在心，但是对蜀郡的风土人情和百姓的心理了解得不多。所以要解决眼前的困难，他既有优势，也有短处。在紧张的公务活动中，他总是抽时间接触蜀郡各阶层人士，上至郡内德高望重的社会名流，下到小商小贩，甚至是种田的农民，都与他们促膝长谈，以求尽快熟悉郡情郡事，了解各阶层人士的心理需求。张堪很快就形成了自己的政见，采取了一系列施政举措。

首先是恢复生产，保障百姓生计。蜀郡平定后，许多流离失所的流民涌进成都。要想一方平安，务必稳定流民。张堪多管齐下，推行假田制，将没收的公孙述、延岑等家族的田产以及战后的无主田，配租给当地贫民和流民耕种，使耕者自食其力；把朝廷赈济灾民的款项主要用于修复城市路桥设施，实行以工代赈，也消化了一部分流民。对少数在战乱中丧失劳动能力和供养来源的困难百姓实行官府与族群共同赈济，把郡、县库存稻米投放市场，保障供应，平抑物价。

成都城有一个地方叫锦城。西汉时期，成都织锦业驰名天下，织锦作坊云集，当时在城西南设立了锦官专管织锦，并筑有锦官城，故成都又有"锦官城"的别称。成都锦官城所织造的蜀锦，以其图案繁华、织纹精细、配色典雅、巧夺天工而名闻全国。历史上的四川蜀锦、苏州宋锦、南京云锦、广西壮锦并称为"中国四大名锦"。蜀锦位列其首，汉代扬雄曾在《蜀都赋》中发出了"尔乃其人，自造奇锦"的赞叹。

织锦业是蜀郡主要的经济支柱产业和龙头产业，不仅是官府税收的主要来源，还带动了农民的植桑养蚕。这种织锦鼎盛的局面延续到唐代，引发了刘禹锡的诗兴："濯锦江边两岸花，春风吹浪正淘沙。女郎剪下鸳鸯锦，将向中流匹晚霞。"但是自公孙述蜀郡割据以来，由于战乱，"不与秦塞通人烟"，市场受到挤压，影响了生产。十几年来，蜀锦不仅没有发展，还出现了萎缩的局面。在吴汉屠城的浩劫中，蜀锦织造业又受到最大的冲击，有些作坊已经到了破产的边缘。张堪借鉴家乡南阳郡历史上杰出太守召信臣劝民农桑的做法，从支持发展种桑养蚕开始，促进蜀锦业的发展。蜀民植桑不仅按照粮田种植享受税收优惠，还从南阳引进优质桑苗推广种植。在落实刘秀减轻税负的同时，还减轻织锦作坊的税收，很快促进了蜀锦的生产恢复。

成都还有一项让百姓致富的途径就是煮盐。从秦汉时期，蜀守李冰"识齐水脉"（齐水即卤水），即在先民长期利用自然盐泉和含盐岩层的基础上，积累了四川地下沉积盐矿的理性认识，能够识别地下含盐矿层。在此基础上，李冰"穿广都盐井诸陂池"，开凿了四川第一口盐井——广都盐井（在今双流、仁寿县境），因而被称为四川"井盐之父"。蜀郡也就此成为全国井盐的生产中心，不仅供应西南地区，还远销陇西、关中地区，给蜀郡带来了滚滚财源。据史料记载："天下之赋，盐利居半。"

张堪到任后，没有忘记去巡视李冰太守开凿的天府第一口盐井——广都盐井，他在恢复农业、丝织品生产的同时，下功夫扩大完善井盐生产，整顿生产秩序，补设盐官，在完善盐税征收系统的基础上，降低征收比例。为了提高生产效率，推广运用当地资源，用毛竹连接成竹笕，可以使卤液从井口直接流到熬制场地。

在开凿盐井过程中，会产生

汉代蜀锦和刺绣　摄影　赵黎明

天然气。蜀郡临邛创建了人类历史上最早的利用天然气的盐井——临邛火井，用于熬制食盐。《华阳国志》中记载，临邛"有火井，夜时光映上照，民欲其火，先以家火投之，顷许，如雷声，火焰出，通耀数十里。以竹筒盛其光藏之，可拽行终日不灭也。井有二，一燥一水。取井火煮之，一斛（器量名，古时以十斗为斛）水得五斗盐；家火煮之，得无几也"。张堪组织推广临邛的做法，并完善竹笕系统，从"火井"中分配并把天然气引到熬盐场地，代替原来用木柴做燃料熬盐，使井盐生产成本下降，效率提高，很快产量和税收就大大超过了公孙述时期，蜀郡开采井盐呈现出"井架林立、火光冲天"的火热景象。

蜀郡长期以来的封闭割据，造成货物流通不畅，阻碍了经济发展。张堪发挥在朝廷工作时与天下郡县广有交结的优势，在全国当时除成都外的大都市"五都货殖，既迁既引"，将巴蜀的姜、丹沙、铜、盐铁、竹木之器及"筰马牦牛"，通过褒斜道运入关中，借助江水航道在全国大都市建立起了蜀货的固定销售渠道，极大地促进了蜀郡的特色物品的生产和繁荣。

# 二、秋毫无私

蜀郡地方官素有励精图治、文教兴业的优良传统。张堪立誓要拨乱反正，重塑新风。他自身做到了礼贤下士、尊师重教，努力成为"格物、致知、诚意、正心、修身、齐家、治国、平天下"的典范。古人说，"成由勤俭败由奢"，政治的清明必须有经济的清廉作为基础。张堪虽然过去在宫中享过福，但到蜀郡来却出行轻车简从，郡府办公因陋就简。原蜀郡府地处成都市中心，由于离公孙述的皇宫很近，在吴汉屠城中受到很大损害。属下都建议他重新修建一座郡府，但张堪说，自古土木之工不可擅动，简单修缮一下就可以了，房屋好坏不影响断案。他让人把露天的房屋修补一下，损坏太厉害的索性就不修了。郡府里有一辆轿车，原来是马拉的，现在马已经失踪了。车辕在屠城时被砸断了一根，属下想换一辆新车，被张堪拦了下来。没有马匹就用牛拉车，车辕折了就修理一下继续使用，一直到张堪调走，郡府里一直使用这辆折辕车。

蜀郡府衙在少城的中心位置，是一片坐北朝南的官府。张堪看到过许多郡府的建筑，而这里还是既有规制，又体现了巴蜀文化，从南向北，照壁、府门、仪门、大堂、二堂、三堂一线排开，六曹、巡捕分列两厢，屋顶是硬山灰瓦不超规制，单檐四角则斗拱飞檐。整体建筑除仪门两侧的衙神庙、监狱被损毁一些外，基本完好无损。张堪日常办公的大堂撤去了一些公孙述搞的花样，都是使用旧有摆设。二堂面阔五间，进深三间，本是太守办公、议事和待客的地点，现在被张堪辟出一间当宿舍。由于他在任两年，家眷没有随行，所以后面的三堂内衙从来没有使用过，如今却成为府衙官员一起生活的场所了。他从来不开小灶，一直与属官和衙役吃大灶，"大灶太守"一时被传为佳话。

不是因为张堪没有钱，而是他把郡守俸禄的一半都捐给郡学了。他还经常接济有困难的属下。张堪的俸禄是不少，但实际上每月所剩无几，堪称是汉代"月光族"了。

成都和整个蜀郡由于人心向汉，使东汉朝廷颁布的诏令都较好地得到了实施。社会和谐，政风清新，得到了万民称颂，流离失所的庶民纷纷回归。仅两年工夫，蜀郡的人口就达到了一百三十五万四百七十六人，比西汉时人口增加了十一万。建武十四年（公元39年）夏，张堪正带着属下在各县巡视水情，京城传来了刘秀圣旨，诏张堪回京，拜为骑都尉。同是南阳人的张穆接任张堪任蜀郡太守。史上对张穆未见正面介绍，只是在蜀郡太守廉范（廉范，字叔度，京兆杜陵人，赵将廉颇之后）的史料里，有关于张穆的记载。张穆曾为廉范祖父廉丹的属下，他曾经送给廉丹大量财物，廉丹拒辞不受。可是后来张穆这个太守干得没什么起色，不能很好地处理朝廷与地方的关系，激化了原本就存在的社会矛盾，蜀郡守将史歆在成都谋反自称大司马，进攻太守张穆。张穆吓得弃城而逃，好不狼狈。张堪与继任者的交接，重点在于告诫张穆注意进一步密切蜀郡人民与中原人民的关系，对郡内当前主要还是落实刘秀的休养生息政策，不能加重人民的负担。张穆过去是军人出身，尽管当时表示都记下了，但是以后会怎么样，张堪还真是放心不下，但无奈圣旨必须服从。

张堪在蜀郡太守职位上干了两年，几乎没有什么积蓄。面对官府堆积如山的金银财宝，他丝毫不敢。他来的时候只有几件换洗的衣服，以及几本经常阅读的书籍，离开成都时，还是这些东西，用一块布单包裹着，坐着郡府那辆折断车辕的牛车离开了。百姓和官员听到消息，沿途相送，恋恋不舍。张堪一路与送行的人依依惜别，人群一直送到长星桥码头，短短三里的路，足足走了两个时辰。直到张堪背上布囊登上船，人们还在驻足张望。长星桥在"三国"时期改名为万里桥，现在的成都人叫它老南门桥。

今天的万里桥和桥边的万里饭店　摄影　赵黎明

张堪所搭乘的是一艘常年来往于江水的散装货船，船上装载的都是成都的特产，甲板上丝、竹、盐、茶各自分区堆放。这些景象与两岸如画的风景，使得张堪心情逐渐好了起来。他坐在临江的仓窗旁，认真欣赏着往后闪过的风景画面。他不时地与同船的船客谈天说地，谁也没有意识到这位乘客就是国家重臣。天气晴好，船行顺水，仅一天工夫就到了武阳（今四川省眉山市彭山区），进入江水（今长江）。由于是散装货船，沿途主要港口如南安、僰道（今宜宾市）、符节（今合江）、江州（今重庆）、鱼复（今奉节）等地，都要下人、卸货、上人、装货，少则要耽搁一两个时辰，多则可能要大半天。这样走走停停，虽然体会不到后世李白诗"朝辞白帝彩云间，千里江陵一日还，两岸猿声啼不住，轻舟已过万重山"的感觉，却使张堪第一次领略了沿江的风土人情。

五天之后，货船在江夏（今武汉三镇的汉口）停靠，张堪在这里下船。江夏这地方在汉水、江水交汇之处，水上交通极为方便，可说是九州通衢。张堪这次转任，圣上特许他途中探亲。所以张堪从江夏改乘小船沿汉水逆水北上，经襄阳到南阳。当他从南阳坐上船驶入熟悉的淯水时，有一种游子归来的情感，以致热泪盈眶，模糊了江上的白帆。远处的夏村隐约可见，一种久违的声音渐渐在耳边响起，那就是岸边汲水车的唧唧欢唱。

张堪的回家，不仅令张家上下一片欢腾，就连西鄂县城都是交口相传。人们簇拥着这位平蜀的功臣回家。也有人失望于没有看到他骑着高头大马、随从护卫鸣锣开道的场面，殊不知，张堪从来就不喜欢排场，一路上他有不少同学、朋友，但他谁也没有惊动。十天水路的船上生活，反而是艄公舵把成了他的新朋友。回到家里，母亲虽然又增添了许多白发，但是身体还很硬朗。见到夫人领着小儿子来迎接他，小家伙见到他反而不认识，吓得躲到娘的背后。三年前，张堪接受运送军马任务前，曾经回到家里探望，那时儿子刚两岁。聪明伶俐的小张伟，开始见到爸爸时还不敢上前。刚刚混熟，就开始黏着张堪问这问那的，张堪因重任在身，很快就匆匆离家了。现在张伟已经五岁了，虽然平时他总和妈妈、奶奶吵着要找爸爸，没想到爸爸真的来到家里，又像见到了生人一般。这般情景使张堪内心油然升起一丝愧疚之情，感到自己亏欠母子俩、亏欠娘的太多了。

# 三、送子入学

张堪虽然做了高官，但是家里仅落得个衣食无忧，顶多算是个殷实之家而已。祖上的家产都在他去太学时送给了侄子，现在侄子一家过得比他家都富裕。张堪从长安太学回来后，在县学教书，才又开始在岳父的帮助下，置下五十亩水田和一座民宅。现在有岳父帮助料理经营，了却了衣食之忧，张堪对家里的这些事根本帮不上什么忙，岳父和妻子知道他身在朝廷，公务繁忙，也不敢让他分心。张堪能够全心为朝廷效力，除去他的为国为民的志向外，也要归功于家里人的支持。

妻子唯一要他操心的事就是儿子张伟的教育问题，这也是张堪一直考虑需要及早解决的事。这几天小张伟和张堪已经慢慢地熟悉了，他不仅把准备的一堆"为什么"每天向张堪问个不停，而且还把自己学过的启蒙儿歌背诵给爸爸听。张堪仿佛从孩子身上看到了自己儿时的影子，心里也逐渐有了做父亲的骄傲。他心里早就盘算着小张伟的教育问题。这次从成都回来特意买了一套儿童读物。这是成都石屋府学专门刻印的丛书，据说还是在文翁编写教材基础上形成的少年儿童启蒙读物。这下可把张伟高兴得直蹦。因为他知道，原来家里虽然书籍不少，也经常叫妈妈讲给自己听，但那都是大人们读的书，有好多东西自己还不懂。爸爸这次给自己买的书，不仅有故事，还有图画，这才是真正属于自己的书。

经过和家里人商量，考虑到孩子还小，决定先进张家聚的学馆。这里的先生是张家一位德高望重的长者，张堪开始就是在这里启蒙的。张老先生还是老样子，一副慈祥的面孔透着满腹经纶的风度，讲起话来一缕长须随之抖动。张堪见面后深深施礼，这位先生论起来还是张堪的爷爷辈，虽然学识出众，但是屡召不仕，甘愿一辈子在这书馆里培养张家后生。虽说他不愿出仕，但是看到经他培养的孩子已经官秩二千石，心里也像喝了蜜一样。张堪在这里上学时，虽然是班里年龄最小的，但那时就已显露出超群的聪慧。现在已经临到他的孩子又来学习了。给老先生施礼之后，张堪就把小张伟送到老先生面前，小张伟马上跪下给老先生磕头，被老先生喜爱地拉在手上，面对着张家又一代，他的目光中充满了关爱和期待。

张堪自然是满怀感激地把小张伟托付给老先生，老先生很骄傲地说，看到咱张家后继有人，我高兴还来不及呢，放在我这里你尽管放心，虽然你经纶满腹，但公务在身无暇顾及家务。这小家伙蛮机灵的，没问题，咱们的目标就是培养他将来上太学，不会比你差了。明天就正式送他来上学吧。张堪再一次深深鞠躬表示感谢。从此，张堪的儿子也开始了读书的生涯。

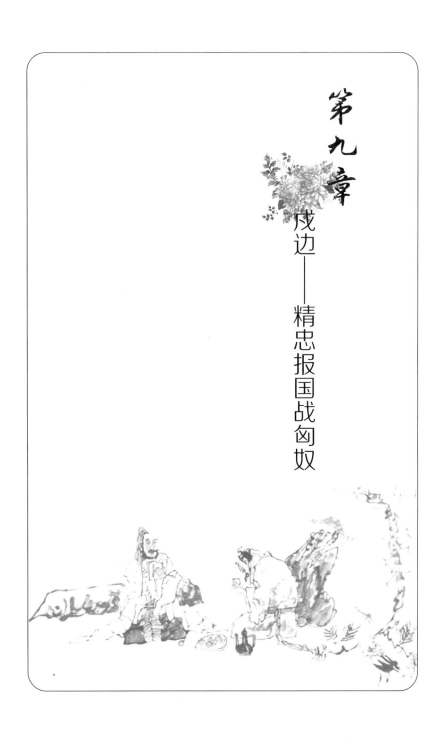

第九章

戍边——精忠报国战匈奴

# 一、官拜都尉

东汉建武十四年夏，张堪奉旨自蜀郡太守任上回京师拜骑都尉，开始了由文到武的转换。骑都尉这一官职是汉武帝时开始设置的，它是在光禄勋属下负责掌监羽林骑，即羽林军中的骑兵。"羽林"一词言其如羽之疾，如林之多；也有说取为王者羽翼之意。汉宣帝以中郎将、骑都尉监羽林骑，秩比二千石，银印青绶。这一职务的特点：一是武将职务，不是文职官员，虽然手下没有定员，但是可以指挥军事，带兵若干。二是皇帝绝对信任的人，基本都兼任侍中，平时就是皇帝的贴身武官，所以多由皇帝的亲戚担任，如刘秀的皇后阴丽华的哥哥阴识就曾拜骑都尉。三是需要时可以外出带兵打仗，西汉名将李广的孙子李陵担任骑都尉时，就曾带着五千名步兵跟匈奴作战。

别看骑都尉的职位光鲜亮丽，但是它的级别只是比二千石。在二千石秩级中属最低档次。张堪从蜀郡太守转任骑都尉，名义上好听了，由地方官变为中央官，但是级别上却从二千石降到了比二千石，即每月少拿20斛（在秦汉时期，作为重量单位，一石为一百二十斤，石相当于斛）的米。郡太守是封疆大吏，生杀大权在握。骑都尉则在皇帝跟前，凡事按照圣上旨意行事。但是张堪却没有任何怨言，只是在家里待了几天就离别亲人，赶紧回到洛阳赴任去了。

# 二、初显帅才

张堪回到京城，自然是要去光禄勋处报到。现在的光禄勋杜林，也是学者型的儒将。杜林（？—公元47年，字伯山，扶风茂陵，今陕西兴平东北人），东汉初期著名的古文经学家，博学多闻，时称通儒，是东汉时期《古文尚书》最早的倡导者。建武十一年（公元35年）杜林代郭宪为光禄勋。杜林很善于举贤荐能，后来他在大司徒任上向刘秀举荐了多位俊才，都得到了重用。另外他最出名的是力排众议反对肉刑。建武十四年（公元38年），群臣上书，建议增加重刑以遏制犯罪。但是光禄勋杜林援引孔子的话"道之以政，齐之以刑，民免而无耻；道之以德，齐之以礼，有耻且格"极力反对。他认为东汉政权初创，应总结前朝的得失，去除苛政，建立宽松的政治制度，使天下欢欣，百姓感恩戴德。如果因小事而施重罚，则"国无廉士，家无完行；至于法不能禁，令不能止，下上相遁，为敝弥深"。其建议被刘秀采纳。张堪与杜林原来虽然工作上没有太多的交集，但是他对杜林的学识与为官的气节却早有耳闻，非常仰慕他。

张堪此行官拜骑都尉，是接阎兴之职。京兆尹鲜于褒因事降职，刘秀紧急召阎兴赴任京兆尹。京兆尹本是汉朝管理首都行政的最高领导，相当于今天首都的最高长官。秦朝置内史掌治京师，汉武帝时改为左右内史。太初元年（公元前104年）改右内史为京兆尹，属西汉治理长安京畿地区的三位官员（即京兆尹、左冯翊、右扶风）之一。京兆尹的职级相当于郡太守，但是其官秩是中二千石，高于郡太守。有意思的是，东汉已经定都洛阳，但是出于对西汉京城、皇陵的重视，京兆尹还驻守在长安。而洛阳的行政长官是洛阳令。东汉京兆尹治长安县，下辖长安县、霸陵县、杜陵县、郑县、新丰县、蓝田县、长陵县、商县、上雒县、阳陵县十个县。史料关于阎兴的记载如凤毛麟角，只能从《第五伦传》中得到一些信息。第五伦，字伯鱼，京兆长陵人，即今陕西咸阳人。他为政清廉，被前任京兆尹鲜于褒推荐给阎兴为主簿，负责铸造钱币，后曾任蜀郡太守。看来他是借了在第五伦手下任主薄的光才留名史册。

张堪详细地向杜林汇报了蜀郡的事务和他与张穆交接的情况，以及接到圣旨后回来路上的见闻，特别是现在公孙述割据的问题解决以后，蜀郡和江水沿岸到处呈现出安定、祥和的局面。杜林对这位新的属下十分满意，也同意张堪对当前形势的看法。杜林进一步给张堪分析了全国统一以后，国内矛盾得到了缓解，但在匈奴的袭扰下，保卫边境安全的问题已经迫在眉睫，特别是近几年来，卢芳与匈奴相互勾结，匈奴与乌桓联合，对中原入侵、抢掠一天比一天厉害，边境州郡无力阻止，朝廷屡次派军队抵抗匈奴的入侵也始终不能够取胜。这次皇上征拜你为骑都尉，你一定要有思想准备，提前研究汉、匈对抗的形势与策略，随时准备上阵杀敌。张堪表示一定不会辜负光禄勋和圣上的厚望。

与光禄勋的一席谈话，张堪始终记在心里，所以在做好日常工作外，张堪下大功夫研究了中原与匈奴的战争，特别是从历史的角度来研究两国关系的发展，研究中原与匈奴、乌桓斗争的成功经验和失败的教训，在研究不断深入的基础上，逐渐地形成了自己的应对策略。

《汉书·匈奴传》中介绍，匈奴是聚居于中国北方大漠南北的游牧民族，"居于北边，随草木而转移"。匈奴的特点突出表现在四个方面，一是战时领导体制。其最高首领称单于，单于同时也是最高军事首领，其以下至各级首领，均领兵作战。二是匈奴实行民兵制，成年男子均为甲骑，平时游牧狩猎，战时从事攻伐。三是其骑兵快速、轻捷，其战法灵活，飘忽不定，聚散无常，善于奇袭和突袭。四是善于游击战术，作战时"利则进，不利则退，不羞遁走"。根据上述这些特点张堪重点分析了典型战例，力图找出战胜匈奴的战法。

早在战国时期，赵悼襄王元年（公元前244年），赵国边将李牧受命驻守代（今河北蔚县东北）和雁门（今山西右玉南），防备匈奴入侵。李牧到任后，改变以往的策略，进行战斗编组，选拔人员组建一支由各兵种编成的兵团。精选战车1300辆，骑兵1.3万人，骁勇步兵5万人，弓弩兵10万人，总兵力约20万人，将其布控在伏击地域，并加紧临战前的战斗训练及准备。一切准备就绪之后，放出牛羊和牧人，布满山野。匈奴部落小队侵入，李牧即佯装失败，故意丢弃人畜让匈奴抢掠。匈奴单于得到赵军"溃逃"的消息，亲率骑兵约10万人深入赵境。李牧开始采取守势作战，以车阵从正面迎战，以弓弩兵轮番发射，利用战车限制、阻碍和迟滞敌骑行动，而将骑兵及精锐步兵控制于军阵侧后。当匈奴军冲击受挫时，李牧乘势将控制的机动精锐部队由两翼加入战斗，发动钳形攻势，包围匈奴军于战场。经过一场激烈的格斗战后，除单于率少量亲卫部队突围逃走外，进犯的10万骑兵全部被歼。此后10多年，匈奴不敢进扰赵国边境。此战，李牧针对匈奴军骑兵机动性、战斗力强及以掠夺为主要作战目的的特点，实施坚壁清野，使敌优势无从发挥，军需无法补充，同时采取一切措施来提高自身战斗力；等到双方力量对比发生变化后，再集中力量，充分发挥各兵种协同作战的威力进行包围，是获得胜利的主要原因。李牧采取的这种以步兵大兵团全歼骑兵大兵团的典型战例对张堪启发很大。

秦汉以来，与匈奴战事不断，中原则胜少败多，实在不行了就采用"和亲"策略。仅汉朝就有十几位公主远嫁塞北匈奴，最有名的王昭君（名嫱，字昭君，南郡秭归人）本是汉元帝的宫女，被以公主的名义嫁给匈奴呼韩邪单于，四朝三嫁，为了中原安宁贡献一生，最后葬身荒原。除了"和亲"之外还以赠送金、絮、缯、酒、米等物于匈奴，争取短暂的边境安定。西汉前期，汉族与匈奴的战争中多数处于劣势。具有代表性的是汉高祖七年（公元前200年），韩王信在大同地区叛乱，并勾结匈奴企图攻打并州（今太原）。韩王信的投降成了战争的导火索，这年冬天，刘邦亲率32万大军迎击匈奴，在铜辊（今山西沁县）接连打了几次胜仗，乘胜进兵至平城（今大同）。刘邦不听娄敬劝阻，率兵进入冒顿单于40万骑兵的包围圈，虽经激战却难以突围，在白登山上被围七天七夜。据说后来刘邦采用丞相陈平（？—公元前178年，阳武，今河南省原阳县人，西汉王朝的开国功臣之一）计，施重金贿赂单于之妻阏氏，加上援军即将到达，方才解围。

"河南之战"是汉匈战争局势变化的转折点。西汉元朔二年（公元前127年），匈奴左贤王部释放主力远去的假象，却突然进犯上谷、渔阳。驻守渔阳的汉材官将军韩安国（？—公元前127年，祖籍梁国成安县，今商丘民权县）为匈奴假象所蒙蔽，毫无准备，仓促率700人出战，负伤败阵，退守壁垒不出，匈奴骑兵掳掠千余人及牲畜而去。这次失败受到汉武帝刘彻的斥责，命韩安国部向东移至右北平，以阻挡匈奴向东方深入。同时采取胡骑东进、汉骑西击的作战方针，命令车骑将军卫青、将军李息急速出兵云中，突袭匈奴防守薄弱的河南地（今鄂尔多斯高原中的河套平原）。卫青、李息率部出塞后，从云中向西大迂回包抄，突然掩袭匈奴白羊王、楼烦王，并一举击溃之。这次战役，汉军大胜，歼敌数千人，俘获三千多人及牛羊百余万头，收复了河南地全部土地，与陇西连成了一片。对这两次战役进行对比，对付匈奴的上策就是以骑兵对骑兵，以奔袭对游击。也正是由于韩安国吸引了匈奴左贤王的主力，才保证了卫青偷袭成功。

但是自东汉以来，对匈奴的交战取胜的次数很少。建武六年六月辛卯（24日），代郡太守刘兴率军在高柳攻打卢芳部将贾览，不胜战殁。

建武九年六月，大司马吴汉率领王常（？—公元36年，字颜卿，颍川郡舞阳县人，东汉初拜横野大将军，云台二十八将之一，今河南舞阳人）、王霸（？—公元59年，字元伯，汉族，颍川颍阳，今河南许昌西南襄城县人，东汉讨虏将军）、建义大将军朱祐（？—公元48年，字仲先，南阳宛人）、破奸将军侯进等人带兵五万余人，与卢芳（字君期，安定郡三水县，今宁夏同心人）大将贾览、闵堪于高柳（今山西阳高县）发生了激战。匈奴派骑兵援助卢芳军队，汉军遇雨，战斗失败。吴汉返回洛阳，下令朱祐屯驻常山（郡治在今河北省元氏县），王常屯涿郡（郡治在今河北省涿州市），侯进屯渔阳（郡治在今怀柔区北房镇梨园庄）。刘秀下旨封王霸为上谷郡太守，并屯兵在上谷郡（汉时辖今张家口地区及延庆、昌平、郡治沮阳），准备抗击匈奴入侵。

建武十年正月，吴汉又率王霸等四将军共六万人出高柳攻击卢芳将领贾览，刘秀下诏，要上谷太守王霸与渔阳太守陈忻率郡兵铁骑为先锋。匈奴左南将军率领几千骑兵驰救贾览。王霸等人与他在平城之下连续交锋，匈奴军败走，汉军追出塞外，斩首数百人。王霸和诸将回师入雁门，与骠骑大将军杜茂合兵又进击卢芳部将尹由，却没能取胜。建武十三年，卢芳勾结匈奴、乌桓的军队，多次侵犯边境。刘秀派骠骑大将军杜茂等率军镇守北部边境，与匈奴进行过上百次战斗，始终不能取胜。于是采取保守策略，建武十五年二月，吴汉领旨率马成、马武等北上打击匈奴，迁雁门、代郡、上谷等边郡官民六万余人安置到居庸关（今北京市昌平区西北）、常山关（又名鸿上关，即今河北唐县西北、太行山东麓的倒马关）以东地区。匈奴左部乘虚而入迁入塞内，卢芳部盘踞高柳，其势力范围反而扩大到平城以北地区，这场战役实际上是以东汉丧失了疆土而告终。

除了了解以上这些战例，张堪还找了一些与匈奴作过战的将军虚心求教，请他们讲述参加战斗的亲身体会，请他们总结胜利的经验和失败的原因，从而增加了一些对匈奴军队的感性认识，并逐渐形成了自己的想法。

建武十五年三月，就在吴汉率领马成等迁雁门、代郡、上谷官民东迁回来之后，刘秀召集大司马以下共十几位将军，共议解决匈奴扰边一事，张堪也应旨参加。刘秀首先回顾了东汉以来，匈奴侵犯边郡抢掠边民的事件，以及多次组织军队反击的效果。这次迁六万边郡官民东迁，实在是不得已而为之。他为不能彻底解决边郡安定，不能有效打击匈奴入侵而忧心，请大家商议一个万全之策。

大家七嘴八舌地说了自己的想法，归纳起来就是：一是匈奴的突骑比汉军的步兵实力更强大，这是汉军不能取胜的主要原因；二是参加战斗的军队来自各郡，统一协调性差；三是边郡地区人员混杂，匈奴埋伏的眼线太多，军事上毫无秘密可言。基于上述原因，他们主张加大骑兵的建设，以骑兵对付匈奴的骑兵。战前要做好充分准备，加强参战将士的训练演习，提高部队的组织协调性。同时还要加强对边郡军民的清查，打击里通外国的汉奸和匈奴的眼线。张堪在这些人面前资历较浅，也没有参加过对匈奴的作战，所以他一直没有发言。

最后，刘秀叫张堪发言，张堪不能推辞，只是客气地说向各位请教。他首先分析了自西汉以来敌我双方的力量发展变化。总体上来看，自汉武帝举全国之力打击匈奴，实现"匈奴远遁漠北，而漠南无王庭"以来，匈奴的势力逐渐式微。而汉朝在中原的国力不断加强。虽然王莽篡政期间，因国内混乱给匈奴提供了休养生息的机会，但如今我东汉已经实现统一，在皇上的休养生息、减轻税负的政策下，百姓生活安定，国力不断增强，这为打击匈奴入侵打下了坚实的基础，所以我们要有信心最终解决匈奴问题。现在匈奴势力有所恢复，又与卢芳集团相互勾结，给我们制造了一些麻烦，但是我们可以发挥自身的优势，想办法破解匈奴的战力。匈奴的骑兵力量强，正如《盐铁论》中所说，"匈奴贪狼，因时而动，乘可而发，飙举电至"。这是在匈奴的"军政合一、兵民合一、军事与生产合一，军事与生活合一"的体制下形成的"力士能弯弓，尽为甲骑"全民皆兵的体制。同时他们攻击速度快，适于长途奔袭，但是也有短处，不可以带更多的给养，不可能使用大型重武器，不适宜在陡峭的山地和水网作战。我们的雁门、上谷、渔阳铁骑，虽然数量少一些，但是如果用好了，与材官、车士①配合，就可以获得赵国李牧那样的胜利。至于内奸和眼线，自古是敌我双方惯用的手段，叫知己知彼。我们受害吃亏，说明我们对这一手段运用得不够。我们也应该利用贸易往来作掩护，加强匈奴的情报侦察工作。还有一项非军事手段就是在匈奴国力渐微的情况下，进一步瓦解、离析匈奴的势力。去年夏季，莎车王贤、鄯善王安都派使者进贡，愿意归属汉朝，臣以为皇上现在可以应允他们了。东部的乌桓，历史上汉武帝击败匈奴，迁乌桓于上谷、渔阳、右北平、辽东、辽西五郡边塞，开始设置护乌桓校尉，负责持节监护乌桓各部，使他们不得与匈奴联合。他们本来也是匈奴的受害者，汉武帝时期有些已经内迁至上谷、渔阳等地，由于王莽的暴虐，使他们逃出回归了匈奴。现在应该改善与他们的关系，重新拉近他们为我所用，从而压缩匈奴的战略空间。至于卢芳集团现在已经山穷水尽，我们要利用他们内部的矛盾，利用矛盾分化瓦解这股势力。我朝现在天下统一，可以举全国之力打击匈奴的入侵，在充分准备的情况下，给匈奴以致命打击。

刘秀听了张堪的分析，连连点头，并当即下旨大鸿胪加强对西域小国的联络，北面要积极准备做好乌桓的工作，在适当时机重新建立护乌桓校尉，从而建立起一支抗匈联盟。

## 三、临危受命

最后，大司马吴汉通报了两个情况。一是最近北部边郡的敌我形势。近日卢芳在高柳继续频繁袭扰平城以南地区，抢掠没有东迁的牧民的牛羊。与以往的入侵袭扰相比，乱军进入汉军控制范围越来越深，出动的骑兵越来越多，带有很大的试探性。按照以往的规律，匈奴和卢芳集团近期很有可能会有大规模的入侵。二是皇上部署在北部防御匈奴的骠骑将军杜茂，因军饷延

---

① 古代兵种的称呼：材官是步兵，车士是车兵。

误一事指使部下杀人，已经受到撤职查办的处理，在当前情况下需要皇上下诏任命一个新的带兵统帅。

杜茂（？—公元43年，字诸公，南阳郡冠军县，今邓州市张村镇冠军人）自幼与表哥岑彭随父亲杜言前习武，后来追随刘秀平定河北。他手执一杆五股托天烈焰叉，在剿灭五校农民军和消灭刘永余部的战斗中，成为与姚期、马武、岑彭齐名的四大先锋，为刘秀建立东汉王朝立下了丰功伟业，被列入东汉云台二十八将，排名第20位。

但就是这样一位战功卓著、叱咤风云的将军，却因事在小河沟里翻了船。公元39年（建武十五年），杜茂部下因粮饷运送不到，引发部分将士骚乱，杜茂指使军中官吏杀了带头的人。虽然骚乱没有发生，但是杜茂却因此事被免去官职，削减了封邑户数，由参蘧（音渠）侯降封为参蘧乡侯。

待大司马吴汉说完，光武帝刘秀下旨道："大司马吴汉所讲北部边界匈奴大规模入侵危机重重，我朝军方要在吴汉的统率下，做马上打大仗的准备。本来朕在全国统一后要休养生息，不想打仗，但是有敌来犯，虽远必诛。事实证明对敌人忍让回避都没有用。在座的诸位将军，都是匈奴熟悉的对手，几年来匈奴已经了解了你们的战法。今天朕也来一个出其不意，由骑都尉张堪在适当时机出击北疆，打击匈奴的气焰。骠骑将军杜茂已经被免职，其所属万余官兵由张堪统率。同时为了完成此项任务，朕赐你虎符，你可以根据战事需要调遣北部边郡武装力量。"这一安排可能是刘秀与吴汉等人事先商议好的，也可能是真的临时起意，皇上想检验一下张堪的军事才能。因为有光禄勋事先的暗示，张堪心里已经有了一些准备，所以他没有任何迟疑，当即遵旨谢恩。

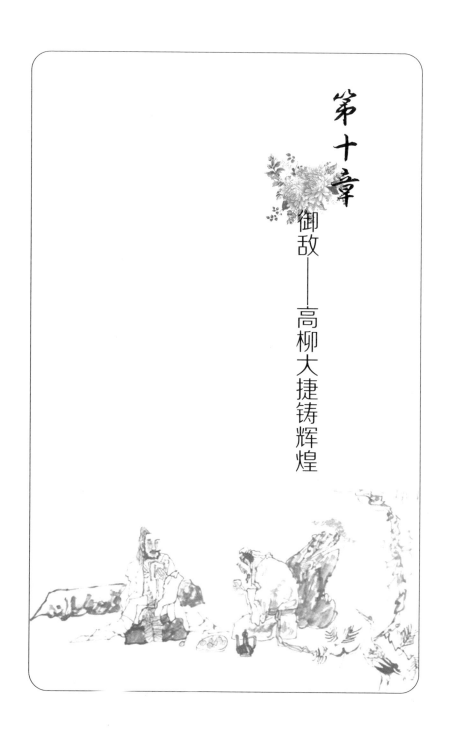

第十章

御敌——高柳大捷铸辉煌

# 一、知己知彼

　　建武十五年（公元39年）十月，张堪被刘秀下旨接替杜茂统领边防部队。他即刻赶往上谷郡杜茂军驻地，在谒者段忠的陪同下与杜茂办理军权移交手续。杜茂对这个继任者十分了解，并且十分钦佩他的人品。杜茂虽然被免去了官职，但是作为一员久经沙场的老将，他仍对张堪这位小同乡嘱咐再三。同时他又唤来属下的五部校尉，既是告别，又是嘱咐他们一定要听从张将军的指挥，夺取打击匈奴入侵的胜利。张堪在制定反击匈奴的战略计划时就曾经接触过这几位校尉，听取了杜茂和他们很多好的建议。送走杜茂后，张堪又和校尉们沟通了情况，和大家一起分析敌情，要求大家从现在起进入战前准备阶段，关键是要做到部队上下统一思想，一致备战！在校尉们的陪同下，张堪逐个巡视了各部将士。

　　高柳县（今山西省大同市阳高县境内，故城位于今阳高县城关镇李官屯村）属于代郡，由于地处抵御匈奴入侵的前沿重地，故西汉将西部都尉（区域军事指挥机关）治所设于此。《山海经》中记载："雁门水出于雁门山

高柳县古城遗址　摄影　刘东虹

（今阳高县云门山）在高柳北。高柳在代中，其山重峦叠嶂，霞举云高，连山隐隐，东出辽塞。"有资料介绍，高柳县为赵武灵王所置。赵武灵王二十年（公元前306年），打败林胡、楼烦，扩地千里置郡筑城时，始置高柳。秦汉两代继续保留高柳县，而且后来曾经一度成为代郡的治所。由于地处边关，匈奴袭扰入侵时这里也是首当其冲。

高柳县三面环山，背靠雁门山（今云门山），西有纥贞山（今采凉山），南有六银山（今六棱山）。这里高山环抱、丘陵遍布、沟壑纵横、地貌复杂，雁门水（今黑水河）等五条河流自西向东流经全县，山间盆地水草丰美。与中原相比，这里略显荒凉，但在匈奴眼里，算是好地方了。从军事上来说，在汉界有这样一个据点，匈奴求之不得，等于修筑了一座入侵大汉边界的桥头堡，所以他们千方百计地扶持卢芳盘踞于这里。

张堪深知"内无备，不可以御敌"，接旨后刚刚接替了杜茂的指挥权，就立即开始了打击匈奴的进一步准备工作。他首先深入渔阳、上谷、雁门等边郡视察，向屯驻营兵校尉、郡守、郡尉了解近期边境敌情动态，察看屯兵、郡军军力士气，了解敌我双方的军力和兵力部署情况。更主要的是通过边郡视察，进一步了解了虽然一步步走向衰落但依旧频繁袭扰边郡的匈奴。匈奴是汉朝边境以北的一支游牧民族。"匈奴"一词最早出现在战国时期，据《史记·匈奴列传》中记载，匈奴的先祖为夏后氏之苗裔，叫淳维。大约在公元前16世纪夏朝灭亡后，夏朝最后的一位君主履癸的一支后裔逃到北方，在吞并其他部族之后逐步成为了匈奴族。如此说来，匈奴本来也是华夏

今天的黑水河　摄影　刘泳涛

民族的一支，但是后来逐渐强大起来的匈奴却成为不断侵略和抢掠汉族的敌人。西汉以前，匈奴的社会制度还停留在原始氏族社会，西汉时期以后进入了奴隶社会，只不过奴隶的来源就是在征战中俘获的士兵和百姓。匈奴的每个氏族部落，既是从事放牧、狩猎的生产组织，又是作战的基本单位。匈奴的最高首领叫单于，姓李鞮氏，匈奴人称为"撑犁孤涂单于"，意思是"天宇之下的伟大首领"。匈奴单于的传袭一般是兄传弟，但是也有单于在死前把尊位传给儿子的。

由于匈奴的生产方式相对落后，生产、生活环境相对恶劣，需求保障程度不高，所以他们经常倚仗骑兵长于突袭的优势，入侵中原地区来烧杀抢掠。

新朝天凤五年（公元18年），匈奴乌累若鞮单于死，传位于其弟，称呼都而尸道皋若鞮单于。这个人性情贪婪又刚愎自用，掌权后就改变兄终弟及的传位制度为父子继承制，废弟右谷蠡王伊屠知牙斯承袭左贤王位，立他的长子乌达鞮侯为左贤王。后来他又杀了知牙斯，引起匈奴贵族的不满，埋下了内讧的种子。建武二十二年（公元46年），呼都而尸道皋若鞮单于死，子左贤王乌达鞮侯立。

匈奴的左贤王原则上是匈奴单于尊位的优先继承人，他的王廷和部属居于匈奴的左地，也就是东部地区。东汉时期匈奴的左部就是上谷和渔阳郡的正北方向。王廷在狼居胥山（即今天蒙古国首都乌兰巴托东北的肯特山）以东的弓卢水（即今天的克鲁伦河）上游地区。东汉初，乌达鞮侯自知这个左贤王得来名不正言不顺，为了在匈奴上下树立名威，为将来继承单于大位创造条件，他总是拼命地表现自己。尤其是他成功策反卢芳以后，更是多了一条卖命的走狗。左贤王不断以五原、高柳等卢芳盘踞地为支点，加大袭扰雁门、代郡、上谷、渔阳等地，边郡一直不得安宁。

建武十五年为避匈奴袭扰，刘秀命幽、并两州吏民六万人迁徙到常山关（今河北省唐县西北）、居庸关（今北京市昌平区西北）以东地区。但卢芳在匈奴的支持下，却趁机攻占了雁门、代郡和上谷郡大片土地，并以高柳为基地盘踞塞内，经常以此为基地袭扰东汉边民。

东汉朝廷虽然屡次出兵打击卢芳和匈奴势力，但是却败多胜少，顶多是将其赶出边境了事，敌军的气焰反而愈加嚣张了。反映出了双方实力上的差距。其一是征战的主帅吴汉虽是东汉第一将才，但是他熟悉与汉人的征战，对匈奴的战法特点并不熟悉。同时由于他位高权重，属下不敢向他说实话、提问题。其二是边郡与屯兵的实力大不如前。刘秀在"偃武修文"的治国理念指导下，建武六年（公元30年），下诏"省诸郡都尉，并职太守，无都试之役"。又于建武七年三月下诏曰："今国有众军，并多精勇，宜且罢轻车、骑士、材官、楼船工及军假吏，令还复民伍。"这是在罢省了诸郡国都尉之后采取的进一步罢省由征兵组成的郡国兵。虽然东汉时对边郡有些特殊政策，继续保留都尉和郡兵，但是取消都试也就等于宣布平时的军事训练可有可无，虽然在省都尉官以后明确规定了"并职太守"，但他们行使的是都尉维持治安的权力。至于"教民骑射"的责任，一方面因为多数郡太守出身"文吏"对武事知之甚少，另一方面因为他们知道刘秀以文兴国，不希望臣下妄言军事，在日常行政过程中早已将"教民骑射"的重任束之高阁。正如郑太（字公业，河南开封人，司农郑众的曾孙）所说，"光武以来，中国无警，百姓优逸，忘战日久。仲尼有言，不教人战。是谓弃之。其众虽多，不能为害"（注：《后汉书·郑太传》）。

东汉初年，刘秀的精兵简政，对减轻百姓负担、保持社会稳定起到了积极作用。但是，由于对兵力减少的比例太大，一旦边郡有事就无法应对。据史料记载，汉武帝时期，中央直属军队的兵力达到十万人，郡国常备兵力达到七十万人，战时如临时增调，可以突破百万人。到了东汉初建武时期，总兵力只有三十多万人。东汉建武时期的兵制也发生了变化，士兵的来源由西汉时期的以征召制为主，转为以招募制为主。征召的士兵一般为两年，招募的士兵则没有时间限制。在正常招募的基础上，东汉兵员补充的重要改革是把大量弛刑囚徒（去掉枷锁的犯人）"皆赐弓弩衣粮"，到边防军中服役，同时可以带家属同行。这对于扩充兵源、减轻国家财力负担，都是可取的，但是人员构成复杂，多数是天不怕、地不怕的顽人，带兵的人工作难度很大。

东汉初军队调动都由中央决定，任何人都不能随意发兵。开始是依据皇帝的诏书或玺书。建武八年，时任南阳太守的杜诗上疏，请求恢复西汉时建立的虎符发兵制度，得到了刘秀的批准。这次刘秀为张堪发放了虎符，交给他调动"黎阳营"（东汉初年建立的中央直属部队，以备紧急调用）和边郡兵的权力，使他的统筹部署战役底气充足。

这次张堪遵旨以骑都尉的身份率军出征，实际上运用了三方面的力量：一是中央直属的黎阳营，有骑兵千人，虽然数量不多，但多是上谷、渔阳铁骑的骨干。二是大将军杜茂所领戍边部队，有五千人马，外加刘秀遣谒者送来的解除枷锁充军的刑徒六千多人。三是渔阳、上谷、雁门三郡的郡兵各有一万人左右。幽州其余九郡，各抽调了一千人作为预备队，沿湿余水上溯到居庸关集中，由幽州牧都尉统领。总兵力号称六万大军，虽然数量不多，但是如果运用得当，还是有些战斗力的。

## 二、周密策划

入侵代郡的匈奴左部和卢芳部是当前汉军防御和打击的主要目标，张堪在深入调查、广泛听取各方意见的基础上，决定以多兵种协同作战，以战车和强弓硬弩来破匈奴骑兵。张堪命人释放边地六畜五谷丰收并防御松懈的信息，吸引匈奴入关抢掠，同时在两翼突骑设伏，配合兵车强弩阵营，以最大限度地消灭敌人的有生力量，最终攻克收复高柳。张堪自己考虑成熟以后还特意征求了几位有经验的将军的意见，其中当然少不了多年同匈奴作战，已经被免职的骠骑大将军杜茂的意见。杜茂听后不但对这位太学出身的骑都尉刮目相看，而且还向他提出了许多宝贵的建议。张堪将这些建议修改后报请光禄勋和圣上批准。

## 三、调兵遣将

近些年来虽然匈奴的战斗力有所恢复，同时加上其挟持的乌桓骑兵和卢芳部，总兵力不足五万人。如果匈奴组织大规模的入侵，出动兵力应该在三万人左右，而且都是适合长途奔袭的轻骑兵。

张堪可以组织的汉军兵力，原杜茂部兵力一万有余，但是在这些兵力中，骑兵不足三分之一，大部分是步兵。张堪利用调兵虎符向雁门、上谷、渔阳三郡调骑兵三万，总兵力达到了四万多人，数量上多于匈奴，而搞好不同兵种之间的有机配合，是取胜的关键。

步兵的作用在于阵地战，因而兵器就显得十分重要。所以张堪立即向幽州所属的十一个郡国征调武器装备。战车是秦汉以来步兵御敌的主要手段，主要有轻车（步兵使用的装有弩、枪等兵器的战车）、戎车（装有兵器能冲锋陷阵的战车）、云车（装有云楼用于瞭望和登城的战车）和辎车（运送给养和武器的车辆）。

弩机在战国时代就已成为我国军事对抗中的重要武器，到了汉代技术已经非常成熟了。张堪拟采用战车、强弓、硬弩对付匈奴的轻弓、短刀和快马。弩机与匈奴骑兵使用的弓箭相比，不仅射程可以提高一倍以上，而且由于弩机上安装了"望山"（相当于今天枪上的瞄准星），目标准确，杀伤力极强。据汉简上记载：弩的规格有一、三、四、五、六、七、八、十、十二和十五石。这里的"石"（音淡）指的是弩弓的张力。通常单兵多用六石的，折合三百二十八斤，有效射程可达六百步（折合260米）。而匈奴使用的最好的弓箭骨灵长弓，有效射程只有160米。张堪按照步兵单兵每人配备六石的弩一部，每部弩配备三根备用弦，一百支铁簇长箭。按照十个人配备绞车弩一台，经过改装的绞车弩，每台装配十二石大黄弩两部，可以同时发射六支四尺长箭，有效射程可以达到600米。每台绞车弩配备十根备用弩弦，六百支铁簇长箭。绞车车身装有竹排防护，犹如一座堡垒。箭杆射完，将其置于阵地前沿，可有效阻止匈奴的骑兵。除此以外，张堪还为匈奴的铁骑准备了一道声光快餐，这也是他在太学期间长期研究的成果，就是利用我国古代发明的火药技术，研制出一种可以发出怪声和刺眼光亮的火箭，绑在箭杆上射入敌人马队，造成敌人的战马惊恐，自乱阵脚。这些准备工作都在幽州腹地涿郡进行，这里距边境较远，可以防止消息走漏。在此期间，原杜茂所领边防部队照常守卫执勤，北部三郡的三万郡军秘密集中于涿郡训练。同时还要保证做到敌情明了。按照张堪的部署，在渔阳太守田飒、上谷太守王霸处，安排了几十名肩负侦察任务的边郡商贩，照常出入边界，时刻关注匈奴军队的动向。

接着张堪带领部下马不停蹄地将渔阳、上谷、代郡、雁门各郡前线守卫寻访一遍，发现防守漏洞立刻责成防区将领加强部署。他提醒部下要提高警惕，未来几个月就要进入匈奴秋高马肥的季节，这正是侵犯边郡的高发季节。所有部队日常执勤守卫如常，暗地里则加紧训练，边境原有部队主要以骑兵为主，按照上谷、渔阳铁骑的战法进行训练，战时负责突袭任务。集中在涿郡的黎阳营材官与战车、强弩兵，加紧训练排兵布阵，精准射击。在部队训练的同时，战役所需物资也秘密运抵了居庸关和上谷郡治沮阳，可以说万事俱备，只欠东风。

建武十五年（公元39年）二月，迁徙雁门、代郡、上谷三郡吏民东迁以后，卢芳集团在匈奴的扶持下，趁势占领了三郡的大片土地，并在代郡的郡治高柳建立了大本营。左部匈奴骑兵势力，也正在向高柳集中。十月底从探查的情报处得知，匈奴已经知道多年来难以对付的老对手杜茂被革职，临时来了一位名不见经传的骑都尉代理指挥部队。他们认为这是一个千载难逢的大好机会，计划于十一月初，由左贤王亲自率军以高柳为基地，大规模偷袭幽州。

绵绵八百里太行，一路千峰万壑，在军都与燕山相聚，恰似一道天然屏障，拱卫着幽燕。这道屏障地理上是中原与塞北的分界线，军事上自古是中

上谷郡治沮阳古城遗址　摄影　李泳涛

原防御匈奴的战略重地。山高谷深，对于以骑兵为主的匈奴来说困难重重。根据历史经验，只要守住飞狐陉与军都陉两个关口，匈奴就无计可施。

太行山在崇山峻岭中，有八个天然横断的缺口，叫"陉"（音行），供两边人员通行，这就是常说的太行八陉。这"八陉"自古便是军事要塞，素有"八陉横陈，雄关如铁"的美誉。飞狐陉在八陉中位于第六，位于广昌（今河北涞源）与代（今河北蔚县南）之间。百余里峡谷，一线微通，两崖峭立。古人说："据飞狐，扼亢拊背，进逼幽燕、最胜之地。"匈奴进犯中原，飞狐口是"朝发穹庐，暮至城郭"的捷近路线。

张堪在得到消息以后，决定把飞狐道作为第一防范重点。再一处必须设防的就是太行第八陉军都陉。军都陉是幽燕的北大门，早在战国时代这里就建筑了天下九塞之一的燕塞。四十里峡谷山高谷深，漯余水（永定河古称）穿峡而过，八达岭关据外，南口关据内，居庸关扼守中间，构成了一道固若金汤的防线。居庸关的名字，源于相传秦始皇修筑长城时，将囚犯、士卒和强征来的民夫徙居于此，后取"徙居庸徒"之意，故名居庸关。据1971年内蒙古和林格尔东汉墓发现的《居庸关图》壁画，画中有关城、有渡舟，水门下题"居庸关"三字，足见当时的建筑规模之大。居庸关地势险要，自古为兵家必争之地。如果居庸关失守，幽州就无险可守。

张堪决定把飞狐岭和居庸关作为防御重点，于是他加快部队的部署，利用月初月光较暗的条件，将涿郡训练的部队夜行昼息，出五原关（今紫荆关）从广昌向北，经飞狐道秘密部署到飞狐道中间黑石岭附近的大山之中，在匈奴进犯的必经之路飞狐峪设下了埋伏。

飞狐道是历史上燕赵通往西北塞外的交通要道，南起广昌，北至

太行八陉位置

蔚县，全长140里，自古为兵家必争之地和闻名遐迩的古战场。还有一个说法是这条路是快速通行的战备路。"中原之兵得之则可北控大漠，塞外之兵得之则可直取中原。"历史上这里无数次大军过峪，战马嘶鸣。战国时赵武灵王胡服骑射，出飞狐设代郡。西汉武帝年间，大将军卫青、霍去病、飞将军李广曾纵马提师由此出塞远逐匈奴，千军万马，尘土飞扬，旌旗蔽日。东汉大司马吴汉率军几次出征匈奴，也是从这条路出发的。

自建武十二年，卢芳与匈奴、乌桓连兵盗边，刘秀诏王霸与杜茂治飞狐道，堆布土石，筑修亭障，在原来的基础上向北延伸，自代城一直延长到平城（今山西大同），长达三百余里。刘秀特意在黑石岭两侧纵深十里的隐蔽之处，修建了秘密屯兵军营，平时只有少数军队驻扎，战时则可屯兵数万，粮草、兵器储备充足。

虽然开始并没有摸清匈奴进犯的确切路线，但是张堪还是把设伏战场选择在了这里。其中既有他对历史、军情的判断，也有他的一个宏伟的抱负，就是想从这里开始打出汉军的威风，让这里成为来犯匈奴的葬身之地。这里的山势如"千夫拔剑，露立星攒"，三万兵马藏在崇山峻岭之中，神不知鬼不觉，毫无迹象。

这次为了应对匈奴进犯，张堪拟定的战术方针是防攻结合、关门打狗。此次共调集了四万兵马，黎阳营、杜茂旧部一万兵力，渔阳、上谷和雁门的铁骑三万。主战场设在飞狐峪，部署了黎阳营和杜茂旧部兵马。百姓说飞狐峪有72道弯，在峪沟两侧的弯弯里，都配备了强弩战车、滚石檑木，利用狭窄的峡谷来困住敌人，运用强弩滚木杀伤匈奴战马。

居庸关作为第二战场，渔阳太守田飒率渔阳郡兵加强守备部队，进驻居庸北口（今八达岭）。如果匈奴入侵走居庸关，则抵御入侵死守北口和关城，等待援兵。而且居庸关守军与飞狐峪守军还可以互为援军。

因上谷郡东迁临时安置在居庸县，故太守王霸率一万铁骑出居庸北口，沿瀑（音磊）水逆流而上，秘密西进，潜伏在马城（今河北怀安）。待敌人到达飞狐口或居庸关时，马上奔袭占领高柳，切断敌人退路。雁门郡太守郭凉率一万铁骑，除少数部分照常部署在平城以南汉军实际控制边界，大部分则沿河谷秘密东进，潜伏在蔚县南二十里外的飞狐口两侧山谷中。郭凉（？

一公元43年），字公文，右北平郡人。范晔在《后汉书》中评价他："身长八尺，气力壮猛，虽武将，然通经书，多智略，尤晓边事，有名北方。"在渔阳郡彭宠谋反带兵攻打蓟城时，郭凉作为都尉负责守城，立下战功，建武三年被任命为雁门郡太守，是幽州有名的将领。此役中他的任务是待匈奴兵马与飞狐口守军交战后，从后面夹击，使敌人陷于腹背受敌之境。这两位太守，长期驻守北部边郡，多次与匈奴交战，战斗经验丰富。

局布好了，怎么才能使匈奴入套？张堪与众将官密谋遣贾丹诈降。几年前，尹由被卢芳派遣，进入雁门抢掠烧杀。雁门人贾丹、霍匡、解胜被尹由裹挟参加了他们的队伍，贾丹被任命为将军，共同镇守平城。建武十四年（公元38年）九月，贾丹杀死尹由，拿着他的首级到雁门向郭凉投降。平城也才真正回到了东汉版图。郭凉上奏圣上，刘秀大喜，封他们二人为列侯，在杜茂手下听令。这次张堪主持商议打击匈奴的计划时，郭凉提议安排贾丹以朝廷追杀杜茂属下罪行的名义，假装逃回卢芳阵营投降。

在边境地区，有些人为了自保，反复投降的事情时有发生，就连卢芳自己也是一个反复无常的人。张堪为了把这台戏演足，还专门叫谒者段忠找他谈话，并在军营里放出流言，说杜茂的所作所为都是贾丹的主意，朝廷要拿他治罪。当天晚上夜黑人静之时，贾丹就带着几个亲兵飞驰而逃，后面的追兵眼看着他们进入高柳，才回来向张堪复命。

一见到卢芳，贾丹就一把鼻涕一把泪地悔罪，哭诉汉军要拿他治罪，求卢芳救他一命。贾丹的投降理由当然很容易使人相信，但是对于贾丹杀死平城守将尹由的事实，卢芳还铭记于心头。贾丹则将这事情演绎成为钱财、女人分赃不均而起杀心，怕被卢芳追究所以自己才投降郭凉。至于尹由是一个什么德行的人，卢芳比任何人都清楚，所以也没有过分追究，还假意安慰贾丹放心跟着他和左贤王干，今后再不用愁钱和女人的事。贾丹当然感动得痛哭流涕，还感慨当初要是在卢芳手下干，绝不会落得今天的下场。卢芳对此当然也是半信半疑，倒是对贾丹透露给他的汉军内部情况十分感兴趣。

贾丹告诉卢芳，杜茂被朝廷免官，指使属下杀人只是个说辞，实际上是朝廷对他近年来与匈奴作战屡战屡败的不满。现在朝廷对杜茂追究责任的呼声很高。这次朝廷派张堪这个书呆子来，不光要追究杜茂一个人的责任，其属下也都不能逃脱干系。特别是像他这样原来从北面投降的军人，又参与了杀人的，都有可能被认为是匈奴的卧底、奸细，一旦有一丝疑点就可能掉脑袋。原属杜茂的部队上下才人心惶惶。卢芳对杜茂的免职之事早已经知晓，但内部如此复杂的细情，只有贾丹说的才是可信的。同时他也非常开心，认为进攻中原的绝好时机已经来临，于是给贾丹安排了一个高柳县都尉的职位，并许愿这只是暂时的，以后会论功封赏。

卢芳很快把贾丹提供的情况上报给了左贤王乌达鞮侯，并提议趁汉军没有调整军事部署前，尽快实施冬季南进计划。左贤王那边得到报告，也有汉军下级军官投降之事，所说的情况虽然没有贾丹说的详细，但是意思相差不多。他正想叫卢芳派人核实情报的真假，卢芳就来报告贾丹的情况，所以没有什么迟疑。就与卢芳商定，十一月初五，由卢芳、贾丹率军两千人打先锋，左贤王乌达鞮侯亲率近三万突骑，出击幽州。

卢芳傀儡集团近年来虽然没有吃过大的败仗，但是屡次进塞突击也是收获甚微，特别是在左贤王的支持下回到高柳，在这穷乡僻壤也是坐吃山空。他暗自思量，这次左贤王下大力量南进，就算拿不下幽州，也要逼迫雁门、上谷、渔阳南迁。要确保这次行动成功，他想到了贾丹的价值，打前锋少不了这样的人。卢芳找来自己的兄长高柳太守卢禽，了解贾丹的表现。卢禽与贾丹早有交往，深信贾丹的复归，在卢芳面前没有说贾丹半个不字。于是卢芳回到高柳，就传令贾丹来见。贾丹在路上就已经猜到了十之八九，匈奴是要行动了，只是没有想到来得这么快。卢芳见到贾丹，先说左贤王如何肯定他的功劳，又说十一月初五要南进攻打幽州。他任命贾丹作为先锋官，带领骑兵前面探路。这一情报很快就通过伪装成商贩的汉军探子送到了张堪的帅帐。

一纸情报可抵雄兵百万。张堪精心部署此次战役，把情报侦察工作作为一项重点。张堪将此项工作分为两个部分，一是由原杜茂部负责军情的将官负责做好敌情侦察、情报传递与战时军令送达。关于敌情侦察，早有精心挑选的探子和长期潜伏的卧底，长期在匈奴占领的高柳，以经商为掩护，收集情报。这次张堪则安排代城富商到高柳贩卖军需粮草，密切注视匈奴动向。取得情报后再由熟悉当地民风地情胆大心细的骑士，快马送回帅帐。二是召集上谷郡尉及属下，重新组织烽燧队伍，制订烽燧信号的传递规则。经过前几年杜茂率军建设的烽燧系统，沿途每十里就建有一座烽火台，但是代郡范围内的大部分已经沦为匈奴左部的势力范围。这次要秘密潜入派士兵值守，发现匈奴，夜间即燃火举之以相告曰"烽"；白日则多积薪柴、狼粪，若是匈奴出现，即点燃之望其烟曰"燧"，即后人所说的狼烟报警。烽燧分散布置在飞狐道沿线，但是发出信号时，不能够让匈奴骑兵知道。为此，前五十里不用烽燧，而用快马。五十里以后再采用烽燧传递，但是每座烽火台发送信号的时间从燃到灭，只有一炷香（半小时）工夫，所以烽火台上的哨兵，必须要时刻注视上一台的信号。

张堪发现虽然飞狐道上的亭燧设施得到了完善，但是计时系统还是在沿用古老的漏壶，就立刻上奏朝廷，为三百里亭燧装备了三十多台二级浮箭壶。每燧一台，专门配备管理计时铜壶的燧卒，并且组织燧卒集中对新型浮箭壶的精度进行了校准，教授燧卒学习计时方法和设备使用维护的技术。

古代《兵书》上说，有必胜之将领，无必胜之百姓。张堪觉得，按照现在的兵力部署和将军的分工，有很多有利方面。唯一使他不放心的则是保证边境地区的百姓要与官军相互配合，这才是取胜的根本保证。利用各位将领已经深入前线、进行战前准备的时间，张堪又与护军分头召集三个郡的长史、三老和乡绅、族长参加会议，强调取得战争的胜利必须有民众的支持，

汉代长城遗址　摄影　曹海平、门高禹

发动各界以各种方式支持远来打击匈奴的将士，并且要求各地提高警惕，防止汉奸与境外通风报信，对作出成绩的，不管什么人，都予以奖励。鉴于边郡多年战乱不断，百姓饱受其苦，在讲清楚打击匈奴入侵就是为了保证边境地区安定富足的同时，考虑到近一段时间百姓负担较大的实际情况，张堪特意奏请皇上，专门调拨粮食、缣帛发放给边民作为抚慰。百姓一下子群情振奋，纷纷行动起来，呈现出有钱的出钱、有力的出力的局面。

张堪在战前告知参战的将士们："明犯强汉者，虽远必诛！"这是他借用前朝陈汤（？—约公元前6年，字子公，山阳瑕丘，今山东兖州北人）的名言，意思是，敢于侵犯强大汉帝国的人，即使再远，我们也一定要杀掉他们。大战在即，鼓舞士气十分重要。大家看这次骑都尉张堪的功课做得十分充分，民间很快形成了支前热潮。这三个郡地处边郡前哨，多年来受到匈奴袭扰，民不聊生。这次听到要打击匈奴，大家都憋足了劲头。上谷寇家（寇恂的族人）、渔阳的王家（王梁的族人）倾其家财，为部队筹集粮草，支援打击匈奴的大业。这些多年来没有的百姓援军的形势，又反过来激励了部队的将士，使他们进一步明白了自己在为谁打仗，为谁卖命。

让张堪没有想到的是，在这些支前拥军的人中，居然还有前些年迁徙关内的乌桓人。有些家庭实在没有什么东西可以拿出来的，就把年轻的男子送到部队。因为多年来他们也是受尽了匈奴的欺辱，有些曾经跑回匈奴的人，则主动汇报他们看到的敌情。张堪对这些人都给予了奖赏，年轻的乌桓男子则受到重用，充实到三郡的骑兵中去。因为乌桓人也和匈奴人一样，是个马背上的民族，所有男子的骑术都相当厉害。

十一月的塞外草原，早已经是寒风凛冽，万物萧瑟。但是在这初冬的季节，却在酝酿着一场大仗。表面上看，匈奴的左部各个部落，早在半个月前就已经赶着牛羊由弓卢水（今内蒙古克鲁伦河）上游的夏季牧场，迁场到了弹汗山（今内蒙古大青山）以北的漠南盐湖（今河北省尚义县大营盘乡境内的察汗淖儿国家湿地公园，蒙古语意思是白色的湖水）周边草原。这虽然属于每年都进行的放牧生产，实际上今年却有着特殊的意义，左部骑兵的主力已经随牧群转移到了汉匈边界附近，为即将开始的南征战役做好了兵力部署。

张堪对此已经十分了解，只是汉军的调动虽然早就做好了准备，但是尚未开始行动。对于汉军来说，这场战役属于以逸待劳。但他一点不敢大意，除去对各步兵、骑兵部队进行了战前检查以外，又在飞狐道按平时正常情况沿途放出了若干放牧的百姓。这些放牧的人都是汉军事先安排的，承担着侦察敌情的任务，如果发现匈奴军队就立即放飞金雕报警。更重要的是这些人放牧的羊群，就是引诱匈奴上钩的诱饵。匈奴从高柳出发，一路奔袭，到蔚县附近呕须人吃马喂了，而这些放牧的羊群就是引诱匈奴上钩的诱饵。

# 四、高柳大捷

高柳县系赵武灵王十九年（公元前307年）取得林胡、楼烦胜利后设置并开始筑城的。县城地处雁门山（今云门山）南麓，雁门水（今黑水河）南岸，背靠东西连绵雄伟的雁门山，面朝六银山（今六棱山），西傍青陵山（今采凉山）。县城东西长430丈，南北宽260丈。这里不仅是保卫中原的前哨，而且由于特殊的地理位置，一直是兵家必争之地。卢芳投靠匈奴后，这里就成为了卢芳集团的活动中心，也是匈奴侵犯中原的桥头堡。

建武十五年十一月初五，刚过三更，高柳周边各大营的三万匈奴骑兵开始上路。从高柳到蔚县沿途，不是丘陵就是沟壑，便于大部队隐蔽行军。匈奴为了对外保密，命令全体将士"人衔枚马摘铃"。打前阵的是卢芳、贾丹带路的汉族骑兵，后面才是三万匈奴的骑兵。兵马从高柳出发，贾丹就在回想张堪对他的嘱咐，而卢芳则有些荣归故里的感觉，至于匈奴首领左贤王，则在盘算最后的战果。

为了避开平城汉军的干扰，匈奴兵马悄然穿过六银山与狋氏（音权精）县（县治在今山西省阳高县友宰镇前贵仁村附近）中间谷地，进入了飞狐道。本来修筑这条路是杜茂率领将士们用来防御匈奴的，没想到今天匈奴入侵也走上了这条"高速路"。卢芳的先头部队距离后面的大部队有十里远，靠一队骑哨在之间传递消息，轻骑快马一路奔袭，日出东方，匈奴兵马进发到了平舒（西汉置县，治今山西省广灵县西平城镇）。一路上除去发现一些

高柳古城西墙遗址　摄影　刘东虹

散兵游勇，见到匈奴军队就望风而逃外，最大的收获就是抢到了几百只放牧的羊群。其实散兵与牧羊人都是张堪撒出去的观察哨，遇到匈奴羊不要了，人早就快马回报主帅去了。奔袭了半宿的匈奴官兵与卢芳之流，已经人困马乏，没有发现敌情，决定就地短暂休整。士兵开始喂马和杀羊烤肉，休整后计划一鼓作气翻过飞狐岭。

按战前主帅的部署，先放过先头部队和骑哨。一方面派人通知田飒的渔阳铁骑沿山中密道快速驰援飞狐口；另一方面派上谷郡王霸率铁骑从马城突袭高柳，拿下卢芳的老巢，切断匈奴回逃的道路。同时要雁门郡郭凉的一万铁骑待匈奴大部队过去之后，直插飞狐北口祁夷河（今壶流河）谷，堵住匈奴的后路。

当匈奴的三万突骑全部进入飞狐口，约一炷香以后，只听号炮连天，先是北口埋伏的汉军从两侧山上放下滚木礌石，瞬间就把窄窄的山间道路堵得严严实实。郭凉的人马在北口外扎住阵脚。而从这里到黑石关不断有滚木礌石从山上放下，可怜那匈奴的三万人马立刻被分割成十几段，头尾不能相顾，乱作一团。这时汉军的滚木、礌石发挥威力，匈奴战马一倒一片，没有被冲倒的也成为汉军连发强弩的靶子。左贤王一看大事不好，赶紧命令收兵撤退，无奈中间十几道路障，逃脱困难。于是传令士兵下马搬开滚木，强行后撤。卢芳引路，左贤王在护卫将士的掩护下，艰难地从山谷岔道逃出来，再看后面的队伍，早已溃不成军，往日横行于世的铁骑，变成肉堆了。三万

飞狐道和飞狐口 摄影 李泳涛

骑兵逃出的不足一万。惊魂未定，前方又有郭凉的兵阵挡住去路。左贤王派出得力战将上前厮杀，企图撕开汉军包围圈冲出去。哪知道都不是郭凉的对手，落荒而逃。正在无奈之际，丢盔弃甲的卢芳逃到左贤王跟前，趁乱战之际，急忙引左贤王逃进一条岔路山谷，一路狂奔。田飒的渔阳铁骑与郭凉的骑兵，前堵后追，匈奴骑兵且战且退，只有招架之功没有还手之力。

好不容易逃回高柳城下，卢芳手下高叫快开城门，哪知不但城门未开，迎接他们的却是城头箭如雨下，再看城上战旗上早已是斗大的"张"字。

原来王霸率领的上谷铁骑，早已经拿下雁门要塞，切断了高柳与匈奴的联系，同时包围了高柳城。守城的三千卢芳兵马在卢禽的指挥下，顽强抵抗，据城不出。无奈禁不住外有汉军对四座城门的猛烈攻势，内有卧底人员的策应，四处散布卢芳与匈奴已经被困飞狐峪，脱身无望。不到一个时辰，高柳城就被王霸拿下。

在高柳城的南城门上，王霸看到渔阳、雁门两郡骑兵追击匈奴兵马到城下，立即命两队骑兵出城东、西两门包抄杀出，与追赶来的汉军一起把匈奴兵马包围在高柳南门外。在三路汉军的围歼之下，匈奴又损失了几员战将，军心早已溃散，不敢再恋战。左贤王看到眼前的局势，咆哮着要杀掉卢芳和贾丹。此时贾丹早已经回到张堪的麾下，而卢芳成了"丧家之犬"，好在被人劝下，左贤王才放过卢芳。当探知雁门塞已经落入汉军之手后，无奈之下，卢芳为了报不杀之恩，拼死带着左贤王和不足三千残兵败将抄小路向弹汗山逃去。

张堪指挥这一仗，可以说是大获全胜，不仅斩杀匈奴将士两万多人，缴获军马一万多匹，消耗了匈奴的有生力量，极大打杀了匈奴的嚣张气焰，而且捣毁了卢芳集团的老巢，收复了道人（西汉里道人县，东汉219年废，故治今阳高县东南）、高柳及平城以北失地，使雁门郡治由常山迁回阴馆（今山西朔州东南夏关城），代郡治所由桑干（治今河北省蔚县东北）迁回高柳，上谷郡治由居庸迁回沮阳。待形势稳定后，建武十六年（公元40年）初，东迁的吏民也陆续回到久别的故乡。

捷报传至洛阳，刘秀龙颜大悦，下旨吴汉要犒赏张堪及全体将士。这是自伐蜀胜利后朝廷最大的喜讯，使刘秀面临的内忧外患局面彻底改变，为光武中兴奠定了基础。而匈奴自此不仅实力大伤，而且内部矛盾进一步加剧，陷入内乱之中。尽管此后匈奴还经常到边境骚扰，但已经对东汉国土安全形不成大的威胁了。

张堪得胜归来雕塑　摄影　黄礼

第十一章

施政——渔阳惠政万民颂

# 一、转战渔阳

战报传到洛阳，刘秀心里终于去掉了一块心病。现在不仅使雁门、代郡、上谷边民可以回到自己的家园，而且实现了自己守土统一的目标。同时他发现了张堪还是一位运筹帷幄的帅才，他决定要犒赏三军，还要任命张堪担任更重要的职务。然而，还没容刘秀的高兴劲过去，渔阳又传来敌情通报。就在张堪组织高柳战役，调田飒率渔阳铁骑出征的当口，匈奴左部连续对兵力薄弱的渔阳郡发动了袭击。战况紧急，刘秀只好作出应急决定，张堪不必回朝述职，直接去渔阳郡任太守，专门对付匈奴。光武皇后郭圣通的从兄郭竟接替张堪的骑都尉一职，原来的渔阳太守田飒（生年不详—公元57年，早为卢芳所置朔方太守，建武七年与云中太守乔扈举郡降汉，公元34—39年为渔阳太守）代领杜茂营。但是张堪还是上奏了战况及主要立功将士，后来所奏有功将领都得到了赏赐。第二年初东迁军民回到了自己的家乡，代郡的郡治和东部都尉治重新设置在高柳。

渔阳古城遗址出土的古代生活用品石白残体　摄影　焦守田

张堪与来到前线的郭竟相互交接了军务、政务，便带着一千护卫直接去渔阳郡走马上任了。

渔阳郡历史悠久，历来是中原抵御匈奴的战略前沿。太行北段与燕山似天然屏障，拱卫着幽燕平原。但是，战国时期800里燕山南北曾一度被东胡侵占，华北平原饱受外族侵扰。燕昭王二十九年（公元前

283年），燕国大将秦开退敌千里，并设渔阳、右北平、上谷、辽西郡、辽东等五郡以防敌。修建自造阳（今河北省赤城县独石口以北）至襄平（今辽宁省辽阳市）的千里燕长城以防东胡。

渔阳郡郡治设在渔水（今白河的支流）之阳，故称渔阳郡。秦统一六国后仍置渔阳郡，汉承秦制。西汉时渔阳郡所辖渔阳县（郡县同治、渔阳城在今怀柔区梨园庄南城子）、安乐县（治今顺义区后沙峪镇古城村）、狐奴县（治今顺义区北小营镇狐奴山西）、平谷县（治今平谷区山东庄镇大、小北关村南）、潞县（通州区潞城镇古城村）、雍奴县（治今天津市武清区西北土门楼村）、泉州县（治今天津市武清区西南城上村）、犷平县（治今密云区东北石匣城附近）、犀奚县（治今密云区上甸子乡田庄村）、滑盐县（治今河北省承德市滦平县南）、要阳县（治今河北丰宁县东兴州河西。为渔阳郡都尉治）、白檀县（治今河北省承德市滦平县东北小城子）等12县。北部

东汉渔阳郡地图（摘自《中国历史地图集》）

边界燕长城到渔阳城有300里。到了东汉初年，渔阳郡北部国土被匈奴、乌桓侵占，北部边界被迫收缩到距渔阳城的50多里的地方。再加上建武六年刘秀颁布诏书后，"并省四百余县"，渔阳郡所辖县只有渔阳、犷平、犀奚、平谷、狐奴、安乐、潞县、雍奴、泉州等9个县，就连渔阳郡过去的都尉治所要阳（汉代"要阳县"在古濡水的源支流"要水河"之北，今河北省丰宁县凤山附近），都成了匈奴的领地。

渔阳郡是戍卫边郡，先秦两汉时期，中原地区进入辽东平原的通道，都是由三条主要河流切割燕山形成的隘口通过：分别是经鲍丘水（今潮河）古北口的平冈道、经

濡水（今滦河）卢龙塞的卢龙道和经过玄水青龙口的无终道。其中，最便捷的平冈道，就是渔阳郡控制的。平冈道就是从燕都蓟城（中心区位于今北京市广安门内外）经过古北口通往右北平郡治平冈（今内蒙古宁城甸子镇黑城村）的官道。同时也是中原地区与塞北商业、文化交流的主要渠道。

相对于代郡、上谷郡来说，渔阳郡属于一个物产丰富、民生富足的地方。特别是郭伋任太守期间，渔阳郡物产丰富，北部产铁，铁制武器、农具海内有名。南部沿海产盐。盐铁在中国古代就是政府管控的战略物资，早在秦朝这里就设置了铁官、盐官。渔阳在历史上赫赫有名，许多重大的历史事件都与这里有关。史上"舜流放共工于幽州"就是渔阳郡的共工城（原密云县燕落村南，现已淹没于密云水库水下）。燕昭王二十九年（公元前283年）燕大将秦开击退东胡后，设五郡，渔阳郡即为五郡之一。秦朝陈胜、吴广领导的大泽乡农民起义的人，就是要到渔阳戍边。《资治通鉴》中记载"秦二世皇帝元年（公元前209年）七月，发闾左适戍渔阳九百人屯大泽乡"。

西汉更始二年，刘秀在渔阳击败了河北最强的农民起义军——铜马军。再加上吴汉、寇恂（？—公元36年，字子翼，上谷昌平，今北京市昌平区人）率领的渔阳铁骑驰骋河北大地，一路所向披靡，为刘秀河北称帝奠定了坚实的基础，这就是史称的"光武以渔阳突骑定天下"。

在幽州的北五郡中，渔阳郡自然条件较好，属于经济发达地区，东汉初郡内户数已经达到6.8万多户，人口43万多人。而西邻上谷郡当时只有1.1万多户，5.1万多口人。东邻右北平郡，不足万户，人口也只有5.3万多人，都不足渔阳郡人口的八分之一。虽然建武二年（公元27年），彭宠反汉称王，把渔阳百姓拖入战火之中，但是瘦死的骆驼比马大。建武五年彭宠被家奴子密杀死，渔阳局势恢复，刘秀任郭伋为渔阳太守。"伋到，示以信赏，纠戮渠帅，盗贼消散。时匈奴数抄郡界，边境苦之。伋整勒士马，设攻守之略，匈奴畏惮远迹，不敢复入塞，民得安业。"渔阳郡很快又恢复了繁荣景象。建武九年（公元34年）郭伋转任颍川太守后，渔阳郡频繁更换了两任太守，对郡务治理远不及以前。建武十五年底，匈奴闻讯渔阳郡兵外出执行任务，郡内兵力空虚，频繁骚扰边境，抢掠百姓。在这个当口，刘秀派张堪镇守渔阳，是看中了他的打击匈奴的军事才能。张堪没有来得及休整，向正式接替

渔阳古城模拟沙盘（怀柔博物馆）　摄影　焦守田

杜茂的田飒交接完军务，拜访了上谷郡王霸太守后，就带着一千护卫到渔阳就任。

　　从上谷郡治沮阳沿燕山南麓一直向东，进居庸关，路过军都、昌平两县，当天就到达渔阳城。渔阳城地处沽水之东，鲍丘水之西。三面环山，南面就是广阔的华北平原。城南一条叫渔水的小河，发源于黍山北麓，清澈的河水顺山势奔腾向西，从渔阳城南流过，在螺山西汇入沽水。古人称水之北为阳，故称渔阳。渔阳城就建在两条大河之间一块高岗台地上。雄伟的城墙有一丈宽，三丈高，东西南北四座城门都是两层歇山城楼，圆拱形门洞外面都有护城河吊桥，两扇山榆木本色的城门，虽然没有上漆，但是在乌黑的铁条、碗大的门钉组合下，显得坚固森严。城里东西300步（汉朝6尺为1步，1尺等于今天的0.231米），南北200步。四个大门相连，构成十字大街，把城里分成四个单元。高高的钟鼓楼坐落在十字交叉的中间点。以这里为标志，渔阳郡太守府坐落在东南角，渔阳县衙和军营、监狱在西南角，市场和铸铁业在西北角，居民和渔阳县官府在东北角。这样的布局和建设从建城那天就定下了，此后的几百年间，流水的官员，城市布局却如铁打的一样不曾改变。只是随着经济水平的提高，防卫任务的需要，城市建设特别是城墙不断加高、加厚了。按照《周礼·考工记》中的规制，一般县城，"墙厚三尺，崇三之"，即三尺厚，九尺高。这种城墙顶部不足一尺，无法容纳守城士兵。渔阳城原来也是夯土墙体，但是后来的渔阳城已经改建为砖石城墙，顶部筑有箭垛，守城士兵可以充分发挥弓弩作用。在当初设郡的五个郡中，渔阳是城墙防护最为坚固的一座城。

## 二、将计就计

与上谷和代郡不同的是，渔阳郡人口稠密，而且是汉匈两国人员往来最为频繁的地区。特别是那些从事货物贸易的人员，对于两边政治、军事的风吹草动都非常敏感。就在张堪率部在高柳打败匈奴袭扰之后，就有消息传来，原来留守在家的左贤王手下的一个万骑首领，听说左贤王吃了败仗，扬言要报复汉军。计划趁渔阳都尉掌管的铁骑远在八达岭，城内兵力空虚，偷袭渔阳，已经开始进行战前准备。

军情如火，张堪来到渔阳，没有任何烦琐的迎接礼节，当即召集都尉、长史分析形势，商量对策。他强调要调动渔阳军民的积极性，把渔阳打造成匈奴的陷阱，叫他们有来无回。张堪在高柳打败匈奴的消息，早已在渔阳城传遍了，张堪早成为人们敬仰的英雄。所以对张堪提出的三条对策，大家都非常赞同。其一是，要都尉速回前线，带领七千铁骑连夜秘密返回，埋伏在鲍丘河北口山中待命；其二是原有的一千郡兵，加上张堪带来的一千护卫，同时又集中城内彭、吴、王、朱四大家族的家兵四千人共六千人作为守城部队；其三是封锁边境，不放走一个出境人员，防止走漏消息。作为后备增援，张堪临来时，已经与上谷太守王霸商量好，叫他们将兵力集中到上谷与渔阳的交界处居庸关一线，如果需要增援以狼烟为号。

兵力部署完成后，张堪又与具体执行任务的将领研究了战术。总的原则还是将计就计，让敌人以为渔阳兵力空虚，就安排守城的将士以逸待劳，不管匈奴如何攻城，也不出城应敌，而是在城上用弓弩杀敌。同时设计用抛石机往敌人骑兵阵中抛投火蛋，尽管没有多大杀伤力，但是足以使匈奴战马受惊，士兵恐慌。当敌人阵脚乱了以后，埋伏在北口的渔阳铁骑从背后杀向匈奴，堵住匈奴退路。

渔阳郡西北面受匈奴的威胁，东北面受乌桓的侵扰。但事情都有两面性，汉匈交战地带，同时也是经济交流的热点。因此汉人经常出来与匈奴人交易生活必需品。

渔阳城里有四个大商家，往匈奴贩卖缣帛、铁器、食盐、粮食等。其中燕牛之角，是制作弓箭的必需之材，尤其在匈奴之地畅销。传说被列入古代十大名弓的轩辕弓，黄帝用此弓将蚩尤三箭穿心而亡。轩辕弓就是选用泰山南乌号之柘、燕牛之角、荆麋之筋、河鱼之胶制作而成的。其中燕牛之角就是出自渔阳一带。回程从匈奴运回皮毛、马匹等。这些人在两边道都很宽，一有风吹草动，他们最先知道。知己知彼方能百战百胜。张堪为了进一步摸清敌人的动向，微服私访，逐一拜访了这四家的业务人员。张堪不用穿着官服，行住坐卧与原来的官员有明显的区别，大家都知道这就是新来的太守，是打败匈奴的大英雄，无不感动之至。他们纷纷把在匈奴地界听到看到的都毫无保留地告诉了张堪，并且向新太守保证以后有新的情况及时报告。张堪一方面表扬鼓励了他们的正义之举，另一方面表示，他们如果要汇报敌情，可以随时到太守府找他。

原来，这次匈奴频繁挑衅的目的只是试探军情。最近一个月来，小股匈奴部队几次骚扰边界，掠走了犷平县百姓的牛羊、屠杀了几十口边民。甚至趁夜黑，匈奴的骑兵直驱渔阳城下。只是当时城内兵力少，不敢出城应战。匈奴的轻骑兵在高大的城墙下，也没有占到什么便宜，就快速撤走了。张堪分析这个情况后，直觉告诉他敌人大的行动就要来临了。

而匈奴这边，左贤王带大部队从高柳南侵汉朝，吃了败仗后，在左地留守的左大将[①]，很快知道了这个情况。他发誓要替左贤王报仇，建立战功来提升自己的地位。所以他策划了即将进行的渔阳突袭。左匈奴崇尚日月，所以认为满月是进行军事活动的最佳时期。建武十六年正月十五，中原还在庆祝

---

① 　左大将在左王庭属于第三位的官员，属于"万骑"之一。中原古代的封侯是以户口算，有万户侯、千户侯。匈奴军队的将官是以统率多少骑兵为标准。最大的将领为万骑长，下面有千骑长、百骑长等。

中元节，一万多匈奴骑兵开始了行动。他们的大部队从弹汗山出发，没有按照常规进入高柳再南进。而是沿阴山山脉北麓，一直向东，通过乌桓南部进入燕山北口。他们以为这样不易被汉军发现，一旦进入北口，渔阳城就将成为到口的肥肉。哪知道，就在他们从左贤王庭集结开始，情报就已经传到渔阳郡太守府。而北口的守卫将士，也是在第一时间发现了匈奴的行踪，采用狼烟逐级传信，几分钟的时间敌情就传到了太守张堪那里。张堪太守一方面按照计划，下达战斗命令，召集守城军吏进入战斗岗位，另一方面将敌情继续西传。很快上谷王霸太守也掌握了敌情，做好了增援准备。匈奴进入北口，小股守关汉军进行了顽强抵抗，最终弃关南逃，进入犷平城内。匈奴战马追到犷平城下，守城将士除去集中弓弩阻击敌人外，任骑兵叫骂就是不出城迎战。匈奴兵马知道犷平城没有多大油水，不想在这里滞留，于是留下百骑继续牵制外，大部队则绕过犷平，直奔渔阳、狐奴而去。守关将士的抵抗及犷平的据城不战，都在张堪的计划之内。同时，埋伏在北口的汉军大部队放过匈奴骑兵，没有暴露。匈奴对汉军小部队的抵抗，也没有产生疑心，就这样不知不觉地钻进了张堪布下的天罗地网。

从犷平到渔阳城，不足百里。匈奴的轻骑兵马只用一个时辰，前锋骑兵就已经到达了渔阳城下。只见城头战旗飘舞，斗大的"张"字旗下，将士们严阵以待。渔阳城建造在山前台地上，敌人的骑兵要想攻城，先要冲上二丈多高的土坎。可是，今天，匈奴的骑兵距离土坎还有半里地远，就被雨点般的箭矢射了回来。这三尺长的箭，比一般的箭杆长一倍，射程远一倍。匈奴将士曾经领教过连弩。只见城外土坎前沿，百架连弩①一字排开。连弩阵地前面是三层连锁的战车，匈奴的骑兵就是躲过弩箭，战马也无法跨过这连锁的战车。吃过亏的匈奴兵也不是吃素的，只见他们从前面的十几匹马背上，卸下牛皮绳，绳的一端有铁钩，匈奴骑兵甩钩挂上连锁战车，十几匹战马同时往后拖，硬是把连锁战车拉开个豁子，后面的骑兵蜂拥而入。这时匈奴的

---

① 这是在西汉连弩基础上改进的，挂弦由人工改为杠杆机构，弓力加强，射程增加，操作士兵由10人减少到5人。每架弩一次可以发射60支箭，一轮50架连弩发射就是3000支。

骑兵已经进入城上弓弩的射程范围内，只见数不清的箭飞向敌人马群，匈奴士兵见不到汉军，挥舞弯刀，硬是使不上劲。这工夫，匈奴的阵脚又是一波混乱。等到回过神来，百部连弩及士兵都已经撤进城内，加入到城头的阻击战当中。之前的攻城战斗，已经使匈奴骑兵损失了一两千人，但是他们依然无法靠近城下。后面的骑兵此时也赶上来了，城下黑压压一片。这时只听一声号令，城上几十台抛石机扬起高高的吊臂，向敌人阵地抛出如雨的花雷。这种花雷虽然杀伤力不大，但是爆炸后响如炸雷，亮如闪电。同时城上万箭齐发，箭如雨下。匈奴的兵马被这突如其来的东西吓破了胆。一时间，战马惊，士兵叫，匈奴的阵容立刻陷入一片混乱，完全形不成阵容了，骑兵自相踩踏，死伤无数，潮水般溃败下来。左大将见势不好，看来汉军早有准备，城里也不是兵力空虚，同时战法与原来也大有不同，再战下去会凶多吉少，于是鸣金收兵。几千残兵败将溃如山倒，城中留下的两千渔阳铁骑，在张堪的率领下乘胜出击，气势高昂，杀声震天。

　　逃跑的匈奴骑兵开始慌不择路了，不管好不好走，只求走近路，恨不得一下逃出北口。哪知在逃到犷平县城西南方向时，误入了燕犷盆地。这是鲍丘水进入北口后，漫进山涧洼地形成的水网地带。匈奴的战马进入这里就陷入了灭顶之灾。好多马匹陷入泥沼之中，水淹到马的肚皮，把背上的骑兵也摔到泥水之中。好多马也拉不出来了，匈奴骑兵不得不舍弃马匹，只顾逃命。那些没有陷进泥里的战马也大大减慢了速度。张堪带领的骑兵刚到，埋伏在北口附近的五千骑兵也杀了过来。双方的兵力已经出现很大差距，汉军七千骑兵是以逸待劳，匈奴的万人只有五千还有战斗力。匈奴左大将此时才明白自己一路进来没有遇到汉军主力的原因。汉军的单兵弩重量轻，射程远。近距离拼杀时，渔阳铁骑的长枪、板斧，匈奴的轻武器无法抵挡它们。匈奴军队此时被围困在洼地，只有招架之功，没有还手之力。

　　一队武艺高强的匈奴护卫，簇拥着左大将军边战边向东北方向突围，张堪一看匈奴要跑，立即率队过来增援，还没有赶到，就有消息来报太守，刚才匈奴留在犷平的小队人马从外面接应，汉军的包围圈被突破了，有两三千匈奴骑兵保护着左大将逃走了，剩下的除去死伤者之外，都成了俘虏，足有三千人。后来张堪就是用这三千俘虏换回了被匈奴掳走的渔阳三千百姓。一时间渔阳军民全城欢腾，多少年来没有享受到胜利的喜悦了。张堪对这次的战斗胜利也十分欣慰，虽然没有全歼匈奴左大将入侵之敌，但是以七千将士将匈奴的一万多骑兵打败，歼敌五千，俘虏三千的战绩也堪称是个奇迹。

大胜面前，张堪十分冷静，他一面命功曹总结战斗成果，记录将士的功劳，向朝廷奏报了战况及有功将士；一面组织长史、都尉和郡属曹吏，总结战斗得失，比较汉、匈战斗力的考评；同时对下安抚民众，抚恤牺牲将士的家属；另外又补充军需物资，修缮军械铠甲，随时准备迎接再犯之敌。

# 三、三管齐下

这次打败匈奴，对加强边防建设起到了几个方面的作用。其中最主要的是锻炼了边防军民，树立了敢打、必胜的信心。渔阳郡过去虽然也没少和匈奴打仗，但是几乎没有占到过便宜，不是损兵折将就是损失土地人口。这次是第一次打了大胜仗，而且在东汉历史上创造了少有的以少胜多的战例。渔阳郡守张堪以七千骑兵打败匈奴万骑入侵的战报，早就送到了洛阳。刘秀非常高兴，对张堪不负众望的表现非常满意，立刻调拨十万石军粮，十万匹缣帛，犒赏渔阳将士，同时派人押运六千戍卒到渔阳修建城池。军民一片欢欣鼓舞，但是张堪并没有沉浸在胜利的喜悦中，而是清醒地看到了存在的差距和问题，面对这些差距和问题，他立即采取了相应措施。

### 1. 修筑边关

北口（今古北口）距幽州蓟城只有200多里，是从居庸关以东中原通往塞外高原的重要通道。从西周到春秋战国就开始在这里筑墩设防。汉武帝刘彻时为防北部匈奴入侵扰边，命守军在北口开始筑城布兵，使北口成了中原防御匈奴入侵的战略要地。只是一百多年过去了，北口边城早已破败不堪，不仅城墙低矮，就是边防守卫的将士，都无法驻防。面对匈奴骑兵的攻城，只能够在城墙上放箭，属于消极应战。这次龙颜大悦，为张堪增加了六千戍卒，张堪经过认真设计规划，拿出了全面加筑边关的方案，奏报皇帝。皇帝很快就批准了张堪的奏折，组织戍卒开山采石，伐木备料，修筑边关的工程开始实施。

由于西汉时期渔阳郡的边界在造阳（今张家口）向东至高显县（秦置，属辽东郡。在今沈阳市苏家屯区）一线。秦汉两朝在燕长城的基础上，不断完善加固，一般都宽一丈（汉制，合合今2.77米），高一丈五尺（汉制，合合今4.15米）。但是到了东汉时期，在匈奴、乌桓的侵犯下，北部边界已经退缩到白檀县（西汉时设置，东汉时废除。治所在今河北省滦平东北兴州河南岸，今密云县东北七十里），所以新的边界城墙和城关都不坚固。经过张堪带领官兵、戍卒的辛勤努力，边关建设取得了很大进展。一是城墙由夯土墙改为外包砖石墙，底部加宽到一丈五尺，顶部宽五尺，守城士兵可以在上面架设连弩等重兵器；高度增加到了两丈。二是北口城楼加高加固，增设了廓城、护城河和吊桥，城上、城下都有官兵藏身的设施。三是完善了北口、犀奚、犷平、渔阳城之间的烽燧系统。

**2. 整饬军务**

边防守军和骑兵得到了补充加强。原来号称一万骑兵，此次战斗中损失了两千多人。张堪很快利用缴获的战马进行了兵员补充——从六千戍卒中精挑细选出来两千。张堪上奏朝廷，凡属于自愿加入汉军的戍卒，可以获得升迁和带家眷的权利，渔阳郡负责提供土地和住处。为渔阳北口设置了关都尉，专门负责关城的保卫和烽火系统。平时负责检查出入边民，一旦出现敌情，立即关闭城门，城墙上绞车连弩、抛石机精确配置。边关至郡守府的烽火传递系统得到了进一步完善。这样，人心安定，设施完善，不用担心城门失守的状况出现。

匈奴是一个马背上的民族。《史记》中载匈奴"儿能骑羊，引弓射鸟鼠。少长则射狐兔"。从儿童开始就学习骑马射箭，成年男子几乎个个都是好骑手。同时，张堪从高柳之战和渔阳之战缴获的匈奴战马，发现匈奴将领的战马都配有马鞍和马镫，这既是匈奴骑兵中身份的象征，也是减少人与马背的摩擦，防止马匹的汗液湿透骑手的裤子而滑落的好办法。张堪召集一些有经验的骑士，试验了匈奴的这套马具，感到它不只是为了显示尊贵，更主要的是加强了人和马匹的一体化，增强了战斗力。张堪看出了其中的奥妙，决定在渔阳铁骑中广泛应用，并根据骑士的建议进行了必要的改进。

### 3.加紧练兵

不光是新补充的骑兵需要练，就是原来的老兵，以及郡城内的几千家兵，都必须参加训练。张堪从皇上给渔阳补充的戍卒中，发现了一些骑术非常好的人，原来他们是曾经被匈奴掠去的汉族普通士兵，在匈奴的军队干了五年多，由于思念家乡，在上次汉匈战斗中又投降了汉军。但是汉军对他们不信任，不仅不受欢迎，而且被当作犯人押送到渔阳戍边。张堪大胆起用了这几批犯人，让他们从什长开始做起，带领骑兵进行训练。

早在建武七年，刘秀为了减轻人民负担，就免去了郡县、封国的轻车、骑士、材官，命他们回归为民，年底也不再进行比武会试了。但张堪为了促进检查郡兵练武的水平，他要求每月进行一次比武演习，胜者以战功奖励，并有升迁的机会。张堪此举很快使渔阳郡的将士中掀起了一场练兵比武的热潮，极大地提升了部队的战斗力。

### 4.打击奸细

张堪在组织高柳战役时，渔阳郡都尉统领的守军被抽调走，城内只剩下不足千人的守城部队，兵力空虚。但是这个情报是谁用什么方法送到匈奴手中的？在围困匈奴骑兵于燕犷洼地时，即便有小股匈奴骑兵的接应，但是为什么包围圈被轻易地撕开，造成了匈奴左大将近三千人逃脱？

张堪通过排查深挖，揪出了匈奴在渔阳城的奸细，头目是彭宠称王时封的尚书韩立。他是彭宠的心腹，十分狡诈。当初彭宠反汉，就有他的挑唆。建武四年，刘秀派建威大将军耿弇（yǎn）率兵进攻彭宠、攻破涿州等地，眼看彭宠就要失败，又是韩立带上金银财宝火速去匈奴搬来救兵。匈奴派两个小王，率两千骑兵跟随韩立前来去增援，路过上谷境地军都县时被上谷太守耿况之子耿舒打败，两个小王被斩杀。韩立和几百匈奴士兵逃回了塞北。但是由于汉军分散了兵力，彭宠侥幸从蓟城逃脱后据守渔阳。第二年，彭宠被苍头（家奴）仔密所杀，又是这个韩立收殓了彭宠夫妇的尸体，推出彭宠之子彭午作为新王。后彭午被彭宠的国师杀死，渔阳之乱得到了平息。韩立被迫逃到了匈奴，但是由于刚刚使匈奴损失了两千骑兵，所以他不被匈奴重用，只能靠隐姓埋名暗地做皮货生意为生。十年后，韩立以皮货商王永立的名义潜回渔阳，但是很少露面，所以一直没有暴露。再加上当初刘秀心慈手软，没有追杀彭宠的余党，韩立的生意还是做得风生水起。但是，韩立之所以有今天，也全靠了匈奴的保护，他经常为匈奴提供渔阳乃至汉军活动的情报，也算是韩立对匈奴的回报。这次之所以暴露，是由于张堪布置封城后，在北口扣留下了一名货商，经审讯原来是韩立派出的进行传递情报的奸细。通过这条线索，还挖出了韩立在汉军中收买的一名汉军边郡校尉，围捕匈奴左大将那天放跑匈奴左大将的人就是这名校尉。韩立暴露后，匈奴就再也得不到韩立的情报，成为了聋子、瞎子，此后再也不敢到渔阳骚扰，边境从此得以平安。

## 四、度田惩霸

东汉时田亩和人口数量、年龄是征收税赋的依据。刘秀深知地方郡国、豪强常常采取少报、抢占人地的办法，逃避税赋，致使国库税银无法增加。建武十五年（公元39年），光武帝刘秀以天下垦田多与实际不符，户口、年纪也有增减，故下令州郡检核垦田顷亩和户口、年纪，名为度田。这样做多少触犯了地方豪强的利益，州郡官吏在度田时，不敢得罪地方豪强，但对百姓却十分苛刻。刘秀以度田不实的罪名，处死了河南尹张伋及诸郡守十余人。于是，郡国大姓及兵长、群盗处处并起，攻劫州郡，杀害官吏，郡县派兵追讨则四散奔逃；郡县兵一旦离开，又集结作乱。刘秀派使者到郡国监督四方郡守镇压叛乱者，将大姓、兵长迁徙外郡，赋田受禀，对地方豪强武装则采取分化、追捕相结合的策略，于是地方豪强势力对度田的抗拒基本得以平息。

朝廷发布的度田诏令，早已传到了渔阳，但是张堪调查了解的结果是根本就没有得到落实，冠冕堂皇的理由是太守及郡县官员都一直忙于应对匈奴入侵，人心惶惶，没有精力顾及此事。实际上是度田一事触动了各方面的利益，尤其是城中四大豪族，经营了全郡百分之六十的土地，而且是头等的好田，他们实际占有的田亩数量，远超过上报郡里的数字。有的家族在朝里有靠山，平日里横行霸道，多数官员睁一只眼闭一只眼，不敢招惹他们。

这四家里势力最大，在地方上横行乡里，阻挠政令最厉害的是平谷霍家。他家背景显赫，前朝大司马、大将军、博陆侯霍光（？—前68年，字子孟，西汉河东平阳，今山西省临汾西南人）十几岁跟随同父异母的哥哥霍去病进京，在汉武帝刘彻身边辅佐30年，兢兢业业，忠心耿耿，干事认真缜密，从未出过差错，深得刘彻的赏识。后元二年（公元前87年）刘彻临终前将7岁的皇子刘弗陵托付给霍光，立为汉昭帝。元平元年（公元前74年）昭帝驾崩，因其无子，霍光推汉武帝刘彻第五子刘髆的儿子刘贺入朝，立为太子。同年六月受皇帝玺，因其荒淫无度、不保社稷，27日后被霍光主持废黜，这就是后来的海昏侯。在废除刘贺后霍光立汉武帝的曾孙刘询为汉宣帝。霍光前后辅佐了三代君王，汉宣帝二年（公元前68年）去世。对于霍光的功绩，汉宣帝有诏："已故大司马大将军博陆侯值宿警卫孝武皇帝三十多年，辅佐孝昭皇帝十多年，遭逢国家大难，亲自坚持正义，率领三公九卿大夫制定长久国策，以安定国家，天下百姓全靠他而得康宁。功德伟大，朕很赞许他。免除他后辈子孙的徭役，把他的封爵采邑范围加以规定，世世代代没有人能与他相比，功劳如同萧相国。"霍光死后其子霍禹袭封博陆侯（博陆侯国在今北京市平谷区大兴庄镇北城子村东）。但霍禹因地节四年（公元前66年）涉谋反罪被诛全族，博陆侯废。68年以后，即汉平帝元始二年（公元2年），汉平帝感念霍光的功绩，想对其后人重新封侯，但是霍光已无后人，只好封霍光堂兄弟的曾孙霍阳为博陆侯，食邑千户。这对霍阳来说无疑是捡来的便宜，可就是这个捡来的侯爷，却毫不珍惜祖上荣誉，称霸一方，无恶不作。除去正常千户的封邑，他还兼并了狐奴、平谷良田千顷，却只有很少田地缴纳税赋。博陆城建设得气势恢宏，比平谷县城还气派。霍阳平时别说不把平谷县令放在眼里，就是在渔阳郡的诸曹掾史面前，也会摆起侯爷的架子。

还有彭家在渔阳郡地面上也是名声显赫。东汉初渔阳郡首任太守彭宠（？—29年，字伯通，南阳郡宛县，今河南省南阳市人），其父彭宏在西汉哀帝时期（公元前6—公元1年）拜渔阳太守，不仅人长得英俊，施政能力也出类拔萃，对朝廷忠心耿耿。他对匈奴和乌桓异族恩威并施，渔阳郡边境安宁。王莽篡政之后，他不甘同伍，被王莽当作异己诛杀。彭宠也算是忠良之后，自己也是一个有才华的人，当初刘秀在河北起事时也曾经得到他的支持，治理渔阳时亦很有政绩。但是由于他认为刘秀登基后封赏不均，便资逆造反，自立燕王，后被家奴杀害，落得个身败名裂的下场。只因光武帝刘秀宽厚，念彭宠当初举兵支援自己站稳冀州的功劳，对其后人没有追究。特别是彭丹的父亲彭午被韩立推举为燕王后即被杀，多少还博得了人们的怜悯。但是彭丹不思他祖上的问题，反而到处为曾祖彭宏遇害、祖父彭宠不被重用、父亲彭午被杀鸣不平。同时仗着彭家在渔阳郡几十年苦心经营的根底，到处搜刮民财，隐瞒田亩数量，民众敢怒不敢言。

第三大家族是狐奴王家。王梁（？—公元38年）字君严，西汉渔阳郡要阳县人，年轻时是渔阳郡的小吏，后被彭宠重用，任其为狐奴县令。刘秀转战河北，彭宠派吴汉和王梁率两千渔阳铁骑，为刘秀的大业立下战功。更始三年（公元25年）六月，已经是"跨州据土，带甲百万"的刘秀在众将拥戴下，于河北鄗城的千秋亭即皇帝位，改元建武。刘秀称帝后，为巩固皇位找根据，在长安读太学时的同宿舍同学强华献给刘秀一本据说是刘邦从天上传到人间的《赤伏符》，以此来昭示刘秀做天子是天意。在议选大司空时，因为《赤伏符》上有"王梁主卫作玄武"这句谶语，于是擢拜王梁为大司空，封武强侯。这个王梁有些战功，但叫他做大司空却是有些勉强。他一生最大的笑话是任河南尹时，想开渠引谷水（洛河支流）注入洛阳城下，向东泻入巩川。但等到渠修成了而不能流水，使他好没面子，不得不主动要求接受处罚。王梁本来是要阳人，他的家人却在狐奴和渔阳城扎下了根。这不光是由于要阳早已经被乌桓占领，县治被迫内迁到渔阳县境内，还因为王梁的发迹就是在狐奴县令任上。王家也是良田千顷，小儿子王平现在是狐奴县令，王家的产业由王梁的远房侄子王吉打理。王家是典型的地方上的土财主，视财如命，能有多少田亩正常缴纳赋税？

两汉时期，人民的赋税、徭役负担十分繁重。赋税，按人口征收军役及军需品，称为"赋"，字面理解为用钱财养军队、供应武力的钱；按土地及工商经营征收财物称为"税"。赋的征收分为两种：一是算赋。法令规定，从十五岁到五十六岁，每人每年须向国家缴纳"一算"，等于一百二十钱。二是口赋，三岁至十四岁，每人每年缴二十钱。土地税，西汉后期十五税一，东汉刘秀恢复西汉文景之治时期的三十税一。除去货币负担，更为繁重的是人力负担，无偿为政府提供的劳务，叫徭役。西汉法律规定，成年男子均须用一定的时间为国家服兵役或力役。二十三岁至五十六岁的男子，都要服兵役两年、力役一个月。西汉皇族淮南王刘安的《淮南子》中总结道："民力竭于徭役。"渔阳王家对外说良田千顷，实际上比这个数还要多一倍，不仅靠王梁的牌子不出地租，就是府上几百口家丁也均躲避了徭役。

雍奴县有一家名门鲜于家族，始于商纣王的叔叔箕子，自汉朝始就以渔阳郡为家族繁衍的集中地，并历代有人在朝中做官。鲜于雄，字文山，幽州从事（相当于今天的省政府秘书长），其父鲜于式，字子仪，曾拜督邮（古代官名，始置于西汉中期，郡守属吏，掌监属官。是督邮书掾、督邮曹掾的简称。代表太守督察县乡，宣达政令兼司法等）。

其祖上还曾经出过胶东相，出过皇帝跟前的谒者，家财万贯。但是忠厚传家、诗书继世，几代都是举孝廉[1]。鲜于家虽然名声显赫，但都足额缴纳各种税赋，积极出力徭役、热衷于地方上修桥铺路以及家族中的公益活动。不管是郡府诸曹，还是地方百姓，无不对鲜于家族的爱民助困之举交口称赞。

张堪深刻领会了刘秀度田诏令的一石二鸟的目的，明白治理好地方，首先要整饬政风。张堪带领田曹、户曹掾史，深入各县调查走访。两个月以后，底数摸清了，再传达皇上的度田诏令。虽然第一次太守召见，县令和豪族家主们很给面子，一家不缺。而且也都纷纷表示要落实皇帝的诏令，但是都上下不摸底，左右不通风，所以谁都说得大，真正自己如何做，却不露实情。张堪太守心里明白，皇上的诏令谁都不敢不遵，这样表态也实属正常。第一次见面就交实底也做不到，可是不能稀里糊涂地来，再叫他们稀里糊涂

---

[1] 1973年5月，天津市武清县高村出土的号称"两汉第一碑"的《汉故雁门太守鲜于君碑》的主人鲜于璜，就出身于这个家族。

地走。所以他明确地向大家传递了两个信号，一是这次度田不会走过场，渔阳郡虽然远离京师，但标准是一样的，不能蒙混过关；二是原来的问题多少不代表今后处理结果的轻与重，完全要看大家这次行动中的表现。同时，他又不点名地点了几件事情，虽然没点人名，但是那几个家主的脸上早已经一会儿青一会儿红的了。没想到这位张太守没来多长时间，把渔阳郡不法事件了解得这么透，不禁浑身发抖。当然对于鲜于家族来说，虽然家财没有有些人家雄厚，但是救济灾民、扶危济困的善举却做得最好，对于皇帝的度田诏，不仅表示坚决实事求是地清查呈报，而且把自家田产的数量、位置的清单翔实地呈报给了郡府。张堪对鲜于家的义举给予了高度评价，这无疑对渔阳郡的豪族起到了分化作用，同时也为大家树立了一个标杆，表明了郡府实事求是的态度。张堪要求郡内所有地主在十月底前都要如实呈报自己的所有田产，郡府将根据各家呈报的数据进行核查，对隐瞒不报者，隐匿三亩以上就要受到处罚。郡府不仅要收回隐匿田产，无偿分给现有租户或屯垦，问题严重的还将如实上报朝廷，到那时不仅自己要承担法律责任，还会影响在朝为官的家人。

张堪此举一石激起千层浪，大多数人欢迎张太守这样遵旨度田，一部分中小地主也没有多大阻力，但是有个别豪族自恃有靠山，还是没有把这位新来的太守放在眼里，最明显的就是霍家和彭家。而且他们还放出话来，说如果和他们过不去，就叫朝廷和张堪过不去。

时间过得很快，转眼就到了秋收季节。郡府上下都为保卫秋收防备匈奴乌桓，因为秋高马肥又是外敌入侵的高发季节。各种应对措施都已经安排就绪，新补充的骑士和步兵加强了排兵布阵的训练，一万套马鞍和马镫的赶制已经完成。但是种种情报表明，今年匈奴的骑兵没有向北部边境部署的迹象。尽管如此，张堪还是强调要有备无患，不要幻想天下从此就太平了，而是要警钟长鸣。

刘秀诏令度田的第二年，即建武十六年，全国各州郡推行得并不顺利。刺史太守们多不认真执行，他们偏袒豪强，侵害羸弱者，弄得百姓怨声载道。一天，刘秀召集各地官员汇报度田情况，看到在陈留郡（治今河南开封市东南）的公文后，附了一纸条，其中这样写道："颍川、弘农可问，河南、南阳不可问。"刘秀问这个陈留吏是怎么回事，这个人不敢实言，谎说是从长寿街上捡的。刘秀听了十分恼怒。这时，刘秀而今年仅十二岁的太子刘庄（公元28—75年，即汉明帝，初名刘阳，封东海王，刘秀第四子，出生于湖北枣阳，母光烈皇后阴丽华）坐在帐后，他非常聪明，一看就明白了，于是他对刘秀说："这是当地在奏报垦田的事呢！"刘秀说："既然如此，为什么说河南、南阳不可问？"刘庄说："河南是帝城，皇帝的近臣很多；南阳是帝乡，皇帝的亲戚很多。他们所占有的田宅数量远远超过了规定，很难核查。"于是刘秀派谒者去做实地调查，果然像刘庄所说的那样。于是，刘秀下令将南阳郡太守刘隆及与此案有关的人予以惩处。皇帝念刘隆功高，将其免为庶人，河南府尹张伋及诸郡太守十余人处死。时任大司徒欧阳歙（？—公元39年，字正思，乐安千乘。今山东高青东北人）也因此犯事。光武帝派遣谒者清查二千石以上官吏的土地，结果查出欧阳歙在汝南郡太守任内，测量田亩作弊，贪污千余万钱，遂将欧阳歙逮捕下狱。欧阳歙作为《欧阳尚书》的传人，自他以上八代博士，弟子满天下。尽管有许多人为其求情，但刘秀不允，最后他死在狱中。

这些信息很快随朝廷诏告传到了渔阳郡，张堪从中看到了刘秀度田的决心，从而也更加坚定了他在渔阳郡落实好度田的信心。于是他安排了第二次度田会议。张堪在会上讲述了全国落实度田诏令的进展情况，重点通报了皇帝本家刘隆、大司徒欧阳歙和河南府尹张伋不落实度田诏令的下场。这个消息无疑是一颗重磅炸弹，炸毁了个别人构筑的防护网，惊醒了一些人的美梦。你说朝里有人，你能大过三公？你的关系后台硬，你能有刘隆的关系硬？这使渔阳郡从官吏到豪族不得不重新摆正自己在度田中的态度。当然也有不识数的家伙，依然目空一切地狂妄自大。

按照张堪太守第一次的要求，各县基本都完成了田亩自查和人口填报，根据前一段时间张堪带领田曹深入了解的情况看，数据基本差不多，人口清查虽然面广，但耍手段的人很少。下一步是将百亩以上的地主田亩数据公布，在郡县府衙前张贴布告，发动民众监督，发现弄虚作假的有奖举报。这一招可能是我国历史上最早的民主监督。对于如实填报的人心里坦然，而对那些做了手脚的家族，一下子就乱了阵脚，开始各自找自己在县衙和郡府的关系，可是有了张太守传达的朝廷对违法者的处置，谁也没有为他们偏袒开脱的胆量。渔阳地面上度田进展得比较顺利，存在的问题也是秃子脑瓜上的虱子——明摆着的。为了把这次度田打击的目标进一步集中，张堪太守又宣布了一条政策，对投案自首者从轻发落，抗拒到底的严惩不贷。

张堪这几招招招都见到了效果。布告贴出没几天，到官府自首的和举报的人络绎不绝。自首的人虽然不少，但是多数是近几个月逃难回来的人。原来以为官府不知道不报就过去了，现在看混不过去，只好如实填报。这一补报不要紧，全郡自打败匈奴入侵后已经又增加了四千多户，有近两万人又返回了自己的故乡。这些人多数是近两年边境遭匈奴入侵后逃到内地的，现在听说边境安定了，就回来了。俗话说故土难离。也有一些是前些年彭宠叛乱自立为王时，害怕时局动荡出逃的人，离开家乡有十年了。郭伋任太守期间，渔阳郡社会安定，已经回来了一大部分，现在回来的多数是被彭家欺负过的人。他们看到彭宠死后，彭家的势力在渔阳还很大，一直不敢回来。这次能够下决心回来，就是听说新来的太守为官清廉，一身正气。郡府户曹将数据汇总后，把情况向太守进行了汇报。张堪不但没有生气，反而给郡府的官员讲了得道多助失道寡助的道理，要大家不要辜负了民众的期望。至于这些返回渔阳没有如实填报户籍的人家，张堪叫人找了几十个代表性人物到郡府来，给他们讲了皇上为什么要搞度田的道理，讲了作为渔阳百姓怎么为家乡建设出力，遵纪守法，如实负担税赋徭役就是最好的贡献。对于大家回来参与边关建设，作为地方主官，他对大家表示感谢，同时对大家没有按照皇上的旨意办，必须要承担处罚，每家为加固城墙出一百个工。大家齐声说好，感谢太守的体恤之恩。

按照郡府规定的期限，多数地主和农户都如实上报了自家的田亩和人口年龄及数量，郡府对这些人核查无误后，分别由田曹和户曹出具了凭证。但是经过核查，发现有十几家稍微有些背景的，或横行乡里的恶霸，不仅将田地亩数隐瞒不报，就是人口也以多报少。其中当然少不了霍家、彭家和王家。最可恨的是有些家族为了蒙混过关，还把瞒报的田亩算在租地的穷人身上。对这些人如何处理，不仅会影响到渔阳郡府的社会威望，也会关系到张堪太守的政治生命。如果不坚持原则和朝廷的圣旨，不仅朝廷会追究下来，张堪也会落得与张伋和欧阳歙同样的下场，即使朝廷不予追究，张堪今后在渔阳的日子也不会好过。到了十一月底，郡府将有问题的家主全部抓捕入狱，经过认真审理，犯人均供认不讳，于是作出宣判，并在府衙前广场当众进行了宣判，按照其罪行大小，分别处以不同的惩罚。其中霍家家主霍阳隐匿田亩1500顷，全部予以充公。同时上奏朝廷削去其封侯，抓捕入狱。彭家家主彭丹因隐匿田亩超过千顷，其田亩也予以充公，被捕下狱。对王家家主王吉没收其隐匿田亩，罚款黄金万两。对其余各家也是没收隐匿田亩，并根据隐匿多少来确定罚款数量，从千两到万两不等。对于人口填报不实的，少报一人，罚徭役百日。这样，这次渔阳的度田，共没收田地三千多顷，罚没黄金一万八千多两，处罚徭役上千人，每人百日，加起来足有十万多日。布告一贴出来，渔阳城官民欢欣鼓舞，奔走相告。渔阳郡府如实将度田情况上奏朝廷，刘秀大悦，下旨将收缴的田地作为府田，用于屯田和赏赐有功将士，罚没的黄金和徭役，用于修复城防、抚恤牺牲的将士家属。

# 五、屯田戍边

晁错画像

有圣旨的批准，张堪用没收的三千多顷田地，兑现了当初抵御匈奴入侵时的承诺，按照小功十亩、大功百亩，分别赏赐给了有功将士。而成方连片的没收地块还有三千顷，张堪开始筹划开展屯田戍边的战略。

屯田戍边，就是在边境地区利用公田和戍边的将士，开展农业生产，用以解决军粮和稳定军队。在我国的历史上，屯田戍边都说是西汉晁错[1]的首创，他向文帝上了《守边劝农疏》和

---

① 晁错，公元前200—前154年，颍川，今河南禹县人，西汉政治家、文学家。汉文帝时，任太常掌故，后历任太子舍人、博士、太子令令、内史、御史大夫等职。

《募民实塞疏》，提出用移民实边的办法来代替轮番戍边的办法和建议，但是到了汉景帝即位时，才开始在西域（今新疆、青海一带）进行屯田。

晁错总结了秦朝在戍边上的经验教训，提出了匈奴袭扰不定，而汉军轮番戍边，士兵水土不服，运送粮草困难，建议朝廷招募内地百姓到边塞安家落户，政府提供住房、衣食、农具，并无偿划拨土地。按照军事组织来管理边民，亦兵亦农，平时耕种土地，战时组织出战应敌。这就是本来意义的屯垦制度，后来西汉名将赵充国（公元前137—前52年）的"寓兵于农"则是发挥和实践了晁错的思想。

渔阳郡在北部边郡中属于自然资源条件比较好的地区，在一般年景下，虽说达不到丰衣足食，应该也可以做到基本够食了。但是近两年来，匈奴进犯频繁，北部几个县土地大多撂荒，即使有的种植了一些庄稼，也因为战乱有种无收。再加上为了抵抗匈奴入侵，仅军队就增加了一万多人，近万匹军马，人吃马喂，日耗千石。所以刚到年底，就暴发了粮荒。张堪一方面派长史带上公文去洛阳，请求朝廷的救济。但这是远水，解不了近渴，所以另一方面由郡尉走访郡内大户，半征半买筹措军粮，以解燃眉之急。张堪在处理粮食的问题时，深感巩固边防先要稳定社会，而社会稳定首要的就是粮食，古人说手里有粮心里不慌。于是张堪在进行一番调查走访之后，逐步形成了两个解决军粮的方案，这就是改善漕运和推行屯田。

渔阳郡百姓和军队所需要的粮食，主要是从潞县太仓装船，通过沽水逆水而上，再进入渔水运到渔阳城。潞县（今北京市通州），因秦朝修建的蓟襄驰道①穿城而过而得名。全国统一以后，长江流域生产的军粮源源不断地运到潞县。但是由于沽水多年失修，淤塞严重，极大地影响了航运能力。张堪把疏通河道、加强漕运建设，作为巩固边防建设的一部分。三月，由郡府田曹、水曹负责，征调潞县、狐奴、渔阳、平谷四县的役卒，张堪又从郡兵中抽调了一部分将士，集中了五千劳工，在农田不忙的枯水季节，利用两个月时间，疏挖了沽水和渔水，修筑了码头设施。沽水的航运船队早已存在了，

---

① 蓟城通往无终，今天津市蓟县、碣石，今河北昌黎县北，到达襄平，今辽宁辽阳市。这条驰道宽50步，70余米。

但是遇到枯水季节就无法行船，只能跑一些小木船。在疏挖河道的同时，张堪还从蜀郡请来造船技师，对原有船只进行了改造，加装了桅帆，大大加强了航运能力，加快了行船速度。胜利完工的那天，十几条大船组成的航运船队将上万石军粮运抵渔阳南码头，军民敲锣打鼓，场面好不壮观！张堪在解决了暂时的粮荒之后，又开始筹划一个长久解决渔阳郡军粮的问题，出路就是屯田。

早在太学学习时，张堪就崇拜晁错的才能，认同他的强兵戍边之计。以前在蜀郡和朝廷任骑都尉时，没有深入思考戍边的问题，自从到渔阳拜太守，军力、军需这些大事时常困扰着他。他清楚地知道，渔阳郡虽然比上谷、代郡物产还算富饶，但是近年来匈奴袭扰不断，农田经常荒废也就是勉强能够吃饱肚子。但是从南方来的戍卒，不仅水土不服，就是吃起北方的粟米也是难以下咽。就是张堪自己也是不愿意吃粟米，他生长在鱼米之乡的南阳，后来在蜀郡更是天府之国，稻米是主要口粮。早在他巡视全郡民情防务时，看到渔阳北部两河贯穿，南部地区水网交织，如果水稻能种植成功该多好呀！所以他一方面派人调查全郡田亩和水资源情况，初步形成了屯田植稻的计划，另一方面派人回南阳老家，接来夫人和孩子，就连帮助他家管家的岳父也一块儿请来，首先在狐奴县进行试验种植水稻。

# 六、兴修水利

渔阳郡的水资源十分丰富。从地形上看，北部燕山绵延逶迤，成为渔阳郡的一道天然屏障。从山中冲出来的两道水系，向南一泻千里，直到渤海湾。鲍丘水（今潮河）居东，因发源于塞外的鲍丘山而得名。《水经注》曰："鲍丘水从塞外来。南过渔阳县东，又南过潞县西，又南至雍奴县北，屈东入于海。"其实渔阳县和潞县之间，是从狐奴县东南下。沽水（今白河）发源于河北省沽源县，经赤城县，于白河堡进入延庆，沿途有黑河、汤河、白马关河等支流汇入。《水经·沽水注》中记载："沽水南经狐奴县北，西南流经狐奴山西，又南经狐奴县故城西。"再往南，据《水经注》中记载：沽水"西南与湿余水合，为潞河（郦《注》：'沽水又南，迳潞县，为潞河。'）。又东南，至雍奴县西，为笥沟。又东南，至泉州县"。从泉州（县址在今天津武清县东南）入海。这两个水系在狐奴县境内，相距不足百里。又因河道流淌自在，狐奴山前还遍布泉水，形成了河流水网地带。水量少时，当地居民可以在丘陵、坡地之上种植一些黍、稷（谷子）、菽（大豆）之类的谷物。如果赶上雨涝之年，一片汪洋，秋天农民只好靠采集野稗来充饥。

建武十三年春，边境很平静。张堪在农都尉的陪同下，巡视了各县。本来正是春耕季节，但是很多地方却不见人影。芦苇在水中艰难地露出尖尖的嫩叶，星星点点的高地上早披上了白花花的碱皮。张堪这个出生在水乡、做官在水乡的太守，既感到造福一方的压力，也从中看到了将水害变为水利的条件。还没有回到郡府，他治理水患的思路就已经逐渐清晰了。

沽水、鲍丘水冲出崇山峻岭，进入渔阳郡，纵贯全郡南北，挟带着塞外高原的黄土，奔流而下。汹涌的河水因其泥沙含量高，造就了渔阳平原的沃野，但同时也由于南部地势低洼，水流渐缓，泥沙积淤，堵住了河道。再加上两河在南下途中，汇入不少支流，形成了巨大的扇形水系。上游近三十二万平方公里的流域，只靠漂榆津（又名漂榆邑、角飞城。今天津市宁河区芦台镇）、大沽口（今海河入海口附近）两个入海口进入渤海。华北地区降雨极不均衡，一到夏季，河水猛涨，不仅形成了佩谦泽、延芳淀、夏泽等湖泊，还造成了河水漫溢，危害了下游的农业和人民生产生活。

本来沽水、鲍丘水，原来在下游是汇入河水（今黄河）入海的，但是据《资治通鉴》上记载："辛末，河决魏郡，泛清河以东数郡，先是莽恐河决为元城冢墓害，及决东去，元城不忧水，故遂不堤塞。"说是公元11年（王莽始建国三年），黄河在魏郡（汉置，治邺，今河北临漳西南，辖境跨今冀、鲁、豫三省之界）元城（今河北大名东）以上决口，河水一直泛滥至清河郡（公元前203年汉置清河郡，因境内有清河流经而得名。郡治在清阳县，今河北清河东南）以东数郡（今天豫东、鲁西一带）。当时，王莽因为河决东流，可能会使他在元城的祖坟免受威胁，就不主张堵口，听任水灾延续了近六十年。黄河在豫东、鲁西一带"漭漾广溢，莫测圻岸，荡荡极望，不知纲纪"，从而造成了黄河入海口从章武（西汉时置，治所在今河北省黄骅市郛堤城东，北齐废。西汉时黄河在此入海，置有盐官）改为千乘郡（今山东省淄博市高青县东北）一带入海，这是史上第二次重大的改道。虽然时间已经过去二十多年了，但是展现在张堪面前的依然是水乡泽国，沙丘连绵。在茂密的芦荡中间，点点沙丘上，当地居民搭起的煮盐大锅，散发出焚烧芦苇的浓烟。这里是供应幽州、蓟州等地食盐的主要生产地。

张堪通过实地调查看到，从狐奴到泉州的水害，其原因有三：一是地势：平原地带地势平缓低洼，排水不畅，河道淤塞。沽水和鲍丘水从塞外高原来的河水，含沙量很大，比古人说"径水一石，其泥数斗"也差不多。在狐奴以北，河道坡度大，所以泥沙俱下。但是到了雍奴、泉州一带，地势平缓，水流减慢，泥沙沉淀，河道淤塞，排洪能力越来越低。

二是河道入海口海岸线受河水（今黄河）故道泥沙淤塞和海水顶托的双重作用，使内陆河水的排水能力大减。

三是渔阳地区降雨量集中在夏秋之交，河道水量变化很大。古人总结道："冬春水涸，大河名泽多可徒涉，一遇伏秋，奔腾冲突。"夏秋时水量呈几倍、十几倍甚至几十倍增加，而下游又排水不畅，只有泛滥成灾。但是同时平谷、雍奴等地还干旱缺水，庄稼遇旱减收。张堪通过走访渔民、盐民、农民，摸清了水害的规律。于是他决定在今年的雨季到来之前，先解决排水问题。

经过在调查的基础上规划设计，张堪的思路就是以排为主，排灌结合，将水害变水利。他具体安排了三大工程：

一是沽水、鲍丘水排灌工程，将狐奴、雍奴段河道疏挖，增加河水向雍奴薮、佩谦泽、延芳淀、夏泽等湖泊泄洪的能力。泉州（今天津武清）以南，将泛滥乱流的海滩疏挖出海口，增强出海口的泄洪能力；沽水下游，连着一个很大的湖泊叫雍奴薮。《水经注》中曰"雍奴，薮泽之名。四面有水曰雍，澄而不流曰奴。雍奴薮甚大，东极于海"，汉代置雍奴县，就是以这个湖泊命名的。它是黄河的故道，也是今天白洋淀的前身。同时，这个湖叫"薮"（音叟，长满水草的湖水叫"薮"），说明湖水不深，按照今天的标准就是典型的湿地。虽然到明朝时雍奴薮的周长还有二百里，但是对洪水的接纳能力显然不会很大，主要原因是渔阳郡的南端海拔只有5米，所以疏挖泄洪是主要目的。

二是在二级台地建设拦水坝，设置人工控制水流的闸口，使鲍丘水可以在农田用水时拦截引入农田灌溉。夏季河水上涨时可以顺利下泄，提高河水冲刷的力度。

三是低洼农田的改造，加固围堰疏通排灌沟渠。沟渠互通，所有地块都能够排水顺畅。在地块内，受赵过的代田法的启示，张堪在渔阳改造赵过的代田，创造性地推出了台田法。

赵过，汉武帝时（公元前140—前87年）人，中国汉代农学家，生卒年不详。汉武帝末年曾任搜粟都尉，任期内总结和推广了代田法，并进行农具革新，促进了当时旱作地区的农业生产。《汉书》载："过能代田，其法为，田亩分为三沟三垄。沟垄相间，播种于沟中，岁次则沟垄互易，是为代田。"只不过张堪要求的台田是革新了赵过的代田。他是在低洼地块挖沟培垄，沟垄宽一步（汉代一步为六尺，一尺约等于27厘米），沟深和垄高都是两尺。沟的宽度、深度和垄的高度宽度都比代田大幅度提高，而且沟和垄的位置相对固定，不再互换。

沟里长年有水，种植水生作物稗子、莲藕等。水稗子可能是人类利用较早的野生禾本科作物，但是至今也没有修成正果。古代农民，特别是在低洼水网地带，农民会在稗子成熟时收获野生种子。但由于稗子产量很低，成熟的稗子又很快会自然脱落，农民只能是能收多少是多少，收成没有保证。可是稗草长势很壮，是饲养牛羊家畜的好饲料。农民对张堪推广的台田很欢迎，因为稗子种在沟里旱不着，垄背上种植麦、黍、粟等作物，也涝不着。

俗话说，土木之工不可擅动。张堪计划开展的水利工程，对于刚刚摆脱战乱的小郡来说，经济难以承受。张堪为了不使军民负担过重，向朝廷申请了一笔治河经费，再加上原来申请的屯田经费，基本上可以满足主要工程的费用。对于地块内的费用则按照地主负责的政策，郡府实行了奖励政策。虽然奖励比重只占总费用的三分之一左右，但是所起到的促进作用却十分明显。对于无主洼地的改造，张堪将其划归屯垦地，由戍边将士和招募的流民负责，按照完成的数量奖励钱粮，还实行土地谁开垦谁有使用权。出工改造的地块，不仅可以得到奖励，而且可以得到一定数量的土地使用权。流民来自四方，戍卒来自五湖，使用的计量单位有大亩、有小亩。郡府对此没有强行规范，只规定现在为多得奖励使用小亩，五年以后缴纳赋税也按照小亩。所以至今已经过去两千多年了，直到解放前，在顺义地区还有大、小亩之说。

对于跨县的水利工程，由郡里统一组织。所在县负责承担费用的一半，修完后在县里享受工程的效益。郡里负担一半，主要是人工费和部分工程款。劳动力的解决主要依靠两部分人，一是戍边部队。张堪要求郡尉将守卫的部队分为三部分，抽出三分之一的兵力约三千人，参加治水工程。三分之二的兵力驻守边防。一个月轮换一次，计划施工三个月，可以全部轮换一遍。至于开支，就是不参加水利施工，也要发军饷。为了调动参加施工部队的积极性，张堪制定了一项政策，凡是参加水利工程的将士，都有机会享受屯田划拨，愿意带家眷来渔阳定居的可以优先安排住处和发田亩。这对渔阳戍边的将士们来说是一个不小的诱惑。二是由各县派出的劳工承担，算作徭役。

整个水利工程苦战了三年才完成。为了加快进度，保证施工质量，太守张堪要求郡府诸曹官员亲临第一线，甚至吃住在工地上。时光过去了两千年，张堪在香河地区修渠导水的遗迹尚存，其开凿的大渠称为白露河，渠南大村镇叫渠口镇，渠北村镇叫北渠口。张堪住过的小村叫渔阳院，甚至还有据说是张堪花园的遗址槐园。

屯田。渔阳郡的屯田发展，是当时的主客观条件促成的。对汉朝的北部边郡来说，屯田早已经不是新闻。那是朝廷的规划统一实施的，同时属于皇帝治理江山社稷的重要措施。而渔阳郡的屯田则不在政府原有屯田之列，是张堪太守主动的大胆尝试，有着明确的目标和必要的条件。其目标是巩固边防。渔阳地区是东汉王朝面对匈奴入侵的最前线，国家为了保证边防安全，常驻守上万人的军队。汉制戍边部队由两部分组成，一是比死罪轻的犯人，他们一般在边防待的时间会长一些。二是征调的戍卒。东汉刘秀实行"三十税一"的休养生息政策，但徭役仍沿秦制，男子从23岁起需服兵役两年。一年在本郡服役，称为正卒；另一年戍守边境或到京师守卫皇宫，称戍卒或卫士，他们一般在边防只能够待一年。为了建设一支有战斗力的戍边部队，张堪就想利用屯田的办法，把人留住。

他借鉴西汉的政策，经奏请朝廷恩准，决定设立一支两万人的屯田组织。其一是军屯3000人，暂由渔阳郡都尉管理。军力是所有郡兵和边防戍卒，分为50个屯，每屯60人，设屯长1人。由他们管理耕种在查田定亩时收缴的官田1500顷，人均50亩。田卒一年一换，而屯长则相对固定，并由在戍卒中威望较高、有丰富的农业耕作经验的人来担任。

张堪有在家乡南阳和蜀郡种植水稻的经验，但是渔阳是否能够种植，他的心里没有底。同时，许多北方的农作物种植管理，对他来说也是新的挑战。此时此刻，看到渔阳得到了相对太平的环境，他浑身有使不完的劲儿，想尽快带领当地百姓实现丰衣足食的温饱日子。

其二是靠政策吸引戍卒家眷以及流民1.7万人。汉代的渔阳地区，因为地处偏远，以及战火的影响，一直属于人烟稀少之地。虽然土地资源丰富，但是农业劳动力很少，致使有些土地长期荒芜。上次查田核亩共收缴了3000顷黑地，划拨给军屯1500顷，还有1500顷无人耕种。张堪那时最急缺的就是劳动力。但是劳动力从何而来？张堪与郡府官员们反复研究，参照并借鉴西汉赵过的办法，制定了一套吸引劳动力定居渔阳郡的政策。一是吸引戍卒及家眷定居渔阳郡。属于征调的戍卒，一般服役翌年就要返回原籍。渔阳的新政策是一年以后如果愿意留下来，郡府可以在屯村无偿提供住房。屯村的住房有些像现在的部队家属院，虽然不是砖屋瓦舍，但也是土木建筑，比当地居民的半地下式住宅也亮堂了许多。根据家庭人口数量多少，一户提供三到五间，并提供耕地，两个劳动力的家庭划拨一百亩。二是边防部队当中的军侯以上的军官，如果把家属落户在渔阳，郡府则在渔阳城里为其提供一处院落。对于戍卒之中的戴罪之人，如果愿意定居在渔阳，可以提前结束刑期。家属迁居渔阳的可以安置在屯村居住，并从郡府租佃耕地，租金减半。近些年北方五郡屡遭战火，渔阳郡社会相对较安定，所以有大量流民来到渔阳，只能靠给大户人家打零工来填饱肚子。三是郡府实施沽水、鲍丘水工程以后，大量招收流民。完成工程任务后，流民中愿意定居渔阳的，郡府把将排水后露出的低洼地无偿划给他们，采用台田开垦出耕地，谁开垦出的田地由谁耕种，免收五年租税。

这三条吸引人的政策收效十分喜人。戍卒及家属的安置使渔阳郡增加了近万人，刑徒减罪，愿意定居渔阳的也有四千多人。至于安置的流民达六千多人，加起来渔阳就增加了居民近两万人。

郡府制定政策鼓励生产。有人、有地了，但是真正要种出粮食，还需要有生产资料。首先是提供屯田户的口粮，郡府的政策是所有参加军屯的成卒，免费提供口粮每人年18石（约合今天的486市斤）。民屯的劳力和家属，可以预先向郡府借支口粮，秋后收获后再归还。每户人口平均可以预支食粟15石（折合今天的405市斤）。其次是提供给种子、农具和耕牛。张堪在去各县巡视时，发现当地农作物的品种十分落后，产量很低。比如高粱是一种既抗旱又耐涝的农作物，籽粒可以作为人粮畜料，也是做醋酿酒的好原料。高粱秸秆粗壮高大，是农家编席、建房的好材料。但是渔阳地区原来的品种，秸秆纤细、籽粒苦涩，成熟后容易掉粒，所以产量很低。张堪在长安学习、生活了几年，对当地的农作物生产情况十分了解。他认为关中地区的高粱品种远比渔阳地区的高粱品种要好。于是，他通过同学关系，从关中调运了糯、粳高粱品种共1000斤，稻种1000斤，以50处军屯的耕地来试种。对于农民来说，耕牛的作用十分重要。但是由于价格昂贵，一般农家是买不起的。为了解决农户耕种需要，他就组织了官牛，在军屯的屯场饲养一批耕牛。军屯除去自用外，还向当地百姓出租。张堪利用渔阳郡出铁的优势，在军械打造任务相对空闲的情况下，全力打造农具。在借鉴了南阳、蜀郡、关中三地先进技术的基础上，他积极指导渔阳冶铁工匠，对传统农具进行改进、创新，使渔阳郡的农具制造水平远高于幽州其他几个郡。

在张堪的监督和指导下，渔阳郡的屯垦和水利工程都不断地收到了实效。多年水网变成了良田。疏通水道，将沽水和鲍丘水与沿途湖泊水道沟通，使下游出海口增加了下泄能力。这样便使狐奴、潞县、雍奴、泉州大面积浅水洼地成为了陆地。经过挖沟填埝，都成为旱涝有收成的良田。沿途由此新增田地上千顷。更重要的是，此举为渔阳解决水害涝灾打下了基础，免除了后患。

治河大军在水利工程告一段落后，立即转入屯田事业。军屯的1500顷由于都是熟地，不用投入劳动力整治，所以很快都在谷雨前后播种完了。作物品种暂时采用当地的农家品种。粟（谷子）的播种面积最大。一来粟米是很好的军粮，加工、贮藏简单；二来粟的秸秆（谷草）是部队急需的马草。渔阳郡的山前台地是历史上集中种植粟的地区，在当地农民世代培育下，抗旱、产量高的大黄粟与青粟表现出了优秀的品质，张堪虽然对北方的旱作不太了解，但是他对当地老农和郡府田曹的官员的意见十分重视，而他的责任就是组织军屯去落实。

民屯相对进展得不太顺利，主要是由于部分戍卒的家眷没有及时到位，故土难离。尽管戍卒的家书把渔阳郡的风土人情介绍得很详细，对这位新上任的太守交口称赞，但说起举家北迁，距离匈奴又那么近，一时还真难决断。张堪对眼前出现的情况十分理解，所以他采取了两点措施：一是率先垂范，动员自己的岳父、夫人带着不满十岁的独子，来到屯田的核心地带狐奴县安营扎寨；二是将吸引戍卒家眷的政策延长到三年，但是奖励、优惠的条件会逐年降低，到第四年就不会提供住宅和田地了。他就是想要用屯田的功绩吸引外来人口到渔阳定居，对于暂时没有人种植的官地，只收一成租金。由郡府组织向社会发租，结果很快就被一抢而光了。

第十二章

劝农——垦荒种稻民称颂

# 一、劝民种稻

张堪的家乡在南阳郡的西鄂县，他虽然不是典型意义上的南方人，但是从小吃的见的粮食都是稻谷。西鄂县地处南阳盆地的中心地带淯水（今白河）岸边，位于汉水、淮河、黄河三大流域的交界处，河网密布，湖淀相连，水岸边稻田广袤。当他在渔阳进行郡情调查时，看到这里从燕山脚下到泉城海边沃野阡陌，感觉就像回到了家乡一样。同时他看到满目的芦苇、蒲草，比岸上的粟、黍苗长得旺盛多了，心里不禁产生了一些凄凉。于是他产生了一个大胆的想法，就是把这些洼地改造成水田，把南方的水稻引种过来。他的想法虽然有些大胆，但是并不离奇。张堪看到了三个有利条件，一是当时农业生产技术的发展水平，水稻生产技术已经成熟；二是渔阳水资源丰富，适合水稻生产；三是目前渔阳的戍边将士绝大多数都是南方人，了解、熟悉水稻生产。更重要的是，这些将士来到部队戍边，成天吃北方生产的粟米，实在没有在家里吃稻米适口，因此有改变现状、改善生活的冲动。用今天的话来说，这三条就是天时、地利、人和。

天时。张堪出生在西汉末年，当时农业生产力水平有了很大的提高。水稻作为长江流域的作物，已经逐步推广到了黄河流域。据考古统计表明，我国新石器时代的稻谷遗存有120处，其中长江流域有90余处，黄河流域有12处。早在5000多年前，我国水稻种植就已经扩展到了黄河流域。根据史料记载和考古发掘，河南种稻的历史已经有5000多年，形成了南部产稻区、中部产稻区和北部产稻区。其中南部产稻区又可以分为淮南稻区、淮北稻区和南阳稻区。尤其是南阳稻区的历史可以追溯到新石器时代。南阳市的淅川、桐柏等地都发现了新石器时代的稻谷遗存，到西汉时期早已普遍种植。张堪虽出生在当地的大族人家，但是他丝毫没有公子哥的习惯，倒是经常跟着爷爷、父亲到田间劳动。家里种植的水稻有百顷之多，收获的稻谷除去家里自用外，还可以出售，成为家里的主要收入来源。这些情况，张堪的孙子、东汉著名科学家张衡在他的《南都赋》中描述道："冬稌夏穄，随时代熟。"冬稌，是糯稻，夏穄，是在水稻收获后种植小麦，表明当时已经做到了稻麦两熟。他还记录了当时比较著名的水稻品种有"华乡黑秬""滍皋（音治高）香粳"。《南都赋》曰："其厨膳则华乡黑秬（音矩）滍皋香粳。"当张堪站在渔阳的茫茫大地上时，仿佛闻到了母亲做熟米饭后弥漫到空中的香气。

三年的太学生涯，使张堪不仅学到了治国齐天下的知识，也了解到了家乡以外的世界。他在学习《史记·夏本纪》时，记住了关于"禹令益予众庶稻，可种卑湿"的记载。长安所在的渭河平原，也叫关中平原，是西汉时期最主要的农区，其水稻种植达到了相对发达的水平，水稻的种植有着丰富的史料记载：《汉书·东方朔传》中记载了关中地区"又有秔稻梨栗，桑麻竹箭之饶"。我国第一部农书《氾胜之书》的作者氾胜之是汉成帝时人，曾为议郎，就是具体负责农业生产的官员。他在书中记述的种植水稻，从选种到播种、浇水等技术环节，都具有很高的技术含量，早已不是经验之谈了。张堪在学习期间，经常和同学们一起去郊外，非常了解水稻生产和农民的疾苦。尽管史料记载不多，但当时河北地区可能是水稻引种的地区之一。据《汉书·沟洫志》中记载，哀帝时，水利家贾让就向朝廷建议"多穿漕渠于冀州地，使民得以灌田……故种禾麦，更为粳稻"。贾让在建议中明确地提出"更为粳稻"。由此可以得知，当时的水稻品种已经分出了籼稻、粳稻和糯稻。

籼稻生长的特点是耐热耐强光，生长期短，一年可多次成熟，去壳成米后，粒形细长，透明度低。煮熟后米饭较干较松，现在通常用于加工萝卜糕、米粉、炒饭。籼稻主要集中于中国华南热带和淮河以南亚热带的低地，分布范围较粳稻窄。

粳稻的生长特点是耐寒耐弱光，生长期长，一般一年只能一熟，去壳成米后，粒形圆短，透明度好，部分品种米粒有局部白粉质。煮熟后的黏性，介于糯米与籼米之间。粳稻是人类将籼稻由南向北，由低海拔向高海拔引种后，逐渐适应低温的变异型。现在的东北大米就属于粳稻。

除去大的分类外，汉朝还出现了一些优良品种。如黑稻，加工的稻米乌黑，相传是西汉博望侯张骞从西域引种的。张堪家距博望仅隔一条淯水，不知张衡所说的"华乡黑秬"与此是否有关。香稻，香米又名香禾米，为一种长粒型大米，西汉时已有种植。张衡的《南都赋》中所记"滍皋香粳"就应该是香稻的一种。后人三国的曹丕曾对江永源口香米赞誉"长沙有好米，上风吹之，五里闻香"。江永就是今天的湖南省永州市江永县。源口香米的特点是稻花开，香气袭人，煮饭熬粥馥溢四邻。香米的种类有很多，其类型包括香籼、香粳和香糯，颗粒晶莹，透明如玉，米香飘溢，营养丰富。西汉著名的水稻早熟品种叫"蝉鸣稻"，说它在蝉开始鸣叫时就可以收割了。有人总结说，蝉鸣是属于夏日的风物，还没到秋，稻谷就收获了，从种到收只有两个多月，属于典型的早熟品种。

张堪从宫廷走上主政一方的蜀郡，更是稻麦丰收的鱼米之乡。蜀郡种植水稻的历史始于先秦。李冰父子修筑了都江堰水利工程，《华阳国志》中描述说："灌溉三郡，开稻田，于是蜀沃野千里，旱则引水浸润，雨则堵塞水门，水旱从人，不知饥馑，时无荒年，天下谓之天府也。"张堪在蜀郡主政两年，对那里水稻种植的经验也有不少积累。

渔阳郡属幽州，古代的幽州属于苦寒之地，是地处中原的农耕文化与塞北的游牧文化的过渡地带。后人有诗"幽并少年不敢轻，虎狼窟里空手行"，那里战事频繁，是边郡虎狼之地。当地气候条件与中原地带也有很大区别。司马迁在《史记·货殖列传》中只说燕"有鱼盐枣栗之饶"，没有提到粮食生产。不过从燕国境内出土的大量铁制农具来看，战国时燕国农业水平不会很低。另外我们还知道今河北新城、涿县一带有个督亢陂在战国时已经是富饶的水利灌区。东汉王充在《论衡》中就说道："燕有谷，气寒，不生五谷，邹衍吹律致气，既寒变温，燕以种黍，黍生丰熟，至今名黍谷。"虽然这只是个传说，邹衍哪里有那么大的能耐，但是可以印证两点：一是渔阳地区的气候寒冷；二是东汉时期黍的种植已经很普遍。张堪依据这些经验作出推断，南方农作物的引进、推广是可以进行的。当他第一次看到渔阳，特别是狐奴县以南地区河渠百转，淀泽遍野时，就想到了是否可以引种水稻。

根据中国农业发展史料的记载，稻作文化主要是长江流域农耕文化的代表，黄河流域则是以粟黍文化为主、稻作文化为辅。到了汉朝，陕西的关中地区已经大面积种植水稻，并且水稻品种已经做到品质上籼、粳、糯分明，生长期上早、中、晚齐全，选育出了一批好的品种，如华香黑、蝉鸣稻、玉粒稻、江稻、白稻、香稻、红稻、黄稻和珠稻。当时黄河以北，一直到山东半岛，水稻种植在逐渐北移。一天张堪和将士们聊起种水稻的事，一名青州籍的士兵说他家乡很多年前就种植水稻了。这引起了张堪的极大兴趣，便刨根问底地和这名士兵聊了起来。原来他叫鲁大伟，是军屯里的什长，老家是青州东莱郡睡县（今山东省栖霞市）人。稻田什么形式？选用什么种子？什么时间下种？上什么肥田？张堪问得十分具体。正巧鲁大伟在当戍卒前，和父亲两人种植了百亩水田，一切都烂熟于心。张堪听了鲁大伟的回答非常满意，又增加了许多南阳种稻和书本里没有讲到的新鲜经验。张堪马上决定，把鲁大伟举荐为郡府田曹史，专门负责水稻试种的监督、检查工作。

经过一千多年的历史变迁，后人在今天的山东省栖霞市杨家圈遗址中，就发现了龙山文化时代（距今4500年）的水稻。这个发现表明，在当时的栖霞杨家圈，人们已经开始耕种水稻，并以大米为主食了。这就证实了鲁大伟的种稻经历。在龙山文化地层和灰坑中，发现了粟和水稻的皮壳及印痕，是现知史前栽培稻分布的最北界线。那里的纬度是37.05度~37.32度，渔阳郡狐奴县的纬度为40度。2012年在黑龙江省逊克县，北纬49.5度的高纬度地区种植的水稻亩产达到了1000斤。而近2000年前东汉的渔阳郡敢于引种水稻，不得不佩服张堪的魄力。

地利。当时渔阳地区的地理气候条件适合水稻生长。渔阳地区虽然属于大陆性季风气候，多年平均降雨量600~800毫米，但是河湖遍地。北部有鲍丘水、沽水，南部则有湿余水（今温余河）、漯水（今永定河）、濡水（唐末濡水改称滦河）汇入。虽然地势平坦，地域广阔，但是多数地方都是低洼盐碱、芦苇丛生，水网纵横。由于地广人稀，战乱不断，大片土地根本没有利用起来。张堪想起了战国时期邺令史起引漳河水的事迹，当地百姓称赞史起说："邺有贤令兮为史公，决漳河水兮灌邺旁，终古斥卤兮生稻粱。"如果把渔阳境内的水治理好，疏挖河道，畅通排水，不仅可以把水害变为水利，还可以开垦出万顷良田，那才真的是"化萑苇为秔（音经，同粳）稻，变斥卤为膏腴"。

人和。张堪深知东汉政权的建立，是战争打杀出来的。渔阳郡地处边境地区，地广人稀，尽管征兵的比重已经达到人口的十分之一，但是仍不能够满足戍守边防的需要。秦汉时期，战事繁多，用兵过度，已经到了全民皆兵的状况。尤其是秦朝统一六国，更是刀光剑影，男丁还要在本县、本郡服兵役一个月，称为"更卒"。汉承秦制，当时规定不分贵贱，男子二十岁就要傅籍（在官府登记），从二十三岁起正式服役，有爵者直到五十六岁，无爵者为六十岁止。

渔阳郡当时有郡兵三千，负责郡城和各县治所的守备，主要是就近征调的本地戍卒。而屯驻边防的部队有上万人，人员构成十分复杂，有少量本郡服役的戍卒，多数是外郡调入的戍卒。东汉为了改造罪犯、减轻国家负担，还将罪不至死的罪人充军，叫刑徒。渔阳地面上的将士，大部分来自南方各郡，特别是抽调屯田的士兵基本上都是南方人。听说张太守要在渔阳种植水稻，大家都拍手叫好。这些人原来在家常年种植水稻，都是行家里手。种稻子比舞刀弄枪的要安全，还可以稍微自由点儿。特别是听说太守的安置政策后，大家都想有朝一日服役期满或刑期满后，把家安置在渔阳。

郡县上下官员们看到张太守来到后治理水害，自然双手赞成，积极性非常高。疏挖河道时，不仅深入施工现场，而且积极出主意，想办法，纷纷献计献策。但是听说张太守要在这边郡之地种植水稻，有人就抱有怀疑的态度。张堪看在眼里，心里也不意外。因为这些本地人没有出过家门，不要说吃，就是看水稻长什么样子都不知道。

张堪作出了试种水稻的决策。这一方面可以摸索出在渔阳种植水稻的规律。虽然他自己从小到大对水稻种植的情结没有割舍，但是毕竟还没有人在燕山附近种植过水稻。气候条件不同，种植的技术也就不同。另一方面，这个试种的过程，也是培养教育郡府官员、当地百姓的过程。于是他决定，试种水稻的任务由军屯来完成。渔阳郡建立的六个军屯，渔阳县、平谷县各一个，进行旱作种植。狐奴县设置了四个，都是沿鲍丘水西岸和沽水东岸的水网荒地。这四个屯的屯长，都是张堪精心选拔的农业生产高手，都熟悉水稻生产。每个屯试种两百亩，一百亩是低洼易涝地改造的台田，台上种粟、黍，沟里试种水稻。另一百亩是直接把低洼苇塘开垦成稻田。同时还从关中、邺城请来了农业官员，带着当地优良的水稻种子，到渔阳来指导军屯种植水稻。

军屯的将士们在大地刚刚解冻时，就开始了开垦、改造稻田的工程。不论是洼地新开稻田，还是传统田地改造台田，都不是件容易的事。将士们先把洼地的水排泄出去，同时还要进行平整，然后再割成方块形的稻池，稻田外面还要配套上灌、下排的渠道。这些渠道又和大渠相连。最细致的活是要把地里的多年疯长的芦根、柳根清理干净。从附近大小河道挖出又黑又臭的淤泥铺在稻田表面，等于施用了一茬厩肥。改造台田的地块，也是相对低洼的田地。按照六尺宽、二尺深挖沟，把挖出的土垫成高台。从沟下可以渗出水，台上高出地面约二尺。

苦战了一个月，四个军屯①基本上准备好了种稻的土地。转眼间就到了水稻播种的季节了，张堪与各屯长以及两位技术指导，明确了几个重要的技术要求。同时为了确保试种成功，摸索渔阳种稻的特殊性，积累成功经验，他让大家结合各地不同特点发表意见，最后再统一认识。

选择水稻品种。在当时黄河以北种植的水稻中，其共同特点都是粳稻。粳稻的特点是耐寒、抗盐碱、较适于高纬度或低纬度的高海拔种植，谷粒不易脱落，张堪和将士们都感觉粳稻米口感好。尽管现在调集的稻种都是粳稻，但是为了在试种后便于比较选择，张堪把每个品种在四个屯分别种植。他还特地把从南阳老家拿来的黑稻、香稻也进行了小面积试种。

播种时间。《氾胜之书》中记载："冬至后一百一十日，种植水稻。"这说的是关中地区的气候，而渔阳地区究竟什么时间种植好？张堪向当地老农了解当地的气候特点。按照历书介绍，冬至以后的108天是清明节。清明是表征物候的重要节气，含有天气晴朗、草木繁茂的意思。古人说："清明断雪，谷雨断霜。"张堪与大家商定，稻种分三期撒播：在清明节后第五天，播种第一批；清明节后第十天，播种第二批；清明节后第十五天，播种第三批。这就是说所有水稻必须在4月20日之前全部种完。

---

①　这四个屯处于两条线。沽水东岸两个，北面的叫牛富屯，因为屯长叫牛富，祖籍颍州。南面的沽水向东南转弯处，屯长名字不详，只记得姓郝，叫郝家屯，祖籍也是颍州。东面的两个屯，地处鲍丘水西岸，北面的就在狐奴山东南，屯长姓魏，百姓都叫它魏家屯。距它向南三十里，是郎五屯，因屯长姓郎，排行老五而得名。后来附近有个已经消失的村庄叫狼窝屯，疑似是由郎五屯演变而来的。

保温措施。一是在下种之前排净田中积水，灌入地下泉水。因为地下泉水基本是恒温，可有效提高地温，也可降低稻田里的盐碱度。二是借鉴鲁大伟家乡的经验，下种后在稻田表面撒上一层草木灰，可以有效吸收阳光的温度，同时也可防止野鸟啄食稻种。

播种方法。按照史料记载，东汉时期水稻种植已经开始采用育秧插秧了。但是还没有全部推广，所以张堪要求大家还是采用撒播。为了提高出芽率，播种之前进行了严格的选种。当时还没有盐水选种技术，但是利用筛、簸、扬等土办法，进行选种去除瘪粒和稗子。在把式指导下，对稻种进行了前期处理。把筛选过的稻种放在土地上晒两天，然后又在清水中浸泡两天，在稻粒顶端露白就可以撒种了。为了摸索经验，播种时使用两种方法，一种是旱种，在台田的沟里先不放水，用耧车播种，覆土压实，然后再放水，以确保浸泡田面不积水。另一种是水种，在整好的田里放水，然后在田面上撒种，撒种后再来撒上一层灶灰或草煤粉，用来提高地温和防止野鸟啄食稻种。播种由专门的老把式来完成。每亩播种本来三升，张堪要求第一次种时撒到四升，第二次种时撒三升半，第三次下种时才按照三升撒。

张堪知道，水稻从播种到出苗7～9天 ，是他最难熬的几天。他怕天气冷，稻种出不了芽，又怕鸟吃稻种。他要求各屯绑扎假人插田里，要求加强稻田巡查。张堪自己也快把稻田当成府衙了，天天带着鲁大伟在稻田边上转。第二次播种和第三次播种都顺利完成了。功夫不负有心人，到第八天，人们惊奇地发现，第一次播种的稻种，尖尖的小芽露出了地面。到第十天时都已经出齐了，不光出苗了，而且出得很好。张堪比自己生个儿子还高兴，一块悬着的石头终于落地了。于是他特意召开屯长会议，总结这次播种的经验，肯定成绩。号召大家坚定信心，一定要抓好出苗关。他说，接下来的几天是关键，要力争三次播种的稻田，达到苗齐苗壮。为了防止缺苗，张堪还特意交代把式利用剩下的稻种单独育苗，再多开发一些稻田，将所育的稻苗长大后移栽，也算是又多了一项试验项目。

## 二、全家上阵

张堪十几岁就离开家乡，现在一晃都四十岁了。长年在外征战，他根本没有时间照顾家里。现在渔阳郡边境无侵扰，郡内越来越安定祥和，张堪则开始想到家里的事儿。对家里人来说，虽然夫人见不到老爷，儿郎见不到父亲，但在岳父老人家的照料下，就生活来说还是相当幸福的。张堪从太学回来后，在岳父家的帮助下，买下了百亩水田。这些年张夫人与父亲一起负责耕种，年年收成都不错，除去留下口粮、种子，还有出售的余粮来贴补家用。

建武十七年（公元41年）春，张堪给家里修书，信中除去问候，更重要的是他与夫人商议，请她和岳父带上孩子到渔阳来。一方面家人在跟前，双方都可以互相照顾，另一方面，张堪想请夫人和岳父老人家帮助自己搞好水稻种植。夫人当然十分乐意，可以助夫君一臂之力。她和自己的父亲商量，老人家更是个识大体的人，老了老了还能够帮助心爱的姑爷干点国家大事，高兴还来不及哪。接到夫人的回信，张堪差手下在狐奴县城东南魏家军屯的南面买下一所宅院，作为安顿家里人的住处。按理说太守夫人和家人可以住在渔阳郡府衙，最不济也可以享受郡里的政策，由郡里安置戍卒家眷的公房来解决。但是张堪决意要自己在狐奴县买房子。这样一来可以避免将来产生不利的影响，二来住在狐奴县就近可以让夫人和岳父帮助料理种稻的大事。

张堪买下的这栋宅院，是狐奴县原来在县令王梁手下的县衙簿记的家。后来王梁官居大司空，这家人就随王梁到洛阳去住了。当那家人听说买家是张堪时，说什么也不肯要钱，说要送给张太守。张堪哪能够白收人家的财产，就说卖家不要钱就不要了。最后那家人说，就算借给张堪住，将来没准还回来颐养天年。那样张堪也不干，最后还是按照公道的价格买下。

这是一所坐北朝南的住宅，前后两院。前院北房三带二，即三间正屋，两边各有一间偏厦。另有东西厢房共六间。整个院落的建筑是典型的北方风格，房子是砖墙草顶，正面一扇柴门，四周扎好苇篱。后院是一排牲口棚、大车棚。院里有一口水井，大约有三亩园田。院落处在强强河西岸，院子门前有一口半亩方塘，塘边几株高大的柳树把枝条垂落在水面。张堪看后十分满意。由于年久无人居住，园子里杂草丛生，房顶的苦草也该更换了。于是张堪雇请当地的匠人，好生整理了一番。

宅院北面不到五里路就是军屯的魏家屯，屯长听说太守大人要在自己屯田范围内居住，深感责任重大，亲自带领手下将士过来，要帮助太守收拾宅院，而且准备安排一伍士兵作为卫士，驻守在张堪家旁边。哪知道魏屯长被太守责备了一顿，那一伍士兵也撤掉了。唯一让家里人与军屯发生联系的是叫夫人和岳父分别在魏家屯和郝家屯各试种十亩稻田，并且规定稻田所有收获依然全部归军屯，只是叫他们帮助指导军屯士兵的种植技术问题。

经过20多天800余里的长途跋涉，张堪的家人终于到了狐奴县。经过简单的休整，在张堪卫士的带领下，张堪岳父和夫人分别走访了魏家屯和郝家屯。他们在每处划定了十亩水田，嘱咐屯长安排屯田士兵对这些稻田按照他们的要求进行修整。在鲁大伟的陪同下，他们去看了已经出苗的稻田，比较三次播期的水稻出苗哪个出苗好，发现最齐的是第二次、第三次下种的。在第一次下种时，张堪吩咐多种了一些预备补苗的，这些地方出苗也不错。而且由于稻田大部分出苗都很好，已经用不着补苗了。张堪岳父就计划把这部分稻苗，采用移栽的方法，种在新整理出的二十亩水田里。东汉时期，人们对水稻移栽已经不陌生，但是应用的范围还不大。而张堪的家乡南阳地区为了争取农时，已经大面积采用移栽技术了，所以他们决定，把张堪开始为补苗育的稻苗进行移栽试验。

大面积的稻苗已经进入两叶一心的时候，正是水稻第一次除草拧苗的时期。这些稻田多数是新开垦出来的，多少年了都是杂草丛生。水稗子都长到了一人高。生地种植水稻，灭草是关键的一个环节。但是如果再晚一些，容稗子根扎下去，再想除净就费劲了。这项工作对于现在从事军屯的士兵来说并不生疏，几个种植水稻的军屯，一个号令下去，士兵们立即投入除草拧苗的工作。在除草工作大面积开始以后，张堪的岳父主要负责魏家屯的工作，张堪的夫人则负责郝家屯的工作。由于在张堪的家乡，男人下田除草时是一腿蹲、一腿跪，女人则是两条腿都跪着。所以张堪的岳父在魏家屯除草时是一腿蹲，一腿跪。而张堪夫人在郝家屯除草时则是两条腿都跪着，在这二人的带动下，魏家屯的士兵除草都是一条腿蹲、一条腿跪，郝家屯的士兵都是双腿跪着，这一习惯竟然流传了两千年。

转眼间播种的稻苗已经有40天了，绿油油的稻苗进入四叶一心，长到了半尺高。按照南阳的农时，正值早稻插秧季节。张堪和岳父商议，把为补苗播种的稻苗移栽到新开的水田里。张堪岳父和夫人分别从魏家屯和郝家屯各挑选了十名军屯士兵，作为传授水稻插秧的第一批徒弟。他们首先把准备插秧的稻田进行细心整理，把从河道中淘取的河泥铺在稻田表面，并与稻田充分混合，刮平。田外设计了排灌的渠道，田里提前五天灌进水以提高水温。这些士兵在家乡虽然也种植过水稻，但对移栽插秧还是第一次接触。张堪的岳父反复叮嘱他们，插秧要记住"四插四不插"，四插就是要浅插、稀插、直插、匀插，四不插就是不插脚窝秧、不插拳头苗、不插隔夜苗、不插窝脖苗。在老人家的带领和监督下，这些稻秧插的质量都很好，既没有缺苗断垄的，也没有窝脖漂秧的。缓过苗来以后，绿油油的秧苗一天一个样。经过一个月的管护，栽植的稻秧与直播的稻秧基本分不出高低了，张堪和大家不仅放下了悬着的一颗心，而且都已经看到了成功的希望。

## 三、战胜水灾

建武十七年（公元41年）六月，已持续了半个多月没有下雨了。张堪看着冒火的日头，心里也似火烧。他一方面安排抗旱，利用去冬今春修挖的引水渠道，将鲍丘水和沽水的河水引进稻田，另一方面又隐约感到气候不太正常，说不定水灾会突然袭来。还真叫张堪猜着了，俗话说"天有不测风云"，一场暴风雨很快就袭击了渔阳大地。六月二十六日，天气一改往日的暴晒干热，滚滚黑云从西北爬上天空，空气闷热得像要拧出水来。张堪知道这场雨来者不善，立即派人通知了两条河流沿岸，注意防汛。特别是下游新修的几处堤坝，需多准备防汛材料。

　　阵阵凉风使人感到北边的雨量不小，鲍丘水和沽水暴发洪水的可能性很大。狂风夹着雨点打在人们的脸上，已经睁不开眼。两条河的护堤人员传来消息，洪水头已经进入渔阳地界。张堪带上早已经准备好的应急抢险队伍，直奔沽水岸边。虽然春季张堪已经布置在河两岸加固了堤坝，但是他此时还是最担心河水在平原泛滥。将士们按照张堪的命令，驻守在河岸堤坝上巡查。按说水位与堤顶还有一段距离，可是狂风在河面上掀起的巨浪，无情地冲击着堤坝。人们的心都提到嗓子眼了，万一垮坝，几千顷良田都会被淹没，半年来改造的稻田，绿油油的稻苗，都将付之东流。此时地势低洼的村庄都已经转移到高坡上安营扎寨。军屯士兵们也都肩扛铁锹奋战在田间，疏通排水渠道，加固了秧田畦埂。

　　张堪在沽水河边巡视了一遍，对个别薄弱地段又命人进行了加固。他告诉士兵，此次降雨来得突然，所以水势凶猛，夜里一定不要放松警惕，然后又冒雨赶往鲍丘水。虽然鲍丘水的水情没有沽水汹涌，但是问题往往会出现在人们忽视的地方。鲍丘水工地指挥官向他汇报，西岸出现了一段堤坝险情，士兵们下水加固，现在已经安全了。

　　张堪率领官兵以及郡府的官员，在雨中坚守了一夜，到天亮时雨停了，洪峰顺利通过平原地段，河里的水位也已经回落。从各处传回的消息，洪水已经安全通过了渔阳界，由于早有预防，人畜安全，没有出现损失。春天修建的水利工程经受住了考验，为防汛做出了贡献。更叫张堪感到欣慰的是，各屯田处开垦的稻田，栽植的稻秧，没有受到冲毁和漂秧。大水过后，张堪和郡府的官员，将灾情全面普查一遍，对堤坝的水毁地段及时进行了修补加固。在巡查堤坝的过程中，张堪发现凡是种满桑树的老堤坝，一点也没有受到洪水的侵害，于是他召集郡县的官员，总结植桑固坝的经验，组织百姓从老桑树上割下当年抽发的绿枝条，截成一尺长的段，扦插到没有树木的堤坝上，这样既加固了堤坝，又为养蚕提供了饲料。此举受到百姓的普遍欢迎，再加上实行谁栽谁有的政策，调动了民众的积极性，一个月的时间就完成了新堤植桑的任务。

# 四、多举灭蝗

一场暴风雨过后，试种的稻田不仅没有受到损失，而且长势越来越喜人，发秧、分蘖、扬花几个关键环节都非常正常，八百亩稻田丰收在望。

正当稻苗开始灌浆的时间，张堪接到朝廷通报，塞外匈奴境内东部发生了草原蝗灾，有可能影响到我北部并州、幽州等地。朝廷要求上述地区各郡县做好应对准备，消除蝗灾。张堪感到事态严重，《诗经》中早有记载："去其螟螣，及其蟊贼，无害我田稚。田祖有神，秉畀炎火。"他在长安做谒者时曾经历过西北和河套地区的蝗害，曾经受皇帝之诏，去查看灾情、慰问灾民。他知道，一般塞北高原头一年经过大旱，第二年蝗虫便会暴发成灾。灾情每隔八九年就要发生一次，对人民的生产生活危害极大。古人云："凶饥之因有三、曰水、曰旱、曰蝗。地有高卑，雨泽有偏，被水旱为灾，尚多幸免之处，惟旱极而蝗，数千里间草木皆尽，或牛马幡帜皆尽，其害尤惨过于水旱者也。"飞蝗横扫过去，惨不忍睹。他马上召集郡府上下和所属县令商议对策。正在大家商议的时候，朝廷快马又传来光武皇帝的《除蝗诏》，曰：勉顺时政，劝督农桑去彼螟蜮以及蟊贼，此除蝗诏也。蝗畏人易驱，又田皆有主，使自救其地，必不惮勤。请夜设火坎其旁，且焚且瘗乃可尽。古有讨除不胜者，特人不用命耳，乃出御史为捕蝗使，分道杀蝗。"诏书为各级官员组织好除蝗战役，坚定了信心。

张堪根据历史经验和外地经验，结合渔阳眼下情况，最后向下属确定了五项措施，下决心要坚决打好灭蝗战役。一是要求边防守军，密切监测蝗虫活动趋势，发现越境南飞迹象随时报告郡府。二是发动百姓大量收集柴草，沿渔阳县北部边界一百丈一堆，柴草堆边上挖一深坑。若发现飞蝗到来夜里点燃柴草，利用蝗虫的趋光性诱杀蝗虫。柴草燃尽，将草灰连同蝗虫尸体埋进深坑。三是各家准备灯笼，布袋。夜里发动百姓到田间捕捉蝗虫，用布袋收集。百姓向郡、县府衙上交一斗蝗虫，可以奖励一斗粟米。四是打破平时都不许鸭鹅放牧进到农田的习俗，使用鸭鹅除蝗。五是拿出南阳农民的土办法，命军屯的士兵，将草木灰、石灰细粉面装在小布袋中，举到稻秧、黍苗上方用木棍敲打，灰粉落到秧苗叶片上，蝗虫就不吃了。张堪及时将渔阳郡备战蝗灾的措施上报朝廷，得到皇帝的连连称赞，并立即下旨向其他郡县推广。

刚进七月，草原飞蝗果然出现在了渔阳县境内。由于准备充分，措施得当，灭蝗效果十分明显。主要是从官府到百姓全部调动起来，各种办法齐上阵，白天有鸭鹅，晚上有灯火。经过渔阳县北部的火龙阵，再加上百姓捕捉，飞蝗到狐奴一线就势头大大减弱了。很多蝗虫不仅让鸭鹅美餐了几天，有些还上了百姓的餐桌，成为美食。官府制定的蝗虫换粟米的政策，只是起到了动员作用，没有人把捕捉的蝗虫上交。

通过这次除蝗，渔阳百姓真正被组织起来了，百姓也看到了张堪太守的能力。而张堪却从中发现了一个使百姓发财的机会，就是在发展水稻种植的同时，发展养鸭生产。

渔阳地区的中、南部几个县，河流湖泊众多，水网地带较多，水中生长的鱼虾螺蛳，水上的虾藻，都是饲养鸭子的饲料。这里百姓饲养的鸭子多数是麻河鸭，属于肉蛋兼用型。经过了解，张堪知道这种北方饲养的鸭子体形大，一般六个月的母鸭体重就能达到四斤，开始产蛋。

在后来的生产发展中，养鸭生产成为与水稻生产相匹配、彼此相互促进的生产活动。而且养殖品种逐步从肉蛋兼用型向肉用、蛋用专用型转变。根据不同用途来饲养不同品种的鸭子，也进一步促进了养鸭生产。

# 五、喜获丰收

开天辟地头一回，渔阳水稻大获丰收。建武十七年（公元41年），中秋节过后，渔阳郡传来了好消息，张堪太守试种的八百多亩水稻喜获丰收。几天来，狐奴县闻讯赶来的百姓，看到稻田里硕大低垂的稻穗，高兴得合不拢嘴。好多人虽然都吃过大米饭，但大都没有见过水稻长什么样。特别是两河下游的潞县、雍奴的百姓，论水源条件，比狐奴还好，看到狐奴能长这么好的水稻，都决心明年回去试种水稻。

最开心的是四个屯田的官兵们，看到自己一年来的辛苦换来的收获，心里像喝了蜜一样。如果说当初他们来到屯垦，是履行戍边职责，如今则都是决心跟着张太守多种水稻，种好水稻。不仅如此，原来个别观望的士兵，也决心把家眷从老家接来，渔阳也成为鱼米之乡、天府之国了。

消息传到洛阳，刘秀甚是欣慰。当初派张堪到渔阳拜太守职位，是看中他带兵打仗，作战勇猛而且多有计谋。没想到这个昔日的"圣童"还是个治理经济社会的高手。他下旨大司农①冯勤（？—公元56年，字伟伯，关内侯，魏郡繁阳，今河南内黄人）深入渔阳郡，核查情况，慰问官兵。张堪在朝为官时，与冯勤多有交往，相互信任。这次刘秀派冯勤来渔阳，说慰问官兵不假，但更主要的就是想查核试种水稻获得丰收的事实。所以张堪对冯勤到渔阳郡除去正常的汇报情况，表示皇恩浩荡以外，全程由郡丞和农都尉陪同。四个军屯的八百多亩稻田都去看了一遍，当冯勤来到丰收的稻田时，成片金黄的稻穗弯着头，确实很震撼，一看就是好收成。

冯勤是一个办事认真的人，为了得到确切的数据，他在郡丞的陪同下来到魏家屯，进行收割测产。他们首先选择了一块台田，收割了一亩（240步）水稻，进行脱粒过斗量。共收获稻谷51斗，约合今天的137.7斤。如果折合成市亩计算，亩产近200斤。又收割水田一大亩，收获稻谷55斗，合亩产148.5市斤，折合市亩亩产达到了214.7斤。这一产量水平，不仅比当地粟、麦产量增长了三成以上，就是与关中地区老稻区的产量比也不低。

大司农冯勤作为主管全国农业的官员，深知当时全国粮食亩产三石左

第十二章　劝农——垦荒种稻民称颂

右（合亩产81市斤），对眼前测得的结果，他看在眼里，喜在心上，不仅很快写出了复命的奏章，而且与张堪讨论起下一步的计划。张堪其实早就已经思考成熟，现在如实向大司农禀报，以求得大司农的支持。张堪的计划如下：一、从秋收结束以后开始，继续发动渔阳郡百姓，在进一步修整两河流域水利工程的基础上，开垦新稻田。狐奴县的四个军屯所有土地都开垦成稻田。每个屯的水稻面积达到一万亩；潞县、雍奴、泉州等地两河下游的水网地带，开始小面积试种。为了鼓励百姓的积极性，郡府对新开垦的稻田，不仅三年免征田赋，而且补助第一年的稻种。二、今年可以收获的新稻谷四千五百石，准备上交朝廷一百石，拨付军粮四百石，其余四千石留做明年的种子。三、种植方法继续以直播为主。四、为了尽快扩大屯田，从边防守卫部队中再抽出一千人充实到军屯中去。使军屯士兵增加到两千人。五、为了增加边郡人口，原来制定的对士兵家属来渔阳定居的政策继续有效。

冯勤听了张堪的禀报，感慨这位能文能武的太守两年来干了那么多事情，对所取得的功绩没有说，但是对边郡未来的发展，特别是扩大屯田，增加边郡军粮自给，加强边郡社会发展，却有说不完的想法。这些想法，在冯勤看来都是切实可行的。怪不得几天来郡县官员，甚至百姓们，对张太守都是赞不绝口。他当即表示完全同意、支持，并希望他考虑实现这些目标，还有哪些困难需要朝廷支持的，张堪当场表示感谢，表示现在国家统一时间不久，国力还不富强，在下只要求皇上恩准他们的计划就够了，不能再给朝廷增加负担了。

在张堪与郡府同僚送别大司农冯勤的时候，送给朝廷的一百石优质稻谷已经装车，满满两车稻谷却贴上了渔阳郡的红字封条，车上还插上了渔阳号旗。当冯勤一行押解运粮车辆渐渐远去的时候，张堪和渔阳郡的官员们还伫立在郡府门前。大家既激动又骄傲，这一百石稻谷是渔阳人民向朝廷上交的一份满意的答卷。

冯勤回到洛阳，向刘秀详细汇报了渔阳试种水稻的壮举，把渔阳郡给朝廷上贡的稻谷给皇上看了。同时，冯勤也把在渔阳郡听到、看到的张堪勤政为民的贡献一并向皇上禀奏。刘秀皇帝龙心大悦，自他登基以来一直困扰他的边境安全、军需供应这两大问题，都被张堪很好地解决了，并且深得百姓的拥戴。当即下旨，对渔阳郡戍边屯垦将士赏赐缣帛万匹，增加渔阳戍边戍卒两千人，以补充兵力。免除渔阳郡开垦稻田的五年税赋。这三条对渔阳郡的发展可谓是如虎添翼。对张堪来说，军事训练、屯垦、水利建设都取得了很大的成绩，但是由于渔阳郡财力紧张，拿不出对部下赏赐的银两。这次皇上赏赐的缣帛虽然合还不到一人一匹，但是精神上的激励作用很大。戍边部队再抽出一千人去屯垦后，兵力明显紧张。这次皇上新给补充两千戍卒，就可以在屯垦将士增加到两千人的情况下，不削弱戍边的兵力。而免除渔阳五年的税赋，是渔阳军民休养生息的根本保障。更重要的是，皇上的赏赐肯定了张堪对渔阳的治理，使张堪进一步坚定了保证边防安全、扩大屯垦稻田的决心。

第十三章

植桑——更新品种无附枝

# 一、事桑之地

中国是世界上植桑养蚕最早的国家之一。张堪总结西汉兴衰的历史，早年汉高祖刘邦，建立汉朝以后，休养生息，使百姓身上有衣、腹中有食，解决了温饱问题，所以农桑是百姓衣食之本。现在治理渔阳的核心，也是解决好边郡安全和百姓的温饱问题。建武十五年以后，匈奴不敢再滋扰边境了，此后百姓的温饱问题就成了首要任务。如果说开垦稻田、引水种稻可以解决边防将士、百姓的吃饭问题，那么大力发展桑麻生产就是解决百姓身上有衣的唯一途径。

渔阳地区古来就有栽植桑麻的历史。史书记载，姬奭（音是）辅佐周武王灭商后，被分封于蓟，建立了附属于周的燕国，成为开国君主燕召公奭。渔阳郡的版图历史上就属于燕国。苏秦（公元前337—前284年，字季子，今河南洛阳人，战国时期著名的纵横家、外交家和谋略家，史称六国丞相）曾经对燕文侯说：燕可与关中、蜀中并称"天府之国"。司马迁著的《史记·货殖列传》中曾经记述"燕国殷富""燕代田畜而事桑"。很多人对燕国的畜牧，尤其是战马的饲养印象深刻，但是对燕国的桑蚕事业的发展却没有关注。实际上我国古人对桑蚕养殖的作用早有认识。孟子曾经对梁惠王说："五亩之宅，树之以桑，五十者可以衣帛矣；鸡、豚、狗、彘之畜，无失其时，七十者可以食肉矣。"植桑养蚕，解决穿衣问题；发展畜牧养殖，解决吃肉问题。可见在春秋时代人们就把植桑养蚕放在与农业同等重要的位置。

有资料显示，我国栽培桑树的历史超过7000年，在商代的甲骨文中就有桑字和蚕字。在漫长的栽培过程中，通过培育和引进，生产技术有了很大提升。张堪的家乡河南南阳地区，盛产桑麻苎柞，是我国主要的蚕丝生产地之一。张衡在《南都赋》里称南阳的桑树为"帝女之桑"，帝女说的是织女。据《山海经》中记载，炎帝的二女儿拜赤松子为师，后得道升仙化身白鹊，在南阳鄂山桑树做巢。炎帝在劝其下树无果后，放火烧树，帝女由此在桑树中焚化升天。人们都熟悉的牛郎织女的传说就发生在南阳。据说牛郎名叫如意，是南阳城西桑村人。织女下凡和牛郎成亲以后，亲手教百姓植桑，教姐妹缫丝织绸。

张堪在渔阳深入民间查访时就发现，这一地区种植的桑树都是高大的乔木，每家每户的房前屋后，都栽植了不少桑树。这种桑树的特点是木、果、叶兼用。桑木，材质坚硬，韧性强，是百姓建筑房屋、制作家具的好木材。果用是乔桑的特点，结果多，多呈黑色、少有白色，甜酸可口。蒸熟的桑葚晒干后，还可以充饥度日。百姓养蚕就是靠这种桑树的叶子。

对于东汉普通百姓来说，虽然穿不起蚕丝织成的绫罗绸缎，只能穿麻纱的衣服，但是养蚕收获的蚕茧可以卖上好价钱，成为家里一笔不小的收入。据有关资料介绍，两汉时期纺织业发达，在消费上，"妇女，自二千石夫人以上至皇后，皆以蚕衣为朝服"。丝织物除去用于衣着外，还有四种重要的用途：一是货币功能。国家支付官员的工资、部队的军费，都可以用缣帛支付；《居延汉简》中记载："不侵燧长高仁，秊月（农历七月）禄帛三丈三尺，八月甲寅自取"（简210·27）。二是书画书写的载体。古代在没有纸张以前，缣帛就是高级书画载体。三是赏赐礼品。特别是皇帝巡幸各地，对路过的郡县赏赐缣帛百余万匹；汉哀帝元寿二年（公元前1年），为了搞好与匈奴的关系，加赐匈奴"衣三百七十袭，缯帛三万匹，絮三万斤"。四是对外贸易的主打商品。汉代的"丝绸之路"就是大量对外进行丝绸交易而形成的。

丝织品需求大幅度增加，推动了丝和丝织品价格上涨，一亩桑田创造的收入，比种植一亩水稻的收入高三至四倍。至于工艺复杂的丝织品价格更是奇高。史料记载，汉昭帝时期（公元前86—前74年），巨鹿郡陈保光的妻子发明了提花多镊织机，织出的精美提花丝绸六十天可以织成一匹，价值万钱。

我国是世界上植桑养蚕最早的国家之一，所有的桑树、蚕种都是经过劳动人民在生产中从野生品种不断驯化出来的。发展到汉代已经分出不同特征的品种。比较有名的叫乔桑（后来叫荆桑），都是树型高大的乔木。虽然树型高大，但是树叶小，并且不鲜嫩。再加上树高，不用梯子无法采收桑叶，优点是木质坚硬，桑葚结得多，寿命长，可以生长上千年。河南省新野县有座世界上最小的城，叫汉桑城。里面种植的桑树传说是三国时期的关羽所植，距今已经有1800多年了。

## 二、引种地桑

乔桑是由野桑驯化而来的，被人工引种后，种植在房前屋后，既是果用，也是养蚕叶用。渔阳地区栽植的桑树都是这种乔桑。这种桑树与张堪家乡的桑田栽植的桑树区别很大，南阳地区种植的桑树品种是地桑，最早在齐鲁一带栽植，所以后来叫鲁桑，特点是桑树枝条长，桑叶肥大、鲜嫩，不长小枝。

桑树与人一般高，便于采摘，大人、小孩都可以干。每年落叶后，将地上部分割掉，第二年春天，桑树抽出新条，叶子大，质地肥厚。这种桑树即使是儿童，也可以将枝条扳弯摘到桑叶。地桑的栽培方法，在西汉的《氾胜之书》的种桑法中就有记载："五月取椹著水中，即以手渍之，以水洗取子，阴干。治肥田十亩，荒田久不耕者尤善，好耕治之。每亩以黍、椹子各三升合种之。黍桑当俱生。锄之，桑令稀疏调适。黍熟，获之。桑生正与黍高平，因以利镰摩地刈之，曝令燥。后有风调，放火烧之。桑至春生，一亩食三箔蚕。"这是中国地桑栽植最早的记载，张堪在太学读书时对此就很感兴趣。后来在任蜀郡太守时，他亲眼目睹那里的农民已经广泛栽培地桑了。蜀郡也是我国植桑养蚕的最早的地区之一。古人解字，"蜀，葵中蚕也。从虫，上目象蜀头形，中象其身蜎蜎。葵尔雅释文引作桑"。许慎说的简洁，"蚕者，蜀似蚕也"。张堪在蜀郡太守任上，也经常了解桑农的生产生活，也为蜀郡生产出天下闻名的蜀绣感到骄傲。

张堪对比了南阳、关中、蜀郡、齐鲁等地的蚕桑产业发展的技术水平，于是首先产生了引种地桑栽培、扩大蚕丝业发展的想法。但是当他向本地德高望重的"三老"谈起地桑的引进时，他们却很不情愿接受。于是张堪在这个问题上，采取了渐进的方式。既引种地桑，也养乔桑，河岸堤坝、房前屋后还是适宜栽植乔桑。张堪在鲍丘水东岸的平原，根据地桑不喜欢潮湿的特性，选择了地桑试种的基地。

当时，青州是集中栽植地桑的地区，张堪计划从青州采购地桑种苗，于是就派郡府主管民户农桑的户曹掾刘永，和田曹史鲁大伟持官文去青州刺史部，面见大名鼎鼎的刺史王望，请他协助购买桑树苗的事宜。

王望，字慈卿，琅琊人，早年去会稽（今浙江绍兴）传授学问，被刘秀从议郎升迁为青州刺史，在当时的朝野很有威望和名声。有一句典故叫"王望罪议"，就是说他的故事：建武十三年，青州发生旱灾，田地荒芜，颗粒无收，百姓流离失所。王望到属地巡查，在路上看到几百名饥民没有衣服穿，以野草为食。王望出于爱民体恤，就当机立断，自作主张，打开了当地官库，把布匹和粮食发给饥民，为他们做衣服。事后上奏朝廷，刘秀认为王望是先斩后奏，就把他的奏章拿给朝廷官员们看，叫大家讨论王望的罪行，大臣们都认为王望擅自下令，违反了朝廷的法条，是有罪的。只有钟离意（约公元10—74年，字子阿，会稽山阴人，今绍兴，东汉明帝尚书）说：当初华元、子反是宋国和楚国的良臣，他们违背国君的命令，擅自平息两国间的战争，他们行为符合春秋的义理，被认为是美谈。如今王望心怀仁义，为了救济百姓，施行仁义勇担责任，虽然不符合法度，但是体现了朝廷爱护百姓的恩典，如果按律条处罚他，无视他的初衷，将会违背朝廷爱护养育天下百姓的主旨。皇帝很赞赏他的看法，赦免了王望，没有治罪。当年张堪就在议事的现场，虽然没有像钟离意那样仗义执言，但是从心里佩服王望的气节。

王望在做议郎时就认识张堪，对张堪的为人处世也是非常佩服，特别是当地就任渔阳太守后，兴修水利，推广水稻种植等事迹也早有耳闻。由于佩服张堪是位为民造福的好官，所以当王望看完刘永、鲁大伟呈上的公文后，连声叫好，当即安排青州相关的郡县给予落实。他还表示在官文订购的一万株桑苗的基础上，再无偿支援渔阳郡桑苗一万株。在八月雨季之前派人送到渔阳，并帮助传授栽植技术。

一个月以后，王望就派人把桑树苗运来了。带队押送树苗的是青州刺史部户曹掾史鲁勇，这次的桑树苗从选苗到包装都是他亲自监督进行的。除了送树苗之外，按照王望刺史的要求，还从当地挑选了十名种桑把式随行，负责辅导渔阳当地百姓会种，会管。张堪听到消息后，亲自带领渔阳官员百姓出城迎接，欢迎青州的官员和百姓。

按照张堪的计划，这批桑树苗的引进既是试验田，也是繁育种苗田。所以他在安乐、狐奴、渔阳、平谷、潞县各安排了十亩试验田，在青州师傅的指导下，几天工夫就高标准栽下去了。一个月以后，桑树苗就开始抽出新条了。到了秋天，这些当年生的新枝条，选择一些完全木质化的枝条，剪下来作为扩大种苗的种源。第二年春天，新叶萌发以前，把剩下的枝条全部剪掉，截成一尺长的枝条，又进行春季扦插。这样两三年的工夫，渔阳地区的地桑面积已经达到近千亩，并且以每年增加一倍的速度在扩大。

百姓们多少年都是扛着梯子采桑叶，在高大的桑树面前，年纪小的不敢上，年纪大的上不去。现在看着这一条条笔直的桑条，只有一人高，不用梯子，省工、省力，桑叶又肥又大，别提多高兴了。更主要的是，现在可以根据蚕的日龄，采集不同部位的桑叶。按照青州师傅传授的经验，刚从卵壳孵化出来3～4天日龄的"蚕蚁"，要采集枝条顶尖下第3～4个叶；蜕皮后的二龄蚕，可以采集顶梢下的五六片叶；再次蜕皮的三龄蚕，采集那些由黄变绿的叶子；经过三四次蜕皮的蚕才开始成熟，对桑叶的老、嫩不再计较。这种家蚕的饲喂方法，乔桑是无法办到的，因为乔桑枝条短，叶片少，很快就老了，无法按照叶片的老嫩分阶段喂养。收获的蚕茧质量也就无法保障。百姓把张太守引种的这种不长附枝的桑树视为神奇，这个消息很快传遍了全郡，不少人长途跋涉赶来一睹为快，于是那首君的歌谣，就从百姓的心底唱出来了。

# 三、加工蚕丝

改良桑树品种以后，渔阳地区的蚕茧产量成倍增长。而且这里是一季春茧，质量好。东汉初年，蚕茧和蚕丝不能拿到市场上去出售，只有加工出来的丝绵和丝织品才有人购买。这可不是每个养蚕的农民都可以做到的，即使可以做，一家一户的小生产，根本谈不上质量标准。这样的产品卖到贩子手里，难免受到克扣盘剥。多少年下来，广大的农民，都无法涉足桑蚕产业。而渔阳郡的几个大户人家，如渔阳的彭家、狐奴的王家、潞县的张家等，他们垄断了当地的桑蚕生产，普通百姓根本沾不上一点好处。张堪看在眼里，急在心上，于是他在桑蚕生产上打出了第二张牌，搞活蚕丝、蚕茧的流通渠道，打破家族垄断的生产格局，让老百姓尽快通过养蚕富裕起来。第二年蚕茧收获之前，为了百姓利益不受损害，他利用原来在蜀郡的关系，请蜀绣厂家来渔阳郡设点收购蚕茧，设场就地加工缫丝，再运回成都。

为了回报青州刺史王望对渔阳栽植地桑的支持，第二年张堪专门挑选了一担用地桑饲养的蚕茧作为礼物，专程去看望王望刺史。王望看着眼前这位风尘仆仆的渔阳太守，虽然看上去没有伟岸的身躯，但是看到了他那颗为民鞠躬尽瘁的火热的心。王望手捧白花花的上等蚕茧，喜形于色，高兴得不知说什么好，决心支持这位年轻人。

两汉时期，我国的丝织产业已经非常发达，特别是织机的普及不仅可以提高生产效率，而且生产出来精美的丝织产品达30余种。然而，作为普通百姓甚至是有钱的商贾，都没有能力或没有资格穿着丝织品，皇家贵族是丝织品的主要消费群体。据史料记载，皇家的公主、贵人、妃嫔娶得服"锦、绮、罗、缯"，耗费的缣帛，"空竭府藏"。

为了满足宫廷对丝织品的需要，汉朝专设有两处为皇家织造的工场，其中一处是朝廷所在地长安。据《汉书》中记载，汉代在首都长安，"少府属官有东织室令丞、西织室令丞"。令丞是主管织室的长官，管理织室的纺、织、染手工业。东、西织室一岁费5000万。另一处在临淄，专设"三服官"，就是专为朝廷生产春、夏、冬三季官服面料的官办工场。有资料介绍：仅齐"三服官"就"做工各数千人，一岁费数巨万"，每年需要消耗大量的上等蚕丝。

临淄的"三服官"是西汉设置的，到了东汉依然沿袭下来。虽然丝织品产量不断增加，但是依然完不成朝廷的调拨任务。王望这位刺史，虽然有很多重要的公务，但是压不过朝廷的丝织品制造任务。这些天他正在为这件事发愁呢。这次见到了张堪，就好像抓住了救命的稻草，他想把渔阳郡生产的蚕丝按照"三服官"的要求加工，解决临淄原材料不足的问题。因为他十分清楚，张堪是一个办事认真的人，同时不管在家乡，还是在蜀郡，都十分熟悉养蚕和缫丝。现在张堪又引进了成都蜀锦的生产技术，完成蚕丝短缺的任务没有问题。当他把这个想法一说出来，就与张堪一拍即合。于是两人商定，在渔阳郡再开设一处专供临淄的缫丝场。按照"三服官"的质量要求生产，平时的技术由"三服官"的技师进行现场指导。蚕丝的市场需求刺激了缫丝工业的发展，最终对渔阳地区桑蚕养殖起到了极大的促进作用。这样不仅发展了当地缫丝产业，为年轻的女子创造了家门口就业的机会，更使桑蚕养殖的农户有了稳定的收入。几年的时间，渔阳郡的桑蚕养殖就成为种植业以外的第二大产业，渔阳郡也成为北方主要的蚕丝产地之一，每年渔阳郡上缴的丝绸占据了幽州总量的过半数额。

第十四章

屯垦——造就狐奴鱼米乡

建武十九年（公元43年），渔阳郡开始进入水利和屯垦建设的第二年。在张堪太守的率领下，进行水利建设和稻田开垦两大战役。而战役的组织保障就是进一步完善扩大渔阳郡的屯垦。

# 一、屯垦管理

垦荒植稻的第一年，所有工作都是开创性的，没有现成的管理体制和专门的官员去抓。很多都是张堪太守带着田曹史鲁大伟和狐奴县令王平推动工作的。下面直接落实的就是六个屯垦的屯长。要想把屯垦作为巩固边防、发展郡内经济的长期任务，首先要有完善的工作体制。为此，张堪首先在总结历史经验的基础上，全面制定了渔阳郡屯垦事业的指导方针。总结汉朝两百年边疆建设的历史，有一个非常重要的经验就是"屯垦兴则边境宁"。张堪通过大量的历史事实，向属官们反复宣传一个思想，这就是要把屯田作为保卫边疆、振兴渔阳的千古之策来抓下去。渔阳郡开展屯垦的目的就是巩固边疆、富裕百姓。

其次是加强主管官员，设置农都尉。农都尉自汉武帝时设置，据《后汉书·百官五·州郡》中记载，"边郡置农都尉，主屯田殖谷"。它的设置对巩固边疆、富裕边郡经济起到了积极作用。农都尉与郡都尉一样，都是郡太守的属官，太守有权自行任命，不用报请朝廷。但在工作上同时受大司农的领导。渔阳郡农都尉由狐奴县令王平担任，现在的田曹史鲁大伟担任农都尉长史。为了便于指挥屯垦治水，农都尉治所建在狐奴县。

最后是扩充屯垦队伍。根据屯垦任务的不断增加，增加屯垦队伍。一部分是朝廷新补充的戍卒，一部分是招收流民，采用军屯和民屯两种形式。在开始屯垦的第二年，军屯队伍扩大到五千人，吸收流民五千人。

# 二、扩大屯垦

狐奴县的水稻试种成功，使全郡百姓，特别是一些地处水乡的大户人家，都做好开垦稻田的准备。张堪在秋收完成之后，立即研究扩大开垦稻田的工程。主要战场还是在狐奴县，经过实际踏查，决定在原来六个军屯的基础上，再增加四个屯，使军屯水稻种植面积达到两千顷。新增的两个屯垦稻田分别位于狐奴县境内沽水和鲍丘水的下游。从原来的四个屯抽调出骨干，又补充部分新戍卒。

狐奴县的民众，对张堪试种的水稻，一直十分关注，看到水稻长势好、产量高，水稻又值钱，早就盼望着推广水稻种植。但是也还是有些百姓持观望态度。为了能够顺利实现全县一年推广两千顷水稻的目标，张堪首先召集了两河之间的大户人家，做好他们的工作，这些人眼界宽，经济实力强，他们一通，其他小户就跟着干了。同时郡府再次明确了三条政策：一是新开稻田免收五年田税；二是开始新种稻田，稻种由郡府无偿发给；三是郡县府衙每个种植水稻的聚落，从军屯将士中挑选多名技术辅导员，指导百姓解决水稻种植问题。这三条政策一出，狐奴县扩大水稻种植的任务很快就落实了。

新开始试种的稻田，主要分布在潞县（今通州区）、雍奴、泉州的雍奴薮周边地区。雍奴薮是超大的水淀，直径三百里，水域滨海，与海水相通。虽然水稻是一种耐盐碱的作物，但是超过一定的程度也无法生长。因此这一地区，一要结合疏挖排水工程，用河水冲刷，降低土壤中的盐碱浓度，治理海水倒灌问题，再开辟新的水稻田。二是选择试种新的耐盐碱水稻品种。经过两年的试验，新开稻田超过两千亩，产量比狐奴县种植的水稻还高。

科学规划水利工程，充分利用水利资源。上一年水利建设的重点是消除水灾，在沽水、鲍丘水下游疏通河道，加高、加固堤坝。工程的作用已经在洪水暴发时，得到考验。不仅没有发生河水泛滥，就是所有修建的堤坝也没有被冲毁。奔腾呼啸的洪水，被锁定在两岸坚固的堤坝之间，顺利流入勃海（今渤海）。

今年的水利工程就是要在水害变水利上下功夫。渔阳地区每年农历九月到来年三四月之间，百姓田地里农活少，河道里的水位低，是进行水利建设的好时机。为了抓住时机，张堪带领郡县的户曹、田曹、水曹以及主管郡县财政的比曹等官员，成天奔波在田地里、河岸边，联合现场规划设计，很快就敲定了主要水利工程。

# 三、埝前引水

鲍丘水自燕山深处奔腾南下，进入狐奴县内，流速减慢，河水中的泥沙沉淀，造成河道抬高，河水泛滥。去年的水利工程把下游河道疏通，排水速度已经显著提高。实际利用河水的自身能力冲沙，可以解决河道淤塞的难题。今年的目的就是要利用好这些水利资源，使这自古白白流淌的河水，为百姓生产服务。

现在在河道上引水，都是在河上建坝，抬高水位后，引出河道。在两千多年前，可没有这样的能力。但是古人的智慧不可小看。张堪从小在家乡就知道了召信臣"开通沟渎，起水门提阏凡数十处，以广灌溉，岁岁增加，多至三万顷。民得其利，畜积有余"。在蜀郡拜太守期间，他多次参观都江堰水利工程，到了渔阳郡以后，也曾经实地考察战国时期修建的，依然还在造福当地的引漳灌溉工程。那是战国初年（公元前422年）西门豹[1]倡修的引漳十二渠。近处也实地考察了冀州的太白渠、幽州的督亢灌区（今天的房涞涿灌区），学到了许多水害变水利的好经验。所以在渔阳的沽水和鲍丘水的引水工程，采用的就是类似都江堰水利工程的模式，从上游筑埝引流，将河水

---

① 西门豹，战国时期魏国安邑（今山西省运城市盐湖区安邑一带）人。魏文侯时任邺县（今河南安阳北一带）令，是著名的政治家、水利家，曾立下赫赫功勋。

引入狐奴境内，再用人工渠引流到田间。与都江堰工程不同的是，在河道出水口增加了截水闸门，在田里不需要水，或河水暴涨时，关闭截水闸门，这样河水就完全服从了人的调遣。

# 四、稻田养鸭

在张堪的家乡、在蜀郡的水田里，鸭子是不被限制进地里的，有些农户甚至将鸭棚搭到田里，就是利用鸭子为稻田除草、除虫。鸭子属于杂食性家禽，稻田里的许多水草都是鸭子爱吃的饲料。近代有人专门研究，水田里有三十多种水草可以用鸭子消除。同时水田中的水象甲、二化螟、负泥虫等多种害虫，也是鸭子的美食。这些农民创造的以鸭除虫、除草的经验，在四川出土的文物即可证明。四川出土了多件汉代的水田模型。在这些水田模型中，有农夫在水田耕作、有鸭子在田间或田旁的水塘中游弋。这表明，我国先民已将养鸭引入稻田、引入水稻生产中了。

张堪在除治蝗虫的那几天，十分关心的还是试种的稻田。因为屯田种植水稻的将士没有养殖鸭鹅，张堪就叫他们去动员老百姓，号召大家到稻田里放鸭。通过实践，大家发现，一个月左右的小鸭，可以进到稻田里，在稻秧之间灵巧地捕食蝗虫，但是那些用于生蛋的大鸭子，由于体型大，只能在田埂上行走，根本无法进入稻秧之间，捕食蝗虫的能力就受到很大影响。这一问题引起张堪的深思，利用稻田放鸭除草、除虫不是简单的事，必须不断摸索经验。起码要解决两个问题：一是要选用适宜的鸭子品种。二是选择适宜的放养时间。除去自己琢磨，张堪经常找不同地区的士兵一起就这两个问题出主意，想办法。并且发动各地的士兵，提供家乡鸭子的好品种，试养试验。功夫不负苦心人，第二年春天，六个屯田的稻田里，增加了各地的不同品种的鸭子。

两汉时期，鸭子早已经成为三大饲养家禽之一。根据资料介绍，各地饲养的鸭子，都是从野生的鸭子演进而来的。我国各地野鸭物种非常多，一般都是公鸭的脖颈上半部呈孔雀绿，母鸭的羽毛灰褐色带深色点，像麻雀的羽毛，所以各地的鸭子多数叫麻鸭，只不过区别是在名字前面带有地方的名字。说起引进鸭子品种，张堪还真是费尽心思。在他与各地戍卒将士座谈时，有三处外地的鸭子进入他的视线。第一种鸭子是扬州会稽郡的镜湖麻鸭。镜湖是今天绍兴鉴湖的前身，只是古代的镜湖比今天的鉴湖大多了，号称"八百里镜湖"。地处古越山平原，到处河网密布。这里世代培育出的家鸭品种叫镜湖麻鸭。这是个蛋鸭品种，特点是体型小巧，躯体狭长，嘴长颈细，灰白色的羽毛上带有褐色的麻点。镜湖麻鸭产蛋早，产蛋多，适应性强，抗病力强。这种鸭子不仅在当地发展规模大，各地引种的也很多，反映很好。虽然史料中没有直接记载镜湖鸭发展的盛况，但是《吴地记》中记载了"吴王筑城，城以养鸭，数周百里"，间接反映了古代扬州养鸭的发展。千年以后的山阴（今绍兴）诗人陆游也有"坡放万头鸭""群鸭暮还家"的诗句。说不定今天号称世界三大著名蛋鸭品种的绍兴麻鸭还是镜湖麻鸭的后代。

第二种鸭子是鼎湖麻鸭。从镜湖向南不到200公里，同在扬州地界，有一座拔地而起的山峰叫缙云山（今浙江省丽水市缙云县）。缙云是中华民族的人文始祖轩辕黄帝的名号。传说轩辕黄帝曾经在峰顶用鼎炼丹，鼎重达千斤，把峰压成了凹形，下雨积水成了一片湖——鼎湖。轩辕黄帝升天后，这座山就被称为缙云山，这座山顶的湖就被人们称为鼎湖。不知道当初黄帝的仙丹是否炼成，但是缙云山附近的人们靠鼎湖的自然资源，把野生麻鸭驯化成优秀的家禽品种，造福了一方百姓。它的羽毛呈灰褐色，特点是喜水、耐寒、合群，产蛋早，百日龄母鸭就可产蛋。产蛋率高，繁殖力强，年产蛋可以达到300枚。被张堪看中最难得的是抗寒，有利于引进到北方地区。唐朝在这里设了缙云县，鼎湖鸭也逐步被人习惯地称为缙云麻鸭。

第三种鸭子品种是攸水麻鸭。攸水县地处荆州长沙郡，因攸水贯穿全县而得名。而繁衍在攸水流域的麻鸭，也因攸水得名。攸水县是现在攸县的前身，攸水麻鸭也就是攸县麻鸭的祖先了。攸水麻鸭的母鸭羽毛黄褐色，像麻雀羽毛的颜色。公鸭羽毛颜色艳丽，脖颈上部羽毛为翠绿色，中部为白色，颈下及胸前的羽毛则是红褐色。这种麻鸭的特点是体型小、生长快、成熟早、产蛋率高。最让张堪喜欢的是当地农民在稻田里放养的这种鸭子已经成为稻农除草除虫的好帮手。

加上原来沽水、鲍丘水沿岸养殖的麻鸭，一共有四个鸭子品种。古代养鸭多为蛋鸭和肉蛋兼用型，在以后不断培育、杂交育种，才逐步形成了专用品种。因为渔阳郡发展养鸭，主要是为了稻田除草、除虫，所以新引进的鸭子饲养主要安排在六个军垦屯。张堪与各屯制定了详细的方案。并且由郡府修官书直接给会稽郡、长沙郡，请当地郡府给予支持帮助。

进雏。母鸭孵化鸭蛋的能力较弱，渔阳地区养鸭的百姓多数是用母鸡孵化鸭蛋的。但如果大批孵化鸭蛋就无法使用母鸡了。鉴于选定的种鸭都是养鸭的集中产地，人工孵化的技术已经掌握，所以张堪决定派人去产地直接订购雏鸭。并且为了下一步的扩大繁育，要求产地的鸭雏公母的比率为一比十。鲍丘水西岸的魏家屯负责接收镜湖麻鸭、郎五屯接收鼎湖麻鸭。沽水东岸的牛富屯负责接收攸水麻鸭，郝家屯和新成立的军屯，因为附近当地养鸭的比较多，所以安排他们从百姓家订购当地品种的鸭雏。为了保证引进效果，这次直接进的鸭雏，每个屯饲养一千只。为了便于放鸭，各屯在稻田附近建了育雏的场地和简易鸭棚。从屯田戍卒中选派南方籍有养鸭经验的负责喂养，每群安排4位管理人员。

进雏的时间定在清明节过后十天，这时渔阳地区已经暖和了，重要的是温度比较稳定了。稻田里的稻种已经开始播种，到一个月后，稻苗已经有半尺多高，小鸭雏也可以下水了。到那时就可以训练鸭雏下水进入稻田了。

狐奴县结合稻田养鸭的生产模式，用今天的术语说，是生态循环模式。延续了两千年，稻田水草、小鱼甲虫是鸭子的好食物，鸭子粪又为稻田提供了肥料。特别是春天育稻苗，必须用干鸭粪做肥料。今天，虽然由于水资源紧张，全县的水稻不再种植，但是鸭子养殖却一直保留至今。

第十五章

逝世——政声人去后

# 一、积劳成疾

建武十九年（公元43年），渔阳地区水稻种植获得了大丰收，官员和百姓们第一次看到了他们辛勤努力的成果。张堪作为推广种植水稻的主导者，更是憋足了浑身的劲头，要进一步扩大水稻种植面积。水稻收割以后，屯垦的士兵转入农闲训练比武的季节。由于每个伙食单位都分到了一些新大米，可叫这些常吃稗子、粟米的兵士高兴坏了。张堪也十分欣慰，因为他在多次和将士们交谈时就许下诺言，要使渔阳的军民都能够常年吃上大米，这次终于实现了。

渔阳城向南二十里，就是推广种稻的中心地带狐奴县。最近张堪来狐奴的次数更多了。原来的县令王平刚刚被他任命为农都尉，因为他就是本地人，熟悉情况，聪明能干，吃苦耐劳，深受百姓爱戴。张堪推广种植水稻，王平出了很大的力。虽然他不懂水稻种植技术，但是他肯学，不管张堪给他交代什么，他都会认真去落实。有些与当地人利益上的冲突，他还能够灵活变通地去协调好，张堪对他十分满意。

这一天像往常一样，张堪带上卫士，在农都尉长史鲁大伟的陪同下，骑马向狐奴县城飞奔而来。王平早已在县城西门外等候了。这天张堪来狐奴县的主要目的就是确定扩大稻田开垦的任务。渔阳开垦稻田到目前为止已经开垦了八百顷，种植了一年的水稻并且获得了大丰收。这些天王平已经和张太守查看了全县的土地资源，狐奴县鲍丘水、沽水两河之间，还有大量的水网地带可以扩大开垦。

张堪还嘱咐王平通知四个军屯的屯长，和他们一起进行再次勘察。渔阳地区的腊月，已经到了天寒地冻的时节，普通的百姓早已经在家里围着火盆猫冬了。而张堪带领一行人踏着冰雪，迎着河谷的寒风，在田野上走走停停，边看边议。回到县城后，在县衙张堪和大家边吃边议。最后确定了扩大四千顷稻田的任务。具体做法是，四个军垦屯，每个屯补充军士500名，增加开垦稻田500顷。抽调50名老屯田士兵，支援开辟4个新屯，每个场的规模是500顷。在扩大军屯的基础上，制定奖励办法，农民谁家把旱地改造成水田，一亩郡府奖励1斗稻米；新开垦的稻田，每开一亩郡府奖励两斗稻米，而且五年不收税。

在大家进行热烈的讨论时，坐在张堪边上的王平发现太守忽然不说话了，脸上露出一丝难以察觉的痛苦，右手自然地按在腹部，停止了吃饭。王平刚要上前问话，被张堪一个手势按下了。这一情景恰巧被鲁大伟看见了，他径直走到张堪身边，问他是不是不舒服了。张堪强笑着说，"没事，可能是刚才吃饭压着凉气了！一会儿就过去了"。实际在此时张堪的腹部疼痛并没有减轻，只是他怕影响大家吃饭，喝了一碗热汤，感觉减轻了一些疼痛，张堪也没有往心里去。

从狐奴县返回渔阳郡府后，张堪顾不上休息就召集军政官员开会，部署扩大军屯，落实四千顷的稻田开垦任务。军令如山倒，特别是大家从试种的800顷稻田的丰收中看到了未来，所以大家听了以后都很振奋，积极响应太守的命令，很快就确定了军垦士兵的补充和整个工程的组织指挥问题。军垦的任务由郡尉统一指挥，百姓开垦稻田的组织指挥由渔阳郡田曹和狐奴县令共同负责，农都尉王平为主，长史鲁大伟协助。

散会后，张堪本来想去府衙处理一下公文，但是腹部又疼痛难忍，不得不让卫士扶到府内休息。主簿闻讯赶来，叫卫士去找医生给太守诊治。渔阳这个地方是边防前哨。百姓没有军队多，渔阳城里根本就没有药房和郎中，只有驻军里有个为军吏和士兵服务的诊所。按照东汉的军队机构配置，万人的军队必须配备医生。渔阳驻军配置的诊所共有九人，医吏一人负责领导和管理两名医生，六名医卒。只是这些人对刀枪所致的外伤，技术较好，至于内科疾病就差一些。医生来到府衙给张堪诊治，看了一下张堪的舌苔，按了一下疼痛的部位，认真地把了脉，最后说，太守大人是过度紧张劳累，肝郁气滞。他先给开了一服草药煎服。主簿也略懂医术，看了一下方子，所用草药柴胡、白芍、当归、香附、苍耳和刺蒺藜，都是平肝熄风、和血止痛配伍，也属于稳妥的治疗方剂。

几剂药过后，张堪还真感到身体好多了，肝部也不那么疼了。他不顾属下的劝说，又带上鲁大伟去检查开垦稻田的工地。虽然是天寒地冻，但屯垦的将士们和狐奴的百姓都干得热火朝天，赶在稻谷下种前完成了开垦稻田的任务。在他们开垦稻田时，张堪又抽调人力修建配套了田间排灌设施与道路桥梁。

有了水稻种植经验的屯垦士兵们，抽出一半的力量支援新发展的屯垦。各项活茬都按照张堪岳父的传授技术严格执行。张堪也是经常亲临田间地头检查指导。在大家的努力下，新开垦的四千顷稻田，为了防止活茬集中，依然采取错开播种时间的措施。转眼到了建武二十年的五月，绿油油的稻田都已经装点了狐奴的土地，张堪心里别提多高兴了。可就在这时，洛阳朝廷传来急件，通报了大司马吴汉逝世的消息。虽然张堪早就听说大司马有病，但是没有想到噩耗来得这么快。

# 二、送别大司马吴汉

建武二十年（公元44年）农历五月初四，大司马吴汉病逝于洛阳。

刘秀在吴汉生前去府上看望，死后赐谥号忠侯，赐霍光葬礼，发北军五校、轻车、介士为其送葬。这种高规格的葬礼，主要是由于吴汉生前位列三公，战功卓著。汉霍光死，汉宣帝"赐给梓宫、便房、黄肠题凑①各一具"。据文献记载，墓葬中的"题凑"结构至迟在战国时期已经出现。从1974年北京的大葆台汉墓考古发现，以及汉代史料可知："题凑"在结构上的基本特点，一是层层平铺、叠垒，一般不用榫卯；二是"木头皆内向"，即题凑四壁所垒筑的枋木（或木条）全与同侧椁室壁板呈垂直方向，若从内侧看，四

---

① "黄肠题凑"一名最初见于《汉书·霍光传》。根据汉代的礼制，黄肠题凑与梓宫、便房、外藏椁同属帝王陵墓中的重要组成部分。但经朝廷特赐，个别勋臣贵戚也可使用。

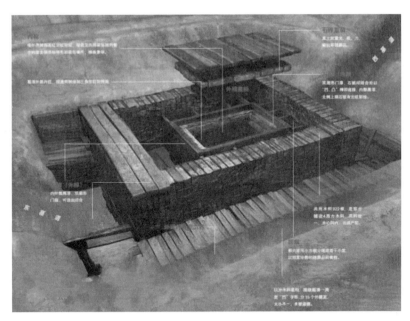

黄肠题凑墓葬示意图

壁都只见枋木的端头，题凑的名称便是由这种特定的方式衍生出来的。"黄肠"则因题凑用的木材都是剥去树皮的柏木枋（椽），以木色淡黄而得名。

霍光死后，汉宣帝与上官太后一同到场治丧，将之与萧何相比，以帝王规格的葬仪葬于茂陵。其葬礼上，有玉衣、梓宫、便房、黄肠题凑等葬具，以辒辌车，黄屋送葬，谥号"宣成"。霍光遗孀显尤嫌不够气派，将霍光生前自己安排的坟墓规格扩大。自霍光以后，凡有丰功伟绩的将军皇帝赐有玉衣、梓宫、便房、黄肠题凑等葬具的规格，就被称为依照霍光规格。

墓地在吴汉的家乡南阳郡宛县。虎岭由北向南，屈曲蜿蜒落脉于吴老庄村北。东汉王朝要说在中国百姓当中的影响，只有刘秀和吴汉了。在我国著名评书表演艺术家连阔如先生的《东汉演义》中，把吴汉的高大英雄形象表现到了极致。其中有他在校场一箭解双危、气走贾复的情节，更有被王莽召为驸马，封潼关总镇的好事，所以才有后来杀妻归汉的壮举。只是可惜把他位列云台三十六将，星号亢金龙。这些演绎没有一样是真的，吴汉与王莽真是一毛钱关系都没有。

吴汉（？—公元44年），字子颜，南阳宛县（今河南省南阳市）人，东汉开国名将，《后汉书》明确记载位列云台二十八将第二位。吴汉在王莽的新朝担任过宛县的亭长①。无奈门下犯事，受到连累，他就逃到渔阳郡以贩马为业。更始元年（公元23年），被刘玄的使者任命为渔阳郡安乐县（今顺义区西南部）令。后因动员渔阳郡太守彭宠率渔阳铁骑归顺刘秀有功，被刘秀封偏将军、建策侯。此后，吴汉斩杀苗曾、谢躬，平定铜马、青犊等农民军，协助刘秀建立了东汉。

刘秀称帝后，吴汉任大司马封广平侯，先后攻伐陇右，平定蜀地，扫灭刘永、董宪等割据势力。吴汉一生忠勇，战功卓著，是刘秀最信任最得力的干将之一。吴汉对张堪爱护有加，两个人的密切接触有三个阶段。一是张堪任谒者时配合吴汉攻打成都，张堪不仅奉诏运送缣帛、马匹支前，还在关键时刻为吴汉出谋划策，保证了吴汉平蜀之战的胜利；二是张堪回京拜骑都尉，经常陪同吴汉出席各种活动；三是张堪率杜茂营将士回击入侵高柳之敌，不仅是吴汉向皇上举荐的，而且帮助张堪分析敌情，制定策略。吴汉对张堪来说不仅仅是师，更是兄。

东汉时期对于朝廷官员，特别是二千石以上的高级官员的葬礼有着严格规定。三公以上和战功卓著的官员，皇帝和二千石以上的官员都要出席葬礼。吴汉的葬礼张堪于公于私都必须参加，尽管属下和夫人都看他旧病没有痊愈，来回一千多里的路程，劝他不要参加了，但是他仍然坚持前去吊唁。

五月初十，张堪简单收拾一下行装，就带上卫士出发了。按照汉代的风俗，吊唁逝者要给丧家送礼，称为赙礼或赗礼。张堪没有金银财宝，但特意带上一袋稻谷准备送给吴家。

刘秀统一中原，建立东汉政权，前后奋斗了十六年，但是吴汉却在刘秀身边追随奋战了二十年。当初刘秀登基后，轻信谶文要用平狄将军孙咸做大司马，众位将军不服，一致推举吴汉及景丹做大司马。最后刘秀拜吴汉为大司马，而拜景丹为骠骑大将军，这一做就是二十年。内斗原因就在于吴汉对刘秀绝对忠诚，而且刘秀对他也绝对信任。在所有当时的重臣中，吴汉是少

---

① 汉朝时在乡村每十里设一亭。亭设有亭长，负责治安警卫，兼管停留旅客，治理民事。相当于今天公安局派出所干的活。

有的敢直言应对刘秀的人。建武二十年（44年），吴汉已经病情危重。临终前皇帝亲自去探视，问他还有什么要说的话。吴汉没有对刘秀提出自己家人利益的要求，反而对刘秀说："为臣愚昧没有什么见识，只希望陛下千万不要动辄大赦天下。"刘秀一生怀德宽厚，心慈手软，吴汉的最后遗言正中他的软肋。吴汉逝世后，皇帝下诏表示哀悼，赐予吴汉的谥号为忠侯，他对这一谥号当之无愧。

回到洛阳当天，张堪就到吴府吊唁大司马，向大司马夫人表示问候。对于张堪送上的一万赙礼夫人不收，说吴汉临终前曾经交代，对吊唁的人送的礼金一律不收。而张堪带来的渔阳稻谷却欣然收下了。由于天气渐暖，为了便于遗体保存，吴汉的尸体已经大殓入棺，客人无法瞻仰遗容。张堪在灵前为吴汉上香，跪拜良久。吴汉的两个儿子吴成、吴国将他扶起落座。由于第二天还要来送葬，所以张堪向家人表示了慰问之情后不敢久留，告辞回到驿馆。

建武二十年（公元44年）五月十一，大司马广平侯吴汉的葬礼在洛阳南宫东司马府举行。刘秀率文武百官前来送葬，先由持节谒者宣读皇帝的诏书，赐谥忠侯。吴汉长子吴成跪拜谢恩，双手高举过头，接过诏书。刘秀在卫士的簇拥下回宫。送葬队伍起灵，由五营士兵、轻车士兵、披甲武士，列成军阵组分列两侧。最前面是一面绛色帛制铭旌，上以白色书写"大司马广平侯吴汉之枢"。前面是十辆黑纱装饰的丧车，上面摆的都是陶、鼎之类的冥器。吴汉的楠木灵枢开始由吴成、吴国引绋前行，二十四名壮士抬出洛阳平成门，安放在门前的灵车之上。这样的送葬礼节是刘秀下旨参照西汉霍光的葬礼安排的。本来刘秀还亲赐了"黄肠题凑""金缕玉衣"，但都被吴汉家人谢绝了，只留下楠木棺材和甲兵送葬。东汉沿袭旧俗，死人多葬于城北。洛阳城北的北邙山，就是丛葬之地，死人送葬多出上东门。所以有诗曰："驱车上东门，遥望郭北墓。"但是吴汉是三公之一，汉仪规定可以归葬故里。把遗体运回南阳安葬，刘秀特地批准送葬队伍出城南平城门。平城门本来是直对皇宫的城门，是皇帝祭祀的专用城门，也是尊贵之门。这次刘秀特准吴汉的灵枢出平城门，足见吴汉在皇帝心中的位置。洛阳沿街百姓遍设供桌，燃香点烛，祭奠吴汉。

归葬本土是秦汉时期的重要习俗。吴汉的家乡是苑城（今河南省南阳市漼河坡镇吴老庄村），早在吴汉病重期间，家人就派人回南阳吴汉的家乡为他选择墓地，修建墓室墓道。由于吴汉主张丧事从简，所以当灵柩到达时，便可及时下葬。

张堪与所有官员一起送吴汉灵柩出平城门，然后就回到驿馆，更衣后顺便去大司农冯勤处报告今年开垦稻田计划的落实情况，并提出屯垦任务繁重，兵力吃紧，希望朝廷增加渔阳郡戍边的军士数量。冯勤本想留张堪多住几日，择机面见皇上。但看张堪心中有事，就答应尽快上奏皇上。然后张堪与卫士就踏上了返回渔阳的旅途。

虽然张堪这次去洛阳来去都很顺利，但是由于旅途劳累，吃不好睡不好，无法坚持吃药，回到渔阳就又累病了，肝区不时疼痛。请来军医号脉后，军医告诫他，这次还是肝气郁滞，情况比上次还严重，千万不要劳累，坚持按时吃药。但是第二天，他就又请来农都尉王平和军垦的屯长，了解屯垦的进程、水稻苗情长势。以张堪的工作作风，绝不是靠听汇报来组织领导的，所以休息了几天，病痛稍有减轻，他又拉上鲁大伟去检查军垦情况，尤其是今年新开的稻田，他走一处嘱咐一处，要加强水稻苗情管理，做好防治稻蝗的准备。

# 三、卧病在床

渔阳郡的社会经济发展，在张堪的治理下蒸蒸日上。边防建设，除去长城、工事修建完善外，主要是渔阳郡的戍边部队，纪律严明，武艺高强。开垦稻田，结束了军粮不供稻米的历史，使南方籍士兵可以安心戍边，有些还享受了军垦的鼓励政策，获得了郡府划拨的田地，把全家都迁到渔阳来了。各级军事大小头目，都和张堪同心同德，士气高涨。军民关系靠屯垦的平台，也越来越融洽。百姓都念在张太守的指挥下，烂河滩变成了米粮仓。大家看到，今年全郡农业，尤其是狐奴县的水稻种植又喜获丰收，乐得合不拢嘴。狐奴县学的一位先生，编了一首儿歌《乐不可支》，说"桑无附枝，麦穗两歧，张君为政，乐不可支"。很快唱遍了全县、全郡，有人还唱到了洛阳，连刘秀都知道了。然而，张堪的身体却越来越不支了。就在建武二十年狐奴县水稻丰收结束，安排了建武二十一年进一步扩大水稻田开垦任务以后，张堪终于支撑不住，再一次卧病在床了。

这一次病魔来得凶猛，按照往次的经验，军医所开的草药连服了五服，不仅没有见到任何效果，反而又出现了腹胀、腿脚浮肿的新症状。军医心里也没有底了，赶紧和郡尉长史商议，将张堪紧急送到幽州治蓟城，因为那里有全州最好的大夫和庵庐（相当于今天的医院），而那位德高望重的秦大夫就是战国神医扁鹊的后人。

张堪已经半个月没怎么吃饭了，胃里就像打了一堵墙，上下水米不通，一点食欲都没有。夫人想尽办法改善口味，张堪就是不想吃。有时就算勉强吃一点，也还是汤汤水水全吐出来。就是这样，虽答应去蓟城看病，但是临走之前，他还是把渔阳的郡丞、长史、郡尉叫到跟前，把郡里的经济、文化、军事等内政、外交都安排了一遍，才离开渔阳前往蓟城看病。

# 四、洛阳上计

转眼已到农历十二月，这是一年的最后一个月，早在秦汉时就被称为腊月了。"腊"的意思是猎取禽兽祭祀诸神和祖先。早时祭百神、祭祖先都称"腊"，到秦汉时则通称"腊"。对于各级官府来说，岁末还有一项重要任务就是上计。所谓上计就是下级官府把一年的工作总结，向上级官府汇报的制度。这项制度对于中央集权的政权来说，是了解下级政情、考核下级官员、制定下年税赋的重要依据。据史料记载，我国古代的上计制度，最早起源于战国时代的魏、秦两国。秦始皇统一中国以后，进一步完善了上计制度，并在秦律的《仓律》中有所反映。汉承秦制，郡国守相每逢岁终，都要派遣计掾到京师上计，报送计簿。同时在《汉律》中专门规定处置上计事务的条款，这就是著名的《上计律》。其中规定："其一，凡上报不及时者治罪。其二，凡计簿中欺谩不实者治罪。"上计内容包括郡国经济的收支、人口户数多少、土地面积的多少、耕地面积的增减、自然灾害和社会治安状况等。到了东汉，上计制度进一步得以完善。

各郡国设有专门的上计吏。上计吏由郡太守任命，选择精明能干、太守信任的人担任。虽然其官秩不高，但是工作性质重要，对外代表郡国，实际上是地方与朝廷的使者。

两汉时期，实行的每年十月到第二年九月为一个财政年度。所以上计的数据也是截止到九月底。十月份各郡国上计掾就要带上上计卒等随行人员赶往洛阳，向朝廷上计。东汉光武帝时期，计吏到京后，由大鸿胪郭况（公元9—59年，真定槁，今河北省正定人。东汉光武帝刘秀第一位皇后郭圣通之弟）负责接待，安排馆舍。住下后就要向大司徒府、大司空府的主管部门上计，审核无误后，有时大司空还要单独接见上计吏。然后就是参加次年正月旦（初一）的朝贺大典，受到皇帝接见，并回答皇帝的提问。实际上，皇帝亲自参加"受计"，一方面表示皇帝重视上计工作，另一方面也是皇帝了解地方情况的一个重要渠道。所以得到皇帝赏识的会当庭受到重用，被发现弄虚作假的也会立即受到惩处。两汉皇帝中对上计最重视的有两位皇帝，一位是汉武帝，史料记载他先后四次亲自参加上计。会稽郡人朱买臣，跟随会稽郡上计吏到长安上计，在汉武帝问询民间疾苦时，朱买臣从容回答，说得清清楚楚，他的才能得到汉武帝赏识，一路被重用，多年后被汉武帝任命为会稽郡太守。还有一个人是上谷太守郝贤，曾因大破匈奴，战功显赫，被封为上利侯。因此他自恃汉武帝的爱将，对上计任务置若罔闻，还欺上瞒下，弄虚作假，被汉武帝发现后，郝贤的太守职务立刻被罢免。这一正一反两个典型，对后世重视上计，起到了很好的警示作用。到了光武皇帝刘秀，更是十分重视各郡国的上计。各地郡县首长只要重视上计工作，刘秀就委以重任。上计制度对少数民族自治地区也不例外。《资治通鉴》记载，刘秀平蜀后，建武十四年夏季，邛毂王任贵派使者呈递三年计簿，报告人口、赋税、治安等情况，刘秀任命任贵当越嶲（音西）郡（今云南丽江地区）太守。

只要不是在外地出巡，刘秀基本上每次都亲自参加上计，由此成为了制度。各地来的上计吏，要参加第二年元旦（农历正月初一）皇帝组织的受计。他们一年中要有几个月时间在京师公干，不能够回家，就是过年也不能够与家人团聚，上计掾也是一个辛苦的差使。

建武二十二年正月初一，刚交寅时，洛阳南宫却非门外，早已是人头攒动。各地来的上计人员和司徒府、司空府各曹六百石以上的官员，早早来到这里等候皇帝受计召见。洛阳正月的气候虽然已经开始回暖，但是凌晨还是寒风袭人，好在这些人不止一次参加过这样的活动，经验丰富，皮草装束一应俱全。好不容易熬到卯时，皇帝登殿，这时才有皇宫侍卫打开却非门，上朝的官员由谒者引领，安静、迅速地进入却非殿。

却非殿是南宫的正殿，也是皇帝处理朝政的地方。《后汉书》中记载："建武元年（公元25年）冬十月癸丑，车驾入洛阳，幸南宫却非殿，遂定都焉。"淮阳王更始元年（公元23年），更始帝欲定都洛阳，便任命刘秀代理司隶校尉，到洛阳修建宫殿官府，没想到更始皇帝没有皇帝命，刘秀反而做了皇帝。所以一定都洛阳，他就住进了自己组织修缮的南宫却非殿。至于这个前朝留下的殿为什么叫却非殿，不见史书记载。有人解释说，"却"就是退却的意思，汉朝军人有一种帽子叫却敌冠。"非"则是不好的东西。整个却非殿的意思就是不好的东西远离退却这里。刘秀是个理想的完美主义者，当初选择这里，第一个原因是当时却非殿是南宫中最雄伟豪华的宫殿，三丈高的宫殿双檐九脊，汉白玉台基足有一丈高，四十五级台阶寓意"九五之尊"。回廊外合抱粗朱红大柱横十纵六，回廊内冰凌花窗，宫殿内金砖铺地，可以容纳万人。第二个原因也是最重要的原因就是选却非殿以图个吉利。

高大雄伟的却非殿，在晨曦中更加显得庄严神秘。各郡国的上计吏和文武百官，静静地鱼贯而入，拾级进殿。当时全国有九十三个郡国，每处的上计人员三人，也要近三百人，再加上文武百官，共有四五百人，站在殿堂之上也是黑压压一片。大家肃静地站立等候皇帝的出现，行大司空事骠骑将军刘隆（？—公元57年，字元伯）、曾拜广汉大司徒蔡茂（公元前25—公元47年，字子礼，河内怀县，曾拜广汉太守。今河南省武陟县北郭乡蔡庄村人）、大司空朱浮（约公元前6年—约公元66年，字叔元，沛国萧县，今安徽萧县人），在人群前排就座。卯时一到，听得主持仪式的大鸿胪郭况一声唱喏，百官齐刷刷下跪，齐声山呼万岁。直到听到"爱卿平身"的圣谕后，才又站好。

受计仪式开始后，由大司空朱浮主持。东汉的大司空是由西汉的御史大夫更名而来，其职责是监察百官，代表皇帝接受百官奏事，相当于今天的中央总检察长。所以组织、安排皇上受计的大事就是大司空的职责。

今天皇帝受计，主要是向各郡国来的上计吏询问各地有哪些风土人情，太守、相国以及县令的履职情况。在这样的大的活动里，皇帝不可能近百个郡国的情况都要问，大司空和大司徒早已经根据各地上计的情况，内定了有代表性的发言。其中大司农冯勤根据各郡国上计的情况和时间安排，建议河东郡计掾张宇、渔阳郡计掾高禹和蜀郡计掾樊显作主要汇报。樊显把张堪在蜀郡任上的政绩以及离任后百姓的反映进行了汇报，渔阳郡的计掾高禹汇报了张堪上任后边防守卫、社会治理以及开垦稻田，引种水稻的政绩。河东郡计掾张宇，本地平阳人，虽然说话有些地方口音，但是思路清晰，重点突出。河东郡也是一个边郡重地，长期以来是与匈奴对峙的前沿。在汉武帝时代，匈奴被赶到大漠深处，河东百姓开始安居乐业。在元始二年，全郡百姓达到近百万，但后来受汉末战事影响，百姓远离逃难。虽然自东汉以来，边郡治安已经非常稳定，但是刚刚恢复到二十六万。百姓现在心向朝廷，拥护守令。平阳县令范迁（？—公元65年，字子庐，东汉时期沛国相，今安徽省淮北市相山区人），为官清正廉洁，家里只有几亩宅地，有一次他哥哥的孩子遇事请他接济，他没有钱，只好卖了宅地。

渔阳郡计掾高禹上奏了三点，把渔阳郡的风土人情讲得清清楚楚。一是张堪太守建设边防，官兵士气高昂，曾以七千兵马打败匈奴上万骑兵，匈奴几年不敢来犯，边境安定。二是社会稳定，人心向善。户数、人口大幅度增加，已经达到四十三万户，比元始二年增加了六成。三是引河水开稻田，发展水稻种植八千顷，百姓富足。

刘秀听了以后，连声称赞，问道，张堪原为蜀郡太守，现在那里的百姓如何看待张堪的为政？蜀郡计掾樊显立即上奏道："渔阳太守张堪昔在蜀，其仁以惠下，威能讨奸。前公孙述破时，珍宝山积卷握之物足富十世，而堪去职之日乘折辕车布被囊而已。"用现在的话来说就是："渔阳太守张堪过去在我们蜀地任太守时，心地仁慈，爱护部下，为政清廉，他的威名可以讨奸贼。在以前击灭公孙述后，珍宝堆积如山，张堪当时掌握的财富足可以使自己的子孙享受十代，而他分文未取。两年后他被调回京都时，乘坐的只是一辆断了辕的破车，车中仅有自己的布被包袱而已。"

听了三位计掾的奏报，刘秀心中非常高兴。只是接下来上计朝会还有程序性的事情，时间很紧张，皇上也就没有再问其他地方的情况，对百官诏曰："平阳丞李善称故令范迁于张堪，令人面热汗出。尔等及郡国二千石，以为镜诫，在上不骄，高而不危，制节谨度，满而不溢，敬而戒之，尽忠于国。"按照礼仪，刘秀因为要去长安祭祀先帝，所以就退朝了。

各郡计掾还没有离开洛阳，皇帝的诏书就到了，拜樊显为鱼复县长。鱼复县就是今天的重庆市的奉节。两汉在郡以下设县，大县（万户以上）设县令，小县（万户以下）设县长，都是一县的最高长官。樊显被任命为鱼复县长，证明该县没有超过万户。但是鱼复县是周朝周赧王元年（公元前314年）建立的，历史悠久。公元25年，公孙述据蜀称帝，在瞿塘峡北岸白帝山上建了白帝城，扼守水道要冲。战略要地，历来是兵家必争之地。史料记载："鱼复，江关都尉治。"江关都尉就是守卫长江要塞的司令，都尉治相当于这里有个省军区司令部。都尉是郡一级仅次于太守的主军事的官员，所以樊显的位置很重要。再者，樊显是蜀郡计掾，本职是功曹，只是官秩百石的小官。虽然鱼复县长官秩四百石，但与原来比起来可是发了，自然要谢主龙恩了。

建武二十年（公元44年）五月，大司马吴汉病逝，要找一个能够接替吴汉做大司马的人选，还真是叫刘秀费了脑筋。刘秀心里有几个人选，但是哪一个要定下来，一时还难下决心。但是，千军不可一日无帅，所以他只好在吴汉逝世十二天之后的六月十六日，任命中郎将刘隆为骠骑将军，代理大司马之职。

刘隆（？—公元57年，字元伯，南阳人），是汉朝安众侯刘崇族弟刘礼之子。论起来安众侯刘崇，乃是汉景帝第六子长沙定王刘发的六世孙。刘隆的父亲刘礼，参加族兄刘崇反王莽活动，被灭族，仅刘隆因为不满七岁，得以免死。长大后他参加了反对王莽政权的活动，开始投奔更始帝刘玄任骑都尉，后投奔刘秀，被更始帝刘玄杀妻灭子。他久经战阵，协助刘秀建立东汉，是东汉中兴名将，"云台二十八将"中排名第十六。建武二年（公元26

年）春，刘秀称帝后第二次大封功臣，刘隆被封亢父（古县名，位于今济宁城南50华里）侯。后随吴汉参加平蜀，被留下为南郡太守，负责西进大军的后勤供给。平蜀胜利后，他曾上交诛虏将军印绶赋闲在家。建武十六年（公元40年），刘隆因为阻碍度田被惩下狱，成为继欧阳歙之后，因为度田令被下狱的第二位权贵人物。其同案十多人都被处死，刘秀因为顾念刘隆是随自己起兵的功臣，所以留下他的性命，只将他贬为平民。建武十六年（公元40年）交趾郡（今越南北部红河流域）征侧、征贰姐妹起兵造反。建武十七年（公元41年）七月，刘秀拜马援为伏波将军率军南征，刘隆以中郎将的身份作为副将参与平叛，才使得他东山再起。

正月十九，刘秀在大司空朱浮、大鸿胪郭况的伴驾下，离开洛阳西去长安，祭祀成帝、哀帝、平帝。这是建武十八年，根据五官中郎将张纯、时任太仆朱浮的上奏的建议，以及大司徒戴涉的上奏，建立元帝、成帝、哀帝、平帝四位先帝祭庙，代替章陵祭祀父祖祭庙。因为刘秀认为按照宗族辈分，他应该是元帝刘奭（音是）（公元前74—前33年）的后代。建武十九年正月十五，刘秀追封元帝之父宣帝刘询为中宗（中兴之主），开始在太庙祭祀昭帝、元帝，在长安祭祀成帝、哀帝、平帝。虽然祭祀都是程序上的安排，但是今年刘秀的心情似乎要开心得多。全国各地都还太平，百姓对朝廷的反映都是积极拥护的。特别是参加受计朝会，听了三地对守令的反映，感到他的统治地位是巩固的。张堪虽然早在太学时就认识刘秀，但是关系走得并不很近。估计是由于张堪的性格与刘秀不太相同，刘秀虽然给人留下的印象是宽宏大量，仁慈重义，但是如果你深入了解后，就会发现其宽宏大量也是分对谁。比如朱浮这样的老部下，丢了幽州也没有深究。对于没有这层关系的人可就不一定了。张堪自认为当初刘秀起兵时，自己没有跟随他，再近也会隔着心。另外，刘秀从河北登基开始，就遇事必求谶纬，而张堪是从来不信那些东西的，只是从来没有当面表示过自己的观点。而刘秀对不信谶纬的人是绝不重用的。太中大夫郑兴，曾经作为监军随吴汉平蜀立下战功，也因为刘秀迷信谶纬而直言相劝，一直没有受到重用。这些张堪看在眼里，记在心里，从来没有对刘秀说过一言半语。刘秀佩服张堪的人品和才能，特别是其就任蜀郡太守以来，抗击匈奴，守卫边郡，治理渔阳有方，他就有意叫张堪接替刘隆，正式做大司马。在长安祭祖期间，刘秀曾经向朱浮征求过对张堪的看法，朱浮当即表示张堪尽管不显山露水，但绝对是个有帅才的人。刘秀就下决心回到洛阳后下诏征拜张堪做大司马。

　　一个人为官一任，政绩如何，老百姓是否真心拥护，只有在他离任时才看得清楚。这时老百姓对他的评价才是最真实、最公正的评价。

# 五、长眠异乡

　　幽州治蓟城位于华北平原北缘，是通向西北、朔北和东北地区的要冲，也处于居庸、北口、山海三条通道关隘的交汇点，成为中原国土的北大门。秦驰道的修通与秦长城的修筑，加强了蓟城作为秦汉北方重要的政治、军事重镇的地位。光武皇帝刘秀建立东汉朝廷以来，延续了西汉的政治制度，继续把这里作为幽州刺史部和广阳郡的治所。随着东汉王朝统一大业的实现，开始逐渐地恢复了和平的生活。

　　由于历史上与北面的匈奴战事不断，处于边郡前沿，城池建筑得十分坚固。与后来历史的发展不同，这里不是"六九"城，而是南北九里（汉里，折合今3742米），东西七里（汉里，折合今2910米）。夯土城墙高三丈，宽一丈。筑城取土挖出三丈宽一丈深的护城河。灅水（今永定河）与护城河、城内西湖（今莲花池）、洗马沟（今莲花河）构成了一条完整的水系。正如《魏土地记》（成书时间为曹魏时期公元233—238年之间）中的描述"绿水澄澹，川亭望远，亦为游瞩之胜所也"。

　　蓟城西南后是一片土丘，每到春天，遍地生长一种多年生草本植物，茎叶有刺，叫蓟菜（百姓俗称刺儿菜），所以百姓就管这片丘陵叫蓟丘（今白云观附近），名声叫大了后，这座城市也被称为蓟城了。这里曾经是古燕国的首都，后来又作为广阳国的国都，现在是广阳郡郡治和幽州刺史部的所在地，城市建设和商业繁荣程度都远好于渔阳。张堪一行此时行走在繁华的大街上，却没有闲心来逛市赏景。在军医的引导下，他来到了西湖北岸的医馆。

这里是幽州地区最大的为军队和上层服务的医馆。苍松翠柏掩映着医馆的大门。门两边高大的汉阙，标志着这是官家的建筑。前后三排殿堂式建筑分别作为太医馆、诊疗馆和医养馆。在军医的带领下，张堪在众人抬拥下来到诊疗馆。一位道骨仙风的医官迎出来，这就是大名鼎鼎的太医秦丰老先生，他最擅长的就是肝胆内科。他看到能文能武又一身正气的张太守，已经这样瘦弱不堪，不免有些心痛。

秦医官虽然现在已经是土生土长的蓟城人，但是他也是不折不扣的渤海郡人。他的祖上就是春秋战国时期的名医扁鹊。

扁鹊（公元前407—前310年），本名秦缓，字越人，又号卢医，春秋战国时期名医。齐国渤海郑（今河北任丘）人。由于秦缓医术高超，被认为是神医，所以人们借用了上古神话的黄帝时神医"扁鹊"的名号来称呼他。扁鹊是战国时著名医学家，居中国古代五大医学家之首。他奠定了祖国传统医学望、闻、问、切诊断法的基础。《史记》作者司马迁称赞他说："扁鹊言医，为方者宗。守数精明，后世修（循）序，弗能易也。"扁鹊家悬壶济世，世代行医，发展完善了我国医学理论与实践。其后人分为南北两大支，一支南迁赵国都城邯郸，另一支北迁燕国都城蓟城。秦丰祖上就是北迁的扁鹊的后人，到他这一代已经是18代了。像他祖上一样，秦丰有着妙手回春的医术，服务于北方边郡的军民。

张堪的病情已经十分危重了，主要是由于其长期劳累，肝气滞瘀，得不到合理的调养。秦丰医师首先向张堪和家人毫无保留地介绍了病情，要求张堪必须配合治疗，否则后果难料。然后秦丰在草药方剂上拿出了看家本事，辨证调制。经过秦丰一个月的诊治，张堪竟能够下地行走了。脸色也开始红润了，饭量也大增。

但是，张堪这次和上次病倒时一样，心中又开始惦记任上公务了。前几天，上谷郡太守王霸来医馆看他，和他提起南部临易（今河北容城）、桑丘（今河北徐水东南）一带，受易水的影响，长期饱受水患灾害，他想向渔阳郡的狐奴学习，整治水患，开垦稻田，变水害为水利。张堪对此十分赞成。这些地方原来属于广阳国的范围，建武二年（公元26年）曾经是刘秀养父刘良的封国。建武五年（公元29年）刘良又被改封赵王。建武十三年（公元37年），广阳国与众多封国的命运一样一起被撤销了，这些地方就隶属上谷郡了。

本来这件事与张堪一点关系都没有，但是张堪觉得王霸刚刚同自己齐心打败匈奴，一举夺下高柳城，功高至伟。回来又积极为渔阳郡抵抗匈奴做策应，也算是结下了生死之交。现在王霸又想干造福百姓的事，自己就应该帮助他办成。现在自己病情好转了，他就让随行人员联系王霸，想到易水河流域去实地看看。秦丰本来不同意张堪去易水，但是他看到王霸这样为百姓着想，张堪的身体又恢复得很快，就派了一名医生随行，同张堪、王霸一起去易水河。

王霸安排了两辆舒适的马车，拉着张堪和陪同人员出发了。出蓟城一直向南，过良乡，沿太行东麓南下，来到古燕国下都武阳（今易县东南）。曾经辉煌的古都，早已经荒废了。由于武阳城地处北易水（濡水）和南易水（雹水）之间，了解古易水流域的情况就从这里开始。武阳城是燕赵精神的发祥地，自古传颂着许多悲壮的史诗。这里高大的土台，都是燕国宫殿的遗址，这里发生过燕昭王派遣荆轲刺杀秦王的故事，发生过为招揽人才高筑金台的故事。如今，昭王已远去，高台今安在。后人有诗曰："当年召公此封侯，后有昭王聚良谋 。自从荆卿失短计，便被强秦一囊收。 风物长新燕山色，江山不改易水流，高台百尺今犹在，白云千载亦悠悠。"

张堪一行在王霸太守的陪同下，没有心情追思千古之情，只想了解一些易水的水文资料，于是就沿着东流的易水来到有名的文安洼。这里的地形比渔阳复杂，这里汇集了易水、子牙河、潴龙河、古洋河的来水，常年水患不断。文安县长在易水岸边，介绍了文安洼的水害情况。张堪听了以后，又实地勘察了通向渤海的河道。根据一路看到的情况，他认为这里与渔阳的最大不同点就是来水大于排水。即使是开垦稻田，增加用水量，多余的水量还可能危害村庄。所以一个以排水为主，旱地改水田为辅的方案逐渐清晰了。

虽然元日已过，但是还没有出九，寒冷的北风，夹着大片的雪花，铺天盖地而来。张堪感到浑身都被冻透了，嘴唇都紫了。王霸看到雪越下越大，就提议先回驿站歇息。来到文安驿站，张堪越来越感到浑身发冷。随行军医用手在前额试了试，烫手。张堪开始发烧了。他赶紧把随身带来的退烧药竹

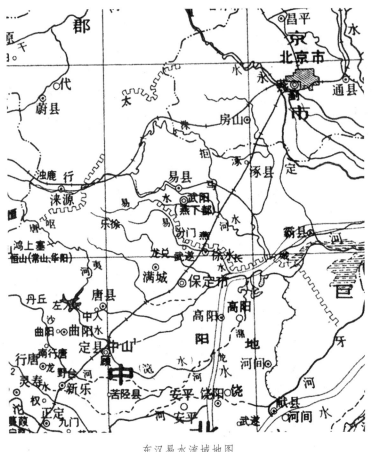

东汉易水流域地图

如、蚕沙和陈皮熬成汤药，给张堪喝下去，没有吃饭就和衣躺下休息。本来这样的情况医生见过的太多了，这个退烧的方子屡试不爽。令他没有想到的是，这次张堪喝下药后，竟然没有任何效果，病情反而越来越重了。束手无策的医生想连夜送张堪回到蓟城医馆，又怕一路颠簸反而坏事，就只能继续服药，等待奇迹发生。但是等来的却是噩耗。二月初三上午，在大家焦急的呼唤中，张堪永远闭上了眼睛。

前两天，在易水河边，站在堤坝上，看到这水乡风光，虽然是冬季，没有桃红柳绿，但是张堪仿佛看到了南阳家乡的风光。口中不由自主地发出"太美了"的由衷赞叹。所以在张堪逝世以后，王霸太守就和张堪的夫人商量，既然张堪喜欢这里，不如就把他葬在这里。同时也可以让他见证上谷郡向渔阳郡学习，根治水害，种稻富民的实际行动。张夫人欣然同意，她正发愁运回南阳安葬的费用。后来墓地的选择、遗体的安葬、所有的后事，王霸都安排得无微不至。张堪的夫人表示真诚感谢。建武二十二年（公元46年）二月初五日，渔阳太守张堪被埋葬在安次县南部的高地上。《畿辅通志》中记载，张堪墓在"保定县西南二里"，即今河北省文安县新镇西南一公里处，如今地面上已经无任何遗存。

二月己巳日（初七），刘秀一行回到洛阳。刘秀正准备要尚书起草征拜张堪的诏书，没有想到尚书首先向刘秀奏报，渔阳太守张堪因病已于二月初三逝世。因为张堪生前遗嘱，丧葬从简，遗体已经在保定下葬，家属已经回到南阳。刘秀听后，半天没有缓过神来，低头不语，眼含泪花，许久才下诏："张堪抗敌守边，教民种稻，积劳成疾，为国尽忠，赐帛一百匹，予以褒奖。"诏谒者去南阳西鄂张堪家中代皇上慰问。同时刘秀下诏征拜范迁为渔阳太守。

两汉时期，二千石以上官员逝世，皇上都有赙赠，标准与官员的官秩高低有关。《儒林外传上·戴凭传》记载，戴凭官至虎贲中郎将（秩比二千石），在职十八年，卒于官。光武帝诏"赐东园梓器，钱二十万"。其中东园梓器即特制棺木，《汉旧仪》中说："东园秘器作棺梓，素木长二丈，崇广四尺。"张堪官秩二千石，高于戴凭。但是张堪曾经留下遗言，现在国家百废待兴，要一切从简，不给朝廷增加负担。所以其死后，遗体没有运回南阳安葬，而是就地安葬。家属含泪回到西鄂，一切都办完了，才让郡府上奏朝廷。最后刘秀下诏"帝深悼惜之，下诏褒扬，赐帛百匹"。

张堪去世以后，家庭经济更加窘迫。朱晖闻讯，立即亲自前往探视，送去丰厚的钱款救济，并将张堪十四岁的儿子张伟，帮助安排在南阳府学读书。朱晖儿子私下问道："父亲您不和张堪为友，往常也不曾互通信息，我对您的行为感到奇怪啊！"朱晖说："张堪曾经对我说过知己的话，我铭记在心上了。"由此留下一句成语叫"情同朱张"，流传了两千年。

第十六章

美誉——流芳百世励后人

斯人远去，美誉流传。张堪逝世已经近两千年，但是人民怀念之情，体现在很多方面。

# 一、纪念张堪的成语

### 1. 乐不可支

《东观汉记·张堪传》曰："桑无附枝，麦穗两歧，张君为政，乐不可支。"

释义：东汉初年，张堪跟随刘秀攻打四川公孙述立下赫赫战功，被任命为蜀郡太守，后调任渔阳太守，抗击北方的匈奴入侵。他不但英勇善战，而且开垦农田，兴修水利。他从不贪图个人富贵，为民鞠躬尽瘁。在任八年，边境无战事，社会无诉讼，教民植桑种稻，百姓安康富有。百姓有歌谣唱道：桑树没有小的杂枝，麦穗和稻穗都长得沉甸甸，有张堪太守主政，百姓高兴到极点。

### 2. 情同朱张（一说朱晖许堪）

释义：东汉初，河南南阳朱晖与张堪两个人原来并不认识，后来朱晖读太学期间曾经见到张堪，张堪此时已是朝廷重臣。张堪早就听说朱晖是他太学同学朱岑的儿子，不但知识渊博，而且为人正直，很欣赏朱晖的学识与为人，再加上同乡关系，就有意提拔朱晖，可他却婉言谢绝了。这样一来，张堪更觉得朱晖是个可以信赖的人。

朱晖太学学业结束后，张堪去看他，分手之时，张堪推心置腹地和朱晖说：你是一个非常自持的人，倘若哪日我身体不好，驾鹤西去，愿把自己的身家与妻儿托付你！朱晖忙道"岂敢岂敢"，但心中却非常感激，毕竟有人把自己当作生死之交，也是一件让人欣慰的事。当时他们身体都很好，朱晖也没把张堪的话当回事，并没有做出何承诺。

之后，两个人因为种种原因失去了联络。时光如水，转眼20多年过去了，张堪在渔阳太守任上去世了。张堪为人为官清正廉洁，家中少积蓄，妻儿生活拮据困难。然正当他们为生活困窘发愁之时，朱晖闻讯赶来，向张堪的妻儿伸出援助之手。此后他就不断地给张堪的家里以资助，年复一年地去关心他们。

朱晖的儿子非常地不理解，就问朱晖："您过去和张堪并无深交，为何对他的家人如此厚待与关心呢？"朱晖感慨道："我和张堪只是彼此倚重、生死相托的朋友，这就足够了。"儿子更是纳闷："既然你们是好朋友，怎么不曾来往？"朱晖道："我与张堪虽来往不密，但是张堪在生前曾有知己相托之言。他之所以托付给我，是因为他信得过我，我又怎能辜负这份信任呢？况当时我嘴上虽然未置可否，心中却已应允。那时张堪身居高位，自然不需要我的帮助。而如今他不在了，其家人生活窘困，我又怎能袖手旁观？"

朱晖后来官至尚书令，却从来不炫耀自己。他背地里常常告诫儿子说："你不一定要学我如何做官，但务必要学我如何做人。"

# 二、纪念张堪的祠庙

## 1. 张相公庙

东汉渔阳郡太守张堪，在狐奴县（今顺义区东部）利用水资源丰富的优势，开垦稻田八千顷，教民种植水稻，使这里成为鱼米之乡。两千年来，这里的人民永远怀念张堪太守为民造福，在水稻种植的中心地区的前鲁各庄村，当地百姓不忘其恩泽，建造张相公庙，里面供奉了张堪、关公和张堪岳父的塑像。把张堪和其岳父的塑像与关公一起，接受人民的膜拜，足见张堪在人民心目中的地位。

邓拓（1912—1966年，原名邓子健，笔名叫马南邨、邓云特，福建闽侯

顺义区前鲁村的水稻丰收在望　摄影　黄礼

博物馆内景　摄影　黄礼

人）20世纪时曾在《北京晚报》发表过《两座庙的兴废》一文，描述过这里的风景："现在顺义狐奴山下，有若干村庄就是历来种稻的区域。你如果走到这里，处处可见小桥、流水、苇塘、柳岸，穿插在一大片稻田之间，这才是真的北国江南，令人流连忘返。"可惜张堪庙在20世纪50年代被拆毁。但是今天人们换了一种更积极的方式纪念张堪，就是前鲁村建设了张堪文化博物馆。系统介绍张堪在狐奴县种植水稻的历史，介绍稻生产过程，展示古代农业工具。这里已经打造成集历史文化、美食采摘、农耕体验、休闲农业为一体的民俗旅游村。

2. 蓟张郭祠

天津市蓟州区历史上曾经是渔阳郡治，在老城西北的城隍庙东旧有一座张郭祠。祠中是纪念东汉渔阳郡的两位太守。一位是创造"渔阳惠政"的张堪，另一位是"信立童昏"的郭伋。明成化年间，蓟州知州汪溥对祠堂进行重修，并亲自撰写《张郭祠记》。

汪溥，明徽州府绩溪人，字源学。天顺三年（1460年）举人。明成化八年（1472年），汪溥任蓟州知州。在职期间，他以张堪、郭伋为榜样，革宿弊，均徭役，治理蓟河，解除水旱灾害，深得百姓拥戴。在他任期已满时，经蓟州百姓极力挽留，受到明皇帝褒奖，授汪溥从四品官职，又任一期知州，后升任庆远知府（庆远府，治宜山县，今广西宜州市）。走前留下一首《渔阳怀古》，回溯了渔阳的烽火连天和岁月沧桑，不忘对张堪、郭伋二公的怀念："画角呜呜弄朔风，渔阳千古恨无穷。孤城鼙鼓声才动，一曲霓裳舞未终。日暮断云横铁岭，夜深寒月照崆峒。独怜张郭祠犹在，春草年年长碧茸。"

汪溥在蓟州知州任上九年，时刻以张郭为楷模，政绩卓著，他离任时，当地百姓为他立了"蓟州太守汪侯德政碑"，体现了对他的爱戴之情。

## 三、纪念张堪的诗歌

1. 渔阳怀古　（明）汪溥（蓟州知州）

画角呜呜弄朔风，渔阳千古恨无穷。
孤城鼙鼓声才动，一曲霓裳舞未终。
日暮断云横铁岭，夜深寒月照崆峒。
独怜张郭祠犹在，春草年年长碧茸。

2. 渔阳怀古　（明）黄景

燕山万仞削芙蓉，渔水千寻绕玉红。
民物熙熙图画里，楼台隐隐雨烟中。
儿童齐解夸张郭，父老犹能说景崇。
不识当年鼙鼓沸，几人高洁在崆峒。

### 3.蓟州　（明）唐之淳

蓟州古渔阳，地势殊丰隆。三河漾其西，石门限其东。
兵馀岁屡歉，四野无恒农。老少衣裋褐，园庐缺垣墉。
况兹久旱乾，冬春苦多风。小雨不破块，犁锄讵能功。
麦秋未含稜，苗田但高蓬。揭来览原陆，匹马方从戎。
解鞍憩官舍，绿树空亭中。有鸟鸣树间，其雌和其雄。
物性有至乐，人情怀苦悰。畴能抚罢民，和辑与鸟同。
张郭久不作，高山仰遗踪。

### 4.题白云观壁

清　佚名

狐奴城下稻云秋，灌溉应将水利收。
旧是渔阳劝耕地，即今谁拜富民侯。

注：旧时狐奴山上有座庙，明称"真人庙"，明末及清称"白云观"，此诗为观内壁上所题。摘自《怀柔县志》。诗中"富民侯"即指张堪。

### 5.大德歌·箭杆河

千年河，
隐传说，
大汉张堪有才德，
泉水清流澈，
稻谷香君子泽，
雕翎箭射添秀色，
悠悠河水唱田歌。

# 四、纪念张堪的传说

### 1. 箭杆河的传说

在北京市顺义区有一条发源于狐奴山下的河，叫箭杆河，俗称潋潋河、窝头河。关于箭杆河形成的传说很多。有一说法是当年张堪在渔阳郡狐奴县开稻田8000顷，需要排水，张堪拉开弓，一箭射出了一条箭杆河。传说张堪站在前鲁村南，手指南方说："应从这开始，往南修一条排水渠。"说着从腰间拔出一支雕翎箭，拉满弓一箭射出40华里，水随着箭走，开出一条笔直的河，就是现在的箭杆河。张堪也感到惊奇，说："天助我也！"这个箭杆河实际是古代的人工修建的一个排水工程。

还有一种水稻播种技术的传说。箭杆河源头，是顺义区木林镇东、西沿头和北小营东、西府村附近的群泉及北府村东的山泉，在上辇村北汇合后而成为箭杆河，经桥头、南彩、魏辛庄南下，从赵庄西流入潮白河。流程27.5公里，流域面积178.94平方公里，是顺义东部地区的主要排水河道。这一带在20世纪50年代以前，是地下水的溢出带，遍地冒水，人称"万金泉"。当地人种植水稻，一般不采取插秧，都是用传统的抹桃方法（不插秧，直播）种水稻，因为这地方种稻不需灌水，只需排水。每年必须"顶凌"带冰碴下种，水稻长到七八寸高时，农民用挠秧的办法定苗，留下一定距离的稻苗，是一撮一撮的。这种种植技术，据说还是张堪传下来的。

### 2. 关于狐奴山变稻谷堆的传说

在狐奴山周边地区，至今还流传着一个神话故事：张堪带领3万人马追击匈奴入侵者，因连阴雨被困狐奴山前，粮食供应不上，将士们饥饿难耐，张堪万分焦急。这时，伙夫给张堪送来一碗大米粥。张堪问："米从何来？"

伙夫说是将军家人从蜀郡带来的。张堪气愤地大吼道："饿死了士兵，将军活着还有何用！"顺手将粥碗向山石上摔去。山冈顿时变成了黄澄澄的稻谷堆。饥肠的将士们立即蜂拥而上，纷纷捧起稻粒充饥。3万人马吃了整整3天，大稻堆居然还剩下一半。这时军粮运到，将士们就不再吃稻粒了。剩下的稻谷被播种在狐奴山下，将士得胜归来，只见满眼都是丰收的稻田。从这个神话传说，可以看出当地民众对张堪为民除害、教民植稻、造福百姓的感激之心，表达了民众对张堪的无限敬爱与怀念之情，同时，它也佐证了《后汉书·张堪传》所记张太守劝民种稻致富是真实可信的。

### 3. 渔阳院的传说

东汉初年，香河地区还较荒僻，后渔阳太守张堪在此地建了别院，因当地人称张堪为张渔阳，所以其住所就被称为渔阳院。至今其址所在村还被称为渔阳院村。张堪组织人力疏导狐奴山水灌入箭杆河，使下游数万亩良田解除旱灾。张堪又教人开渠种稻，遍栽蔬果，香河东部地区成为稻米之乡。那一带至今留有渔阳院、南渠口、北渠口、梨园等有关村镇。

第十七章

后人——旷世奇才创伟绩

在我国历史上，曾经有张姓是从不没落家族的说法，说明张姓人在历朝历代都涌现了不少俊才。作为张堪的后人更是中国历史的浩瀚星空中的灿烂群星！在这里撷取张堪三位后人的事迹，作为代表。

# 一、旷世科圣

张堪逝世32年之后的公元78年，早已破败的西鄂望族张家，终于有了一个好消息，张堪的独子张伟40岁喜得贵子。为了保住孩子的平安，张老夫人给这个宝贝孙子取名叫张衡，字平子。从说文解字的角度说，衡指的是北斗星和银河。张家几代人丁都不旺，几乎代代单传。老天有眼，现在虽然张堪没有看到孙子的模样，但是后来的发展，证明这个孙子确实是旷世奇才。他不仅官居尚书，而且在文学、天文、绘画等方面都名声显赫，成为我国东汉时期伟大的天文学家、数学家、地理学家、文学家和发明家。曾任我国首任中科院院长、第二届、第三届、第五届全国政协副主席的郭沫若对张衡的评价是："如此全面发展之人物，在世界史中亦所罕见，万祀千龄，令人景仰。"

## 1.张衡的生平

东汉章帝建初三年（公元78年），张衡出生在南阳郡西鄂县（今南阳市卧龙区石桥镇）张家。祖父张堪曾经官拜蜀郡和渔阳郡太守，做过光武帝殿前骑都尉，是东汉初年有名的循吏。但是由于他廉洁为官，家里并不富裕。致使他死后都无力运回南阳安葬。张堪死后，家里更是断了经济来源。幸好得到朱晖的接济，才勉强度日。张衡自幼聪慧，不管是在村里的书馆，还是在县里的官学，张衡的成绩都是出类拔萃的，他思考的问题有时先生都无法解答。在他很小的时候，就写得一手好文章。为了开阔视野，增长才干，他于汉永和帝永元六年（公元94年）到"三辅"（本来是西汉管理长安京畿地区的三位官员，包括左内史、右内史和主爵都尉，分管京兆尹、左冯翊、右扶风。其范围相当于今陕西中部地区。隋唐以后习惯称这一地区为"三辅"。见《后汉书·张衡传》"衡少善属文，游于三辅"）地区游学，后来根据这些经历，张衡写下了有名的《二京赋》。

游历三辅后张衡到洛阳游览，带着强烈的求知欲望，进入太学旁听，师从号称通儒的贾逵，学习儒学、天文学和数学，开阔了张衡的学术视野，

张衡塑像 摄影 焦守田

并结交了马融、王符、崔瑗等青年才俊。特别是崔瑗，他与张衡一起向贾逵学习天文、历法和《京房易传》（《京房易传》是易经的一支，西汉京房所撰，多言灾异之说），志同道合，荣辱与共，成为终身的挚友。张衡虽然不是正式的太学生员，但是经过六年苦读，"通五经贯六艺"，其杰出的学识和文采在当时就名声远扬。

永元十三年（公元101年），黄门郎（黄门郎，官名。又称黄门侍郎，秦置，汉沿设。即给事于宫门之内的郎官）鲍德拜南阳太守，他仰慕张衡的才华，又因为张衡是南阳郡人，便多方设法邀请张衡到南阳郡去帮助他办理郡政。鲍德的祖父鲍永，上党屯留（今山西省长治市屯留县）人，是汉光武帝刘秀时的名臣，以刚正廉洁、不惧权贵而闻名；父亲鲍昱做过汝南太守，在那里广修水利，灌溉农田，使老百姓家庭富裕，生活安定。鲍德继承了祖、父辈的品德，为官正直，气节高尚。能给这样德高望重的人当助手，张衡感到很荣幸，便欣然接受了鲍德的邀请，出任南阳主簿。主簿是中国古代各级主官属下掌管文书的佐吏。隋唐以前的主簿权势很大，甚至参与主官的决策，所以多为主官心腹之人担任。张衡为鲍德服务9年，在他调任朝廷任大司农后还要张衡跟他前往，足见他对张衡的信任和赏识。

汉安帝永初二年（公元109年）由于鲍德功绩卓著，被调入京城任大司农。邀请张衡同行，张衡拒绝了鲍德的盛情邀请，辞去主簿之职，回到家乡，专心钻研学问，并由对文学的爱好转向对天文、历法的研究。尤其是深

入研究西汉学者扬雄的《太玄经》，系统学习扬雄的哲学体系和宇宙论。《太玄经》为西汉末年扬雄（公元前53—公元18年）模拟《周易》所创。是祖父张堪当年从太学离校时，先生衡咸所赠。其哲学思想对后来张衡的成长影响很大。

汉安帝元初六年（公元119年），张衡举孝廉为郎，公元121年三属郎选试尚书郎，公元123年为尚书郎，公元124年为尚书侍郎，公元125年转迁太史令。这个职位，为张衡后来的发明创造，提供了优厚的组织资源。太史令也称太史，汉代官职名，相传夏代末已有此职。西周、春秋时太史掌管起草文书，策命诸侯卿大夫，记载史事，编写史书，兼管国家典籍、天文历法、祭祀等，为朝廷大臣。西汉初年设立太史令一职，《史记》和《汉书》中称司马迁和其父司马谈为太史公；按《汉官旧仪》中说，太史公官秩二千石，地位尊崇。到了东汉虽然还设太史令，但其职责和官秩都发生了很大变化。从职责来说，西汉初设太史令时，所负责的记载史事、编写史书、兼管国家典籍等三项主要职责已经交给兰台和东观的令郎。兰台本来是西汉长安馆藏国家典籍的石室。东汉定都洛阳后，沿用了西汉时的习惯，把馆藏国家典籍的地方仍叫兰台。东汉和帝年间（公元89—105年），将宫廷馆藏典籍和校书传史的工作迁到洛阳南宫的东观。记述东汉百年历史的《东观汉记》，就是由班固、刘珍、蔡邕等人在这里撰写的。而太史令的职责只剩下三项。据《后汉书·百官志二》中记载："太史令一人，六百石。本注曰：掌天时、星历。凡岁将终，奏新年历。凡国祭祀、丧、娶之事，掌奏良日及时节禁忌。凡国有瑞应、灾异，掌记之。"后任公车司马令（公车司马令，中国封建时代中央九卿之一卫尉的属官。掌宫殿中司马门的警卫和接待工作），属于平调。汉顺帝嘉阳元年（公元132年）又回来干太史令。四年后（公元135年）调任侍中，按说这是受皇帝信任的官，除去不在皇宫住，一天到晚都跟随皇帝左右。但是只干了一年。到公元136年，就被调出京任河间国相。两汉时期，封国与郡在行政区划上是等同的。国王相当于名誉上的，不负责政事，相是实际上的主政之人。河间国是光武帝刘秀于建武七年（公元31年）封西汉末河间王刘邵为河间王的封国。后来建武十三年（公元37年）被省掉，并入信都郡。（西汉高帝六年，即公元前201年，设置信都郡，治信都县，即今河北冀州市旧城附近）东汉和帝永元二年（公元90年）复建河间国，封汉章帝之子刘开为河间王。（刘开，生年不详—公元132年，汉章帝第六子，其母申贵人）刘开做了42年河间王。于公元132年死后，他的儿子刘政被封为东汉第二代河间王，他从公元132年到公元142年，做了十年的河间王。

张衡拜河间相，级别由六百石升为二千石。工作性质也是由九卿的属官变成独当一面的封疆大吏，应该是风光的。但已经59岁的他于公元136年到河间拜相，也风光不起来。河间王刘政，《后汉书》记载："政傲佷（音很，意为不顺从，违背），不奉法宪。"用今天的话说就是个目无法纪的人。这里还记载了这样一个故事说明刘政的劣迹。汉顺帝的侍御史吴郡人沈景，以干事能力强著称，因此被提升为河间相。沈景到河间国拜见河间王。河间王不穿朝服，不拘礼节地坐在殿上。侍郎引见参拜，沈景直身站在原地不施礼，还问王在哪里。护卫河间王的卫士回答："那不就是王吗？"沈景说："王不穿朝服，与常人有何区别！今天本相拜谒河间王，岂能拜谒不懂礼节的人呢？"河间王听了羞惭得马上更换朝服。沈景然后正式施拜礼。走出宫门外后，沈景请王傅（王府属官）责备河间王说："以前送到京师，皇帝召见后下诏，由于王不恭敬，指使本相对他监督。不少国君空受爵禄，而缺乏训导。"经过沈景的教训，据说后来刘政变好了，但是人说江山易改秉性难移，到张衡来给他做相时，还是发现了许多他违法的事情。好在张衡和沈景一样，一身正气，打击了河间不法之徒，伸张正义，得到人民的爱戴。张衡看到社会之乱不是刘政一人所致，靠自己一身之力，无法拨乱反正。他在河间干了三年，汉顺帝永和四年（公元139年）他向顺帝请辞告老还乡，不仅没有得到允许，反而让他回京城任尚书。尚书是为皇帝干实事的官，相当于今天的部长。东汉尚书设六人，一人当"仆射"，五人分五曹分科办事。张衡迁尚书只能算平调。按说圣旨难违，但是还没上任，张衡就因病去世了，享年62岁。

### 2. 张衡的贡献

张衡死后300多年，他的同乡范晔（公元398—445年，字蔚宗，顺阳，今河南南阳淅川人，南朝宋史学家，文学家）在《后汉书》中为张衡作传，从善属文、善机巧、善理政三个方面，总结了张衡不平凡的一生。

（1）张衡的文学贡献。后人评价他善属文，并被列为汉赋四大家之一。张衡少时就写得一手好文章，后来在仕途上也是爱好写作。张衡在天文学方面著有《灵宪》《浑仪图注》等，数学著作有《算罔论》，文学作品以《二京赋》《归田赋》等为代表。《隋书·经籍志》有《张衡集》14卷，久佚。明人张溥编有《张河间集》，收入《汉魏六朝百三家集》。张衡赋的代表作历来公认为是《二京赋》《思玄赋》《归田赋》。

张家祠堂通用联中有"千秋鉴百忍箴常留古训，万先钱两京赋当读遗书"的对联。下联中的"两京赋"就是指的张衡。

张衡在文学艺术上，影响最大的当数汉赋。汉赋是在汉朝流行的一种有韵的散文，它的特点是散韵结合，专事铺叙。从赋的形式上看，在于"铺采摛文"。它产生于战国时代后期，最早是荀子创作的，如《礼》《知》《云》等。从文体形式上可以分为从楚辞发展而来的骚体赋，代表作品如贾谊的《吊屈原赋》；气势恢宏长篇巨作的大赋，也叫散体大赋，代表作品如班固的《两都赋》；还有篇幅短小文采清丽的小赋，张衡的《归田赋》、赵壹的《刺世疾邪赋》、蔡邕的《述行赋》、祢衡的《鹦鹉赋》都是较有名的作品。从赋的内容上说，侧重"体物写志"。汉赋的内容可分为五类：一是渲染宫殿城市；二是描写帝王游猎；三是叙述旅行经历；四是抒发不遇之情；五是杂谈禽兽草木。赋是汉代最流行的文体。如果从发展阶段上划分，可以分为骚赋、汉赋、六朝赋（又称俳赋）、律赋和文赋五个阶段。

《文心雕龙》对汉赋名家的评价恰到好处，称"自扬（扬雄）马（司马相如）张（张衡）蔡（蔡邕），崇盛丽辞，如宋画吴冶，刻形镂法，丽句与深采并流，偶意共逸韵俱发"。又称"张衡通赡，蔡邕精雅，文质彬彬，隔世相望。是则竹柏异心而同贞，金玉殊质而皆宝也"。

任何事物的发展，都会留下时代的烙印。汉赋，特别是以鸿篇巨制、辞藻华丽著称的大赋，到了东汉逐步完成向短小亮丽、托物言志、咏物抒情、针砭现实的小赋华丽转身。而实现这一转身的代表就是张衡。他的《归田赋》是大赋转向小赋的标志性作品，也是后代田园诗赋的先河之作。永元七年（公元 95 年），张衡游完三辅后，经过灞桥来到骊山游览。根据见闻，他写了一篇《温泉赋》，这是他流传至今的最早的文学作品。最后的作品是公元138年去世前一年创作的《归田赋》，前后四十多年的辛勤耕耘，留下大量文学作品，在中华文明的宝库中熠熠生辉。据《后汉书》本传记载，他所著诗、赋、铭、七言及《灵宪》、《应间》、《七辩》、《巡诰》、《悬图》（一作《玄图》）等作品，共三十二篇。但是现代研究表明张衡留存于世的诗文作品有三十七篇。

（2）张衡在科学研究发明创造上的贡献。

奶奶给他取名叫衡，她决不会想到自己的孙子会成为举世闻名的科学家、天文学家。张衡年轻时爱好文学，甚至下十年苦功夫完成了《二京赋》的创作。但是到了京城，进入太学从师贾逵以后，他将更多的精力转到天文科学的研究上来。在基础理论、科学应用和仪器制作等方面都取得了不朽的功勋。完成了《灵宪》《算罔论》等科学专著，提出了天文学基础理论。元初五年（公元 118 年），张衡归纳总结多年的研究成果，冲破了当时神学、谶纬的迷雾，继承和发展了前人的唯物主义哲学思想，写出了闻名于世的天文学著作《灵宪》。在《灵宪》中，一是论述了宇宙的起源和宇宙的结构。提出天地的生成，是从原始的混沌未分的元气发展来的。元气最初混沌不分，后来才始分清浊，清气和浊气相互作用，便形成了宇宙。清气所成的天在外，浊气所成的地在内。这种天体演化思想，与现代宇宙演化学说在基本原理上是相通的。二是在浑天说的基础上，科学地阐述了月食的原因。张衡在《灵宪》中写道："月光生于日之所照；魄生于日之所蔽。当日则光盈，就日则光尽也。"近两千年前这些理论是非常科学的。三是提出宇宙的有限性和无限性。张衡认为，人们目之所及的宇宙世界是有限的，但在人们目之所及之外呢，就"未之或知也。未之或知者，宇宙之谓也。宇之表无极，宙之端无穷"。四是测日和月的平均角直径值。张衡实测出日、月的角直径是整个周天的1/736，转换为现行的 360度制，即29'21″，这与近代天文测量所得的日和月的平均角直径值31'59″和31'5″相比，绝对误差仅有2'。五是在认真观察天体的基础上，建立了恒星多达三千的新星表。据《灵宪》中载，其中"中外之官常明者百有二十四，可名者三百二十，为星二千五百，而海人之占未存

首都国际机场候机大厅陈列的"紫微辰恒",是根据张衡发明的世界第一台自动演示恒星和太阳周日运行的"漏水转浑天仪"制作。摄影 焦守田

焉"。这一结果,不仅大大超于前人,也为后世所不及。六是提出日、月和金、木、水、火、土五星的运动规律。张衡提出:日、月、五星是在天地之间运行,而非在天球壁上运行。并且,这七个天体运动的速度各不相同,"近天则迟、远天则速"。也就是说距地近则速度快,距地远则速度慢。这种理论被后人肯定。直到17世纪,开普勒在哥白尼太阳系学说的基础上,指出行星运动的三大规律,而其中之一,便是行星速度和公转周期决定于行星与它运转中心体太阳之间的距离。经过长期观测,他在《浑仪图注》中提出"一周天为三百六十五度又四分之一",已经与现代观测结果相差无几。

利用科学理论,践行新的历法。历法是用推算日月星辰的运行来确定岁时节候的方法。自古以来,人类对天体运行的观测,一个主要目的就是不断完善历法。东汉以前,曾经实行过《颛顼历》《太初历》《四分历》三种历法。《颛顼历》在周末已经制定,秦统一后才颁行全国。其特点是以十月为岁首。自秦始皇二十六年至汉武帝太初元年共实行117年。《太初历》是中国古代第一部比较完整的汉族历法,也是当时世界上最先进的历法。汉武帝命邓平、唐都、落下闳等人议造《汉历》。汉武帝元封七年五月,改年号为太初(公元前104年),即为太初元年,并颁布实施这套《汉历》,后人称此历为《太初历》。其法规定一回归年为一年,一朔望月为一月,所以又称"八十一分律历"。以夏历的正月为岁首。太初历第一次把二十四节气编入历法,以没有中气的月份为闰月。它还首次记录了五星运行的周期。太初历共使用了188年。《四分历》是以365 1/4日为回归年长度调整年、月、日周期的中国古代历法。由编欣、李梵等创制。

张衡在太学时，曾经听贾逵讲授《九道法》，张衡在任尚书郎时与另一位尚书郎周兴（东汉庐江舒，今安徽庐江西南人。少有名，善历法。）通过研究多年的天文观测记录，把它们和各种历法的理论推算进行比较，认为贾逵提出的《九道法》比《太初历》和东汉《四分历》都精密，提出了以"九道法"进一步补充和修改《四分历》的建议。在"九道法"未产生之前，人们认为月亮运行的速度是均匀的，制历时采用平朔（每朔望月的数值都相同）。实际根据观测的结果，月亮运行的速度并不均匀，因此，制历时应采用"定朔"（每个朔望月的数值都有一定差异）。这是符合月亮运行实际的科学认识，但当时未被采用。当时"九道法"虽未被采纳，但它是科学的，到了东汉末年，历法推算常出现日食预报错误，刘洪制订的《乾象历》终于采纳了"九道法"，考虑到月行不均匀性的因素，大大推动了历法的进步。

发明制造候风地动仪和浑天仪。我国到汉代天文学发展已经在全世界处于领先水平。在理论研究领域，已有盖天、宣夜和浑天等学派。盖天说认为，天如盖，盖心是北极，天盖左旋，日月星辰右转。宣夜说认为天无定形，日月星辰"自然浮生虚空之中"，并不附着于"天体"之上。浑天说认为天如蛋壳，地如蛋黄，天地乘气而立，载水而行。后来宣夜说失传，盖天、浑天两说并行，竞相争鸣，比较科学的浑天说渐占上风，而张衡是当时浑天说的代表人物。

张衡不仅在理论上领先，同时也继承和发展了前人的成果。公元115年任太史令后，他更加勤奋地"研核阴阳"，终于"妙尽璇玑之正"，在元初四年（公元117年），成功制造了世界上最早的水动铜铸浑天仪。浑天仪主体是几层均可运转的圆圈，最外层周长一丈四尺六寸。各层分别刻着内、外规，南、北极，黄、赤道，二十四节气，二十八列宿，还有"中""外"星辰和日、月、五纬等天象。仪上附着两个漏壶，壶底有孔，滴水推动圆圈，圆圈按照刻度慢慢转动，可以准确反映出天象变化。为了消除人们的怀疑，有一次张衡专门组织人测试。夜里，室内观仪人员把某时某刻出现的天象及时报告给灵台上的观测人员，结果与天上所现完全相同。在浑天仪制造成功的基础上，张衡写出了《浑仪图注》和《漏水转浑天仪注》两本说明书，又撰成《灵宪》一部，绘制《灵宪图》一份。

候风地动仪的发明制造成功，是张衡科学研究事业的巅峰。地震，也叫地动或地震动，是地壳运动引起的自然现象，强烈地震可以对人民生命财产造成巨大损失。我国历史上有文字记载的第一次地震是周幽王二年（公元前780年）发生在陕西岐山的地震。《国语·周语》中记载："西周三川皆震，是岁，三川竭，岐山崩。"三川指泾水、渭水、洛水。涉及今陕西、河南，可见受灾面积不小。发展到东汉时期，地震出现频发态势。据史料记载，从建武二十二年（公元46年）到汉顺帝建康元年（公元144年）不到100年的时间，记载了30次地震。其中从汉安帝永初元年（公元107年）到汉顺帝建康元年（公元144年）38年间，竟有28次地震记录。地震区有时大到几十个郡，引起地裂山崩、江河泛滥、房屋倒塌，造成了巨大的损失。张衡从小就听说了建武二十二年地震南阳不少家毁人亡的悲剧，长大以后，不论是求学还是做官，都耳闻目睹了许多地震的危害。在他担任太史令期间，为了改善和加强对地震的监测，他决心要研究出可以监测到地震发生的仪器。经过多年的研究试验，终于研制成功可以监测地震的仪器——候风地动仪。《后汉书》中记载了张衡"阳嘉元年（公元132年），复造候风地动仪，以精铜铸成。员径八尺，合盖隆起，形似酒尊，饰以篆文山龟鸟兽之形。中有都柱，傍行八道，施关发机。外有八龙，首衔铜丸，下有蟾蜍，张口承之。其牙机巧制，皆隐在尊中，覆盖周密无际。如有地动，尊则振龙，机发吐丸，而蟾蜍衔之，振声激扬，伺者因此觉知。虽一龙发机，而七首不动，寻其方向，乃知震之所在"。研制成功的地动仪安放在当时观天象、检测地震的灵台（今洛阳市伊滨区佃庄镇朱圪垱村）。汉顺帝阳嘉三年十一月壬寅（公元134年12月13日），地动仪的一个龙机突然发动，吐出了铜球，掉进了下方蟾蜍的嘴里。当时在京师（洛阳）的人们却丝毫没有感觉到地震的迹象，于是有人开始议论纷纷，责怪地动仪不灵验。几天以后，驿站传来文书，报告陇西地区发生地震。陇西距京师700公里，居然准确测出地震，这时大家才不得不佩服张衡地动仪的科学性。这是人类历史上第一次靠仪器监测到的地震。

张衡在数学研究上有过贡献。他所著的《算罔论》是一部关于数学计算的书。他把立方体命名为"质"，把球体命名为"浑"。在书中主要论述了如何计算球的体积。圆周率是指圆的周长与直径的比值，现在一般用希腊字母"π"表示，它是数学和天文学常用的数值。张衡用"渐进分数"之法，算出圆周率为10的平方根，为3.162277。

这比《周髀》（我国最古老的天文学和数学著作。因书中使用了勾股术测算天体运行里数，又相传成书于周公时期，故称"周髀"。髀，股也）所记载的π=3的数值大大进了一步，处于当时国内领先水平。

张衡博物馆展出地动仪模型　摄影　焦守田

在发明创作方面，张衡还制作了指南车、计里击鼓车和会飞的木鸟等。同时他还有不少绘画作品，如他根据自己对地理科学的研究情况曾画过一幅地形图，标画了全国主要山川的地理位置，还形象地展现了各地的地理风貌。《中国科学技术史》一书的作者英国科学家李约瑟称张衡是"中国制图第一人""矩形网格坐标的创始人"。这幅画不仅在地理学上有重要价值，而且作为一幅艺术珍品，在中国绘画史上也占有重要地位。因此，有人说张衡为东汉时期我国四大画家中居首位的大画家。说到张衡的绘画技能，《太平广记》中记载了画兽潭的故事：在张衡家的东南有薄山，山中水潭里有一种怪兽，谁看到都会吓得震惊，它长得头像人，身子像猪，状貌丑陋的鬼见了它都害怕。这种动物经常爬上岸边玩耍。张衡听说后，就想一探究竟，并带着纸和笔来准备把它画下来。可奇怪的是张衡刚拿出笔来画，怪兽见状就逃得无影无踪了，他等了好长时间怪兽再也没有出来。张衡问了别人，才知道怪兽最怕人们画它，一见有人画它，它就跳进水中躲起来了。张衡听了以后，第二次就空手来到了水潭边，刚好看到怪兽正在玩耍。他两手空空，暗地里却用脚趾在地上画下了怪兽的形态。后来人们把张衡画怪兽的水潭叫画兽潭。

（3）善理政，河间为相留清明。

西汉以后，行政区划制度上，在推行"郡县制"的同时又推行封国制，封国包括王国和侯国。河间国属于王国，于汉文帝前二年（公元前178年）

置。治乐成（今河北省献县），下辖十一城。

汉顺帝永和元年（公元136年），由于张衡长期在执掌观天象的要害部门工作，又深得顺帝的信任，所以遭宦官嫉恨，经常在皇帝面前说张衡的坏话，排挤陷害。所以张衡被调出京，到冀州任河间王刘政的国相。河间郡国是皇帝亲属的封地，河间王刘政只吃租税，不理政事。张衡的河间相就是河间的最高行政长官。

张衡一生没有官欲，淡泊名利。有多次做官的机会，都不为所动，且十分注重自身修养。他在《应问》中说："君子不患位之不尊，而患德之不崇；不耻禄之不多，而耻智之不博。"张衡没有官欲，不代表没有施政的才能。到河间为相的三年，他的政绩表现，都说明他有高超的政治眼光、清醒的政治头脑和高明的政治手段。

河间王刘政系汉章帝刘炟（音达）之孙。不仅自己骄奢淫逸，不遵法纪，还组织不少豪强之徒，纠集在一起为非作歹。张衡到任后，首先严整法纪，打击豪强。为了摸清情况，他化装私访，暗中探得奸党名姓，在规定时间一举抓捕，他接连惩治了23家勾结官府的地方豪强势力，他走遍河间国的山山水水，为苦难里的百姓平冤做主。震慑了当地不法之徒，百姓大快人心，上下肃然，河间迎来清明盛世的惠风。但由于他为政清廉，也得罪了不少朝廷重臣。再加上他感到官场黑暗、险恶，无法以一人之力抗衡，任职三年后，61岁的张衡上书请求致仕，但没有被批准，被征召拜为尚书。但还没有上任，就于永和四年（公元139年）逝世，享年62岁。河间人民没有忘记张衡的功劳，在他死后1500年，明人张溥（1602—1641年，初字乾度，后字天如，号西铭，江苏太仓人，明代文学家）将其所著文章编辑的《张河间集》，使张衡的文章得以更好的传播。

（4）坚持科学真理，反对迷信图谶。

官场上张衡立场鲜明，敢于讲真话。东汉政权的后期，很多时候都是宦官得宠，小人当道，谗言横行，人人自危。多数人都不敢说真话，但是张衡却敢讲真话。有一次，汉顺帝曾问张衡，什么样的人是百姓痛恨的人，张衡直言回答说：是那些互争权势、谋乱天下的人。不仅如此，张衡还上疏顺帝，揭发樊丰（？—公元125年，东汉宦官。汉安帝时为中常侍）等乱政害民的罪行。同时用《战国策·赵策一》中的名言警告顺帝，"前事不忘后事之师"。

坚持科学真理，反对迷信图谶。东汉开国皇帝刘秀，是一个有才华有作为的好皇帝。但是他有一个致命的弱点，就是迷信图谶。他依靠图谶做皇帝，也依靠图谶统治朝野。图谶是指古代关于宣扬迷信的预言、预兆，是古代方士、巫师出于某种政治目的编造的，以迎合一些人的需要。其实是没有任何科学依据的迷信。但是在刘秀的宣扬下，整个东汉时代图谶都非常盛行。

张衡受他祖父张堪思想的影响，历来不相信图谶，更是反对这种迷信活动。在他担任太史令的期间多次展开对图谶的批判。延光二年（公元123年），汉安帝就历法问题组织朝臣进行讨论，起因是，有人从图谶和灾异等迷信观念出发，非难当时采用的较科学的东汉《四分历》，提出应改用合于图谶的《甲寅元历》。又有人从汉武帝"攘夷扩境，享国久长"出发，认为应该倒退回去采用《太初历》。据《汉书·律历志》中记载，张衡当时任尚书郎之职。张衡和另一位尚书郎周兴对上述两种意见提出了批驳和诘难，使这两条错误意见的提出者无言以对。

汉顺帝在永建元年（公元131年），采纳了图谶专家周醽的建议，在太学教学内容上也增加了许多谶纬图箓之类的书籍。甚至规定《七经纬》为"内学"，儒家的"五经"为"外学"。也就是说，谶纬之书排列在儒家经典之上，只有精通谶纬才能顺利地踏上仕途。作为太史令的张衡对此非常不满。他认为图谶虚妄不经，非圣人之法，有辱儒家经典，儒者争学图谶，以附妖言，只是作为沽名钓誉的资本。顺帝阳嘉二年（公元133年）张衡升为侍中，于是他就给顺帝呈奏了自己写的《驳图谶疏》，批判图谶是"欺世罔俗，以昧势位，……"，应"一禁绝之"。

这种不畏权势、坚持真理的大无畏斗争精神，与谶纬小人斗智斗勇，受到后人的敬重。宋代金石学家赵明诚（1081—1129年，字德甫，山东诸城龙都街道兰家村人，南宋初年官员、学者，左仆射赵挺之第三子，女词人李清照的丈夫）曾经说过："谶纬之说，兴于西汉之末，而烂于东汉之世，独平子（张衡）奋然辟之甚力。"

### 3.张衡的社会影响

张衡以才华和卓越的贡献彪炳史册，在中国和世界科学史上成为一颗不落的恒星，光芒照耀世代，让华夏子孙永远怀念！张衡死后，归葬在生养他的淯水之滨，今天河南省南阳市石桥镇小石桥村的西北侧，苍松翠柏掩映着张衡博物馆，后院有一代科圣张衡的墓地。张衡的同龄好友崔瑗为他撰写了墓志铭，立下《河间相张平子碑》。碑文中写道："天资睿哲，敏而好学，如川之逝，不舍昼夜。道德漫流，文章云浮，数术穷天地，制作侔造化，奇技伟艺，磊落焕炳。"千百年来，这里成为仁人志士凭吊先贤、拜谒瞻仰、寻古探胜的地方。初唐文坛之一的骆宾王在拜谒张衡墓后，写下了《过张平子墓》诗："西鄂该通理，南阳擅德音。玉厄浮藻丽，铜浑积思深。忽怀今日昔，非复昔时今。日落丰碑暗，风来古木吟。惟叹穷泉下，终郁羡鱼心。"据张衡墓碑记载，明朝嘉靖四十三年（1564年），县人周纪对墓园修筑刻碑。清朝光绪八年（1882年）夏村乡绅师晓亭对墓园进行修葺，重刻明碑。解放后，人民政府拨款三次维修墓园，1956年，时任中国科学院院长的郭沫若为墓园题词。1985年，张衡墓被列为国务院重点文物保护单位。

由于张衡在科学研究上的功绩，世人称其为科圣。1009年，宋徽宗大

南阳市卧龙区石桥镇张衡博物馆　摄影　焦守田

观三年，张衡因其在数学上的贡献，被北宋追封为西鄂伯。为了纪念张衡在天文学上的功绩，联合国天文组织于1970年将月球背面的一个环形山命名为"张衡环形山"，又于1977年将小行星1802命名为"张衡星"，2003年，国际小行星中心为纪念张衡及其诞生地河南南阳，将小行星9092命名为"南阳星"。

## 二、清流尚书

唐朝名相房玄龄组织编纂的《晋书·列传第三十》，为西晋名臣张辅传。据《张辅传》记载，张辅（？—公元305年），字世伟，南阳西鄂人，东汉河间相张衡的后代。他继承了祖上张堪、张衡的优秀品德，不仅才学出众，而且一身正气。很年轻的时候，在家乡他就与姨弟刘乔（公元249—311年，字仲彦，南阳人。西汉宗室，封安众侯，官至御史中丞）一样有名声。

### 1. 不畏强御，秉以执法

中国历史上西晋时期也曾经出现了一个"打土豪分田地"的县令，他的名字叫张辅。在他出任蓝田（秦献公六年，即公元前379年，秦始置蓝田县，今陕西省西安市蓝田县）县令时，不畏豪强，秉公执法。当地有一豪强，叫庞宗，官居强弩将军。他的护军赵浚是他夫人的本家。两个人在当地纵容童仆横行霸道，成为百姓的祸患。张辅按照法律严厉制裁，不仅杀了他家两个恶奴，还没收了庞宗霸占的二百多顷田地，分给没有土地的贫苦百姓，得到全县人民的称赞。后来张辅又转任山阳县（西晋泰始二年，即公元266年置县，今陕西省商洛市所辖）令，太尉（朝廷军事最高长官）陈准（？—公元300年，颍川许昌人。西晋大臣，官至太尉，封广陵郡公）家中的童仆也作恶多端，横行乡里。张辅依然依法杀了作恶的家仆。

## 2. 为维护官场清明，敢于与恶俗斗争

因为政绩卓著，张辅后来进入朝中任尚书郎（古官名，东汉始置，选拔孝廉中有才能者入尚书台，在皇帝左右处理政务，初入台称"守尚书郎中"，满一年称"尚书郎"），封宜昌亭侯。不久转迁御史中丞（两晋监察制度承袭汉制。置"御史台""尚书台""谒者台"。御史中丞就是御史台主官。掌管纠察百官、颁布法令，所以也叫"宪台"。中国辞书之祖《尔雅》中解释"宪，法也"。相当于今天国家监察委员会和司法部）。他忠于职守，敢于与官场上的恶俗作斗争。

在上任一段时间后，他经过自己的调查和官员反映，一是发现积弩将军孟观（？—公元301年，字叔时，渤海东光，今河北东光县人）和明威将军郝彦不和，就借军中之事陷害郝彦。二是权过人主，极盛一时的贾谧，与渤海首富石崇（公元249—300年，字季伦，渤海南皮人）、荥阳潘岳（公元247—300年，字安仁，河南中牟人。即被誉为"古代第一美男"的潘安）拉帮结派，互相吹捧，互相提携。三是义阳（今河南省南部一带）王司马威（？—公元301年，字景曜，小字阿皮，河内温县人，西晋宗室、第二任河间王）欺诈假冒的问题。张辅不管他们是皇帝的宠臣，还是皇帝宗室，都追究他们的责任，并弹劾他们。

## 3. 主持公道，清正风俗

梁州（即今陕西汉中，曹魏元帝景元四年，公元263年，魏灭蜀汉，即将蜀汉故地分设益、梁二州）刺史杨欣的姐姐去世不满十天，车骑长史（车骑将军的重要幕僚）韩预要强娶杨欣姐姐的女儿为妻。张辅为中正（掌纠察群臣过失），韩预被贬官，以清正风俗。不仅在官场上警示了群臣，也在社会上博得了广泛赞誉。

## 4. 遭人陷害，机智脱险

由于张辅坚持公道，所以也得罪了一些人。在孙秀（？—公元301年，字俊忠，琅琊临沂，今山东省临沂市人）当政以后，因欺诈作假被张辅弹劾的

司马威，就在孙秀面前诬告张辅，孙秀轻信谗言，准备按刑律整治张辅。张辅想不能够让坏人得逞，便给孙秀写信说："我张辅只知道仰慕古人，当官办事，不知道稍稍为自己考虑一下。现在义阳王司马威就算是能宽宏大量，不和我计较，然而我母亲已高龄七十六了，也时常为我担惊受怕，怕我总有一天会因积怨而遭来灾祸。愿明公留神审查我任官前后的行事，只不过是一个忠于朝廷的愚臣而已。"孙秀虽一贯凶狠狡诈，但也知张辅平素忠贞正直，是被司马威陷害诬告，就不再追究了。

### 5. 爱憎分明，直言不讳

张辅是一个正直的人，不但看问题有自己独到的见解，而且直言不讳。比如，对"千古第一名相"管仲（公元前719—前645年，名夷吾，字仲，一字敬仲。颍上，今安徽颍上人）和鲍叔（即鲍叔牙，公元前723年或公元前716—前644年，名叔牙。颍上，今属安徽人。春秋时期齐国大夫。早年辅助公子小白，即后来的齐桓公，夺得国君之位，并推荐管仲为相）的评价，他认为，管仲比不上鲍叔。虽然管仲被齐桓公拜为相，实现了民足、国富、兵强的目的，但是他不知道投奔谁，有钱了就娶了三个女人，而且像君王一样行反坫之礼（坫，音电，房中土台，放置餐具用。周代国君享有的设施）。如果是鲍叔牙是不会这样做的。看来张辅坚持的是孔子的观点了。他对修《史记》的司马迁（公元前145年—不可考，字子长，夏阳，今陕西韩城南人，一说龙门，今山西河津人。西汉史学家、散文家）和修《汉书》的班固（公元32—92年，字孟坚，扶风安陵，今陕西咸阳东北人，东汉著名史学家、文学家）也有一番评价，他说：司马迁的著作文辞简约而事理清晰，叙三千年事只用五十万言；而班固叙两百年事却用了八十万言，繁简不同是班固比不上司马迁的第一点。良史记事，对善行应加以奖劝鼓励，对恶行要进行指斥监诫。同时一些中等人物的微小之事司马迁不予记载，而班固则都给记下了。这是班固比不上司马迁的第二点。班固在书中诋毁贬低晁错，有伤忠臣之道，这是班固比不上司马迁的第三点。修史，司马迁是首创，班固是因循，其难易各不相同。司马迁为苏秦、张仪、范雎、蔡泽作传，辞采华丽流畅，也足以表现出他的文才。所以司马迁称得上是最优秀的史学家。他还评论魏武帝不及刘备，乐毅低于诸葛亮，等等。

魏咸熙二年（公元265年），司马炎（公元236—290年，字安世，河内郡温县，今河南温县人）逼迫魏帝曹奂（公元246—302年，本名曹璜，字景明，沛国谯县，今安徽亳州人，魏武帝曹操之孙）交出皇权，自立为皇帝，国号晋。晋朝是三国之后，实现统一的朝代。但是好景不长。到了第二任皇帝晋惠帝司马衷（公元259—307年，字正度，河内温县，今河南省温县人。公元290—307年在位，晋武帝司马炎次子）因皇后贾氏大权独揽，并毒死太子以实现长久掌权的目的。于是引起了一场长达18年的皇族夺权混战，史称"八王之乱"。张辅正是处在这样一个朝代，即使再有才华正气，也不会有太大作为。张辅在各派势力的夹缝中生存，曾经在朝廷任御史中丞，公元305年又官至秦州（辖6郡24县，所辖范围在今甘肃大部、陕西、四川部分地区。州治在我国第一个建制县上邽）刺史，但还是被乱军所杀。这就是滚石之下无完卵的道理。在他死后的11年，即316年发生的"永嘉之乱"中，皇帝司马炽被俘，西晋王朝也灭亡了。

# 三、满门栋梁

前几年，贺知章撰写的张有德墓志铭在河南省襄城县出土。墓志铭记述了唐沧州刺史不仅是张堪之后，而且满门栋梁的史料。

贺知章（约公元659—约744年）字季真，越州永兴人（今浙江杭州萧山区）。唐朝著名诗人、书法家。武则天正圣元年（公元695年）中乙未科状元。太常博士、工部侍郎（相当于现在的建设部副部长）诗文以绝句见长，书法尤善草篆。他的千古绝句"不知细叶谁裁出，二月春风似剪刀"和"少小离家老大回，乡音无改鬓毛衰"的诗句令国人耳熟能详。

墓志铭共297个字，除个别字已看不清，但多可辨识，仅有个别缺失。志文是唐开元九年（公元721年）由志主的孙子张暐约请著名诗人贺知章撰写。志文不仅提供了张有德系张平子（张衡）的第十一代孙的信息，而且提供了张有德本人和其上下七代谱系。介绍了张有德在两任沧州刺史任上"劝学务农，家给人足"的骄人业绩。

张有德家族谱系。墓志文明确指出志主系平子（张衡，字平子）第十一代孙。南阳西鄂人。其上下七代谱系如下：曾祖张逸—祖父张翼—父张参—张有德—子张文感—长孙张暐（次孙张晤）—重孙张履冰（张晤之子次重孙张季良）—张季良之孙张珍、张载、张或、张诚。

满门栋梁。曾祖张逸在南朝梁、齐做官。因为官迁居汝州襄城（今河南襄城县）。祖父张翼北周任仪同三司（三司即三公。汉称太尉、司徒、司空为三司。"仪同三司"不是三公而待遇同于三公）、车骑大将军、复州（复州北周置，以复池湖为名。州治建兴，今属湖北）刺史。父亲张参隋朝散大夫（官名。隋文帝始置，为正四品文散官。散官是有官名而无职事的官称），谏议大夫（职责为侍从顾问、参谋讽议），陈州（古陈州在今天的河南省周口市淮阳县）、亳（音伯）州（今安徽亳州）刺史。志文中对张有德子张文感没有介绍，但是在2010年洛阳伊川出土的其重孙张履冰的墓志中载明，"祖文感，皇正议大夫（文散官名。隋始置，唐代为文官第六阶，正四品上）、安州（今湖北安陆）长史（唐代州刺史下亦设立长史官，名为刺史佐官，却无实职）、赠许州（今河南许昌市）刺史，又赠太子宾客（太子东宫属官）"。嫡孙张暐任云麾大将军（从三品），守左羽林军上柱国（是功勋最高级，是对作战有功的人的特别表彰，相当于今天的特级战斗英雄）邓国公，是唐玄宗股肱之臣。先天元年（公元712年）为大理卿（唐朝置一员，从三品，掌管全国刑狱的最高长官，相当于今天的最高法院院长），封邓国（在今河南省邓州市）公。重孙张履冰（公元691—753年），字微言，南阳人也，历任汝州长史、大理正、秘书太常丞等，唐右金吾将军加云麾将军，上柱国邓国公。重孙张季良，少通左氏传，长好班氏史，官拜太常丞，银青光禄大夫殿中监南阳县开国公。下有六子，长曰张或，前华阴郡下邽县尉。次子张珍前桥陵（又名桥冢，是唐睿宗李旦之陵墓）丞。次子张载河阳县主簿。次子张诚，前左千牛（禁卫军）。另两子分别为前太子通事舍人和前江陵参军。名字不详。唐朝的开国元勋张有德。隋朝晚期社会动荡，李渊（公元566—635年，字叔德，生于长安。唐朝开国皇帝、军事统帅）起兵于晋阳

（隋以龙山为晋阳，晋阳为太原），张有德率众投奔李渊、李世民（公元598—649年，陇西成纪，今甘肃省秦安县人。唐朝太宗皇帝）父子。武德二年（公元619年），刘武周（？—公元620年，河间景城人，今河北交河县。隋朝末年地方割据群雄之一）勾结突厥，连胜唐军，攻占了太原、晋州等河东州县。武德三年（公元620年）张有德参加秦王李世民征讨刘武周，尽收河东被占州县。因功被授予上柱国、加开府仪同（隋唐至元文散官的最高官阶，从一品。开府，在指定的地方建立办公之地，当事人有了固定的办公场所。仪同，就是待遇与三公相同），官拜左监门卫郎将。后又因策反王世充部众有功，封始安县（治所在今广西桂林）开国公（唐封爵的一种），食邑千户，加银青光禄大夫（从三品文散官），官拜左鹰扬中郎将和左武卫中郎将。武德末年先后官拜桂州都督、夏州刺史、沧州刺史、苏州刺史等职。功绩卓著，政绩颇佳。贺知章在志文中用"同寇恂（寇恂，？—公元36年，字子翼。上谷昌平，今北京市人，东汉开国名将，名列云台二十八将）之一借，若黄霸（公元前130—前51年，字次公，淮阳阳夏，今河南太康人）之再来"的典故比喻他的公德口碑。寇恂治理颍川有政绩，离任后随皇帝刘秀再回到颍川，百姓请求再借寇恂留任一年。后就用"借寇恂"表示挽留地方官，含有对政绩的称美之意。黄霸是西汉有名的循吏，以廉洁著称。

张有德于贞观十八年（公元644年）九月十七日，因病于家中去世，开元九年（公元721年）十一月六日迁葬于襄城（今许昌市襄城县）之原。

第十八章

寻踪——张堪走过的历史踪迹

张堪一生的绝大部分时间，都在为国家的统一、安全而奔波。从他去世到现在为止，已经过去近两千年了，他的故事依然流传在人民的文化生活中。但是与他有关的历史遗迹，却如凤毛麟角。人们只能根据历史记载，去寻找远去的踪迹。

# 一、渔阳郡遗址

以高筑黄金台招揽人才而闻名的战国时燕国第39任君主燕昭王（公元前335—前279年）即位后，励精图治，招揽人才，把伤痕累累的燕国治理成为"战国七雄"之一。后于公元前300年，他大胆起用对东胡情况了解的大将秦开（出身鲁国秦氏，战国时期燕国将领。早年在东胡做人质，很受东胡的信任，通晓民情风俗。燕昭王姬职即位后，秦开逃归燕国）大破东胡，迫使东胡北退千余里。燕昭王29年（公元前283年）置上谷、渔阳、右北平、辽西、辽东五郡，并效法赵国，动员军民大修障塞，建成西起造阳（今河北张家口）东到襄平（今辽宁辽阳）的长达两千多公里的燕国北长城，用以防御胡人的侵略。

渔阳郡建立以后，其郡治的地址，在唐朝人编著的《括地志》中明确记载："渔阳故城在檀州密云县南十八里，渔水之阳也。"至于渔水，有人说就是白河是不对的，其实《水经注》中也有明确记载："沽河从塞外来……沽水又南，渔水注之，水出县东南平地泉流，西径渔阳县故城南。"看来渔水只是沽水的支流。今天这条河流已经无从可考。秦始皇统一六国后，在秦始皇二十二年·（公元前225年），置渔阳郡、渔阳县，县治与郡治同设于南城子。一直到北魏太平真君七年（公元446年）渔阳郡治迁到雍奴（今天津市武清县），渔阳古城完成历史使命，作为一郡之重城，扼守了平冈道729年。

渔阳郡有过辉煌的历史，也有抵抗外族侵略的壮举。但是沧海桑田，岁月无情。一座英雄的古城如今早已被夷为平地。在北京市怀柔区北房镇梨园庄村东0.5公里处，有一处东西300～400米，南北宽200～300米的古城遗址，就是2300年前建设的渔阳城遗址，已经得到史学家和考古工作者的确认。1982年至1984年，这里先后出土过战国时期的刀币、布币，秦汉时期的陶器、五铢钱、铜镜等。

## 二、狐奴县遗址

顺义城东北北小营镇与木林镇交界处，有一座海拔92.8米的小山，叫呼奴山，古称狐奴山。西汉高帝十二年（公元前195年）以山名在今顺义区东部置狐奴县，县治位于狐奴山下。《昌平山水记》记载："顺义东北二十五里为狐奴山，西南百步为狐奴县址。"今天顺义区北小营镇北府村狐奴山西有狐奴县城遗址，该地俗称城坡。遗址地表曾发现大量的汉代砖瓦碎片，曾出土有陶井、汉瓦、青铜剑、五铢钱等汉代器物，为顺义区重点保护文物。

古狐奴县在中国历史上影响很大。东汉渔阳郡太守张堪在狐奴县开垦

汉狐奴县遗址碑 摄影 黄礼

稲田八千顷，开北京地区水稻种植的先河的事迹，《后汉书》《水经·沽水注》等多种图史书中都有记载。《水经·沽水注》中记载："沽水西南流经狐奴山西，又南经狐奴县故城西。渔阳太守张堪于县开稻田，教民种植，百姓得以殷富。"

狐奴山上曾建有白云观，观内有碑，碑上有元朝大德八年（1304年）集贤学士宋渤为白云观张真人道宽所撰碑记，记张道宽生平传略。据康熙《怀柔县志》记载，观中有乾隆《题白云观壁》诗云："狐奴城下稻云秋，灌溉应将水利收。旧是渔阳劝耕地，即今谁拜富民侯。"虽然张堪不是侯，但这深深表达了对张堪太守的怀念之情。

附

录

张堪的研究与考证

# 一、张堪年表

汉哀帝元寿元年（公元前2年）

正月初一，出现日食。哀帝诏令公卿大夫尽心陈述过失。又令举荐贤良、方正、能直言进谏者各一人。

董贤利用发生日食这一变异，阻止傅晏、息夫躬对匈奴挑动战争的计策。

张堪生于南阳郡西鄂县（今河南省南阳市卧龙区石桥镇）。

汉哀帝元寿二年（公元前1年）

春，正月，匈奴单于以及乌孙大昆弥伊秩靡都到长安朝见。自黄龙年间以来，单于每次来长安朝见，天子赏赐的锦绣、丝绸、丝锦，都比前一年多，用以安抚他们。

夏，四月，出现日食。

五月初二，正式确定三公官名和各自的分工。任命卫将军董贤为大司马；丞相孔光为大司徒；彭宣为大司空，封长平侯。

六月二十六日，哀帝在未央宫驾崩。太皇太后命王莽辅佐董贤办理丧事。

太皇太后王政君与王莽商议，立中山王刘箕子为皇位继承人。于九月初一即帝位，为汉平帝，大赦天下。

汉平帝元始元年（公元1年）

太皇太后下诏，任命大司马、新都侯王莽为太傅、主管四辅事务，称"安汉公"。

夏，五月初一，出现日食，大赦天下。让公卿及以下官员举荐"敦厚"和"直言"各一名。

汉平帝元始二年（公元2年）

平帝改名为刘衎（音看，意快乐、安定、合适自得）。

秋，九月三十日，出现日食，赦免天下囚犯。

汉平帝元始三年（公元3年）

春，太皇太后王政君派长乐少府夏侯藩、宗正刘宏、尚书令平晏带上礼物，前往王莽家中，与王莽女儿相见，拟选其为平帝皇后。

汉平帝元始四年（公元4年）

二月初七，大司徒马宫、大司空甄丰等带着御用车轿跟皇家仪仗队，前往安汉公王莽家，迎娶王莽的女儿到未央宫，为平帝皇后。

王莽提议建明堂、辟雍和灵台。给太学建筑宿舍一万间。并增加博士名额。在太学设立《乐经》课程。

张堪进入张家聚学馆读书。

分割京师长安，设置前辉光郡、后承烈郡。更改公卿、大夫、八十一元士官名、等级以及十二州州名、分界。更改各郡、各封国的管辖区域或取消、或新设、或变更。

汉平帝元始五年（公元5年）

张堪7岁，在县学给人们解经，聪慧超人。

冬，十二月，王莽借腊日向平帝进献椒酒，在椒酒中下了毒。年仅14岁的平帝中毒在未央宫驾崩。大赦天下。收殓孝平帝，戴上成人冠帽，埋葬在康陵。

前辉光谢嚣奏报，武功县长孟通疏浚水井，挖得一块白石头，上有朱红文字"宣告安汉公为皇帝"的符命。太皇太后明知是欺骗天下，但无力制止，只好下诏命安汉公登上皇位，仿照周公的旧例，代行职权。祭祀赞词称其为"假皇帝"，平民和臣下称为"摄皇帝"。

王莽居摄元年（公元6年）

三月初一，册立宣帝玄孙刘婴做皇太子，称号为"孺子"。年仅2岁。

冬季，十月初一，出现日食。

王莽居摄二年（公元7年）

五月，改铸货币：错刀一枚值五千钱；契刀，一枚值五百钱；大钱，一枚值五十钱。同时禁令，列侯以下不准私藏黄金，送交御府可以得到相当的代价。然而上交后始终没有付给代价。

东郡太守翟义是宰相翟方进的儿子，与东郡都尉刘宇、严乡侯刘信、刘信弟武平侯刘璜合谋，在九月检阅军队的日子斩杀观县县令，控制了本地的战车、骑兵、弓箭手，再招郡中勇士共十万人，发布各郡国，指出："王莽用鸩酒毒死孝平皇帝，代理皇位。目的是铲除汉朝政权。现在，天子已经即位，当共同代天行罚！"王莽组织大军围歼，十二月，翟义军败，弃军逃亡至固始界内被捕，被押解到陈县被施以尸裂酷刑，示众于市。

初始元年（公元8年）

王莽要做真皇帝，一方面在各地收集假符命，另一方面指使王舜朝太皇太后索取皇帝玉玺。

张堪随父到南阳府学读书。

王莽始建国元年（公元9年）

春，正月初一，王莽率领公侯卿士，捧着新制的皇太后玉玺，呈上太皇太后，遵从上天符命，去掉汉朝的名号。下册书命孺子为定安公。

王莽认为刘字（繁体劉）由"卯、金、刀"组成，因而下诏，"正月刚卯"配饰和金刀钱不准再使用。于是，废除刚刚改行两年的错刀币、契刀币和五铢钱，改铸小钱，直径六分，重量一铢。加上以前所铸"大钱五十"两类货币流通使用。

王莽下诏，"把全国的田改名为王田，奴婢叫私属都不准买卖"。

始建国二年（公元10年）

五威将王骏等六人出使匈奴，致送单于黄金、丝绸等厚重礼物，说明新朝接受天命取代汉朝的情况，并更换单于印信。原来的印文是"匈奴单于玺"，王莽更换后的印文是"新匈奴单于章"。匈奴单于不满意新印信改称"章"和"新匈奴"，派他的弟弟右贤王舆带着进贡的牛马，随五威将帅前往新朝致谢，并上书新朝，要求重新用旧印。从此增加了匈奴对中国的怨恨。

十二月，王莽仗恃国库储藏丰富，打算对匈奴显示国威，于是进一步把匈奴单于改称为"降奴服于"。下诏派立国将军孙建率将士三十万人，讨伐匈奴。

王莽因为上居摄二年改制的货币不便流通，下诏更新铸造六种新币：金币、银币、龟币、贝币、钱币、布币。其中钱币又分为六种，金币一种，银币两种，龟币四种，贝币五种，布币十种。新货币的种类竟达到五类、六种，分为二十八个等级。因为种类太多，百姓生活陷于混乱，货币更加不能流通。王莽知道后，于是只是用值一钱的小钱和值五十的大钱两种继续流通，龟币、贝币、布币停止使用。

始建国三年（公元11年）

王莽派中郎将蔺苞、副校尉戴级率领一万骑兵，携带大量金银财宝前往云中边塞，引诱匈奴呼韩邪单于的儿子们，打算依照顺序封他们为十五个单于。并已经将左犁污王李鞮咸以及他的两个儿子诱骗到云中塞下，并用威胁的手段封李鞮咸为孝单于，李鞮助为顺单于。匈奴单于李鞮听到消息勃然大怒，于是派兵将进攻云中郡益寿塞（今内蒙古萨拉齐县），大肆屠杀中国官员和百姓。从此以后，匈奴大肆侵入边塞进行杀掠，先后击杀了雁门太守，朔方太守，以及两郡都尉，掠杀官吏百姓。牲畜财产不可胜数。但沿边郡县空虚衰败，国家军队尚未集结，不敢出击匈奴。

濒临黄河的各郡，发生蝗虫灾害。

黄河在魏郡决口，在清河（清河郡，西汉置，郡治在清阳。今河北清河东南）以东数郡泛滥成灾。

王莽始建国四年（公元12年）

王莽听说匈奴屡犯边塞，都是孝单于李鞮咸的儿子李鞮登所为。于是召集各族驻京师使节，在长安街市上将李鞮咸的儿子李鞮登斩杀。

王莽始建国五年（公元13年）

西域各国由于王莽长期没有恩惠和信用，焉耆国（西域古国名，治所在今焉耆回族自治县。《西游记》中称乌鸡国。辖地包括今焉耆、库尔勒、和硕、尉犁一带）首先背叛，杀死西域都护（汉代西域最高军政长官。西汉时，都护为加于其他官号上的职称，多以骑都尉领其职，秩比二千石）但钦。西域各国与内地关系崩溃。

张堪被南阳郡推荐为太学博士弟子。

王莽天凤元年（公元14年）

王莽下诏恢复金币、银币、龟币、贝币流通，对其价值进行调整。取消大钱、小钱，改由新发行的货布、货泉两种钱币代替。频繁改变货币，使百姓陷入破产境地。

张堪时年16岁，将百万家财送予侄子张经，被举荐赴长安太学学习，师从衡咸学习《梁丘易》，被誉为"圣童"。南阳人刘秀同期入学，从今文经师、中大夫许子威先生学习《今文尚书》。

王莽天凤二年（公元15年）

匈奴单于李鞮咸向新朝索要儿子李鞮登的尸体。王莽派王咸作特使护送棺木，并给单于送去大量财物。

王莽认为制度一经确定，天下自然太平。全部精力都在于根据《六经》的说法制定礼仪。而急迫需要解决的问题，则在朝上多年议而不决。甚至各地空缺的官员，三年时间都不能补齐到位。

王莽天凤三年（公元16年）

从前王莽以修订制度未完为由，上自公侯、下至小吏，全部停发俸禄。按照新制度，从六月初一开始，发给官吏俸禄。新制度规定，四辅、公卿、大夫、士、下至舆、僚共十五等。僚的俸禄每年六十六斛，按照等级逐级上升，至四辅则是万斛。

王莽天凤四年（公元17年）

王莽设置羲和命士，分散到各郡去，督促实行管理财政的五均、六管制度。他们大多由富豪、商人担任。但是这些官员，乘坐公家的驿车，谋求奸利。与郡县官吏勾结，设立假账。结果国库未能充实而百姓更加穷苦。官员利用苛政侵占民间财产，富人不能保护自己的财产，穷人则无法活命。造成无论贫富都当起强盗，多地发生聚众造反的事件。

张堪离开太学回到家乡，进入县学做经师。

新市（今湖北京山）人王匡、王凤兄弟深得饥民信任，被推为渠帅（即大帅），聚众数百人起义。不久，南阳人马武、王常、成丹等也率众参加。他们占据绿林山（今湖北大洪山），劫富济贫，除霸安民，深受百姓拥护，被称为绿林军。这支起义军在数月间便迅速扩大至数千人。地皇二年（21年），王莽派荆州牧率官兵二万前往镇压，绿林军在云杜（今湖北沔阳）将其击败，歼敌达数千人，缴获了全部辎重。战斗中，为了同官军相区别，起义军将自己的眉毛染红，此后，这支队伍便被称为"赤眉军"。成为后来光武帝刘秀推翻王莽的骨干力量。

王莽天凤五年（公元18年）

扬雄（公元前53—公元18年，字子云。西汉官吏、著名学者。继司马相如之后西汉最著名的辞赋家。今四川成都郫都区人）去世。曾与王莽、刘秀（原名刘歆，字子骏，汉人，公元前50—公元23年。公元前6年，改名刘秀。非后来的光武帝刘秀）一起做官，是张堪崇拜的辞赋大家。

匈奴乌累若鞮单于栾鞮咸去世，他的弟弟左贤王栾鞮舆即位，为呼都而尸道皋若鞮单于。

王莽天凤六年（公元19年）

春季王莽因发现全国盗贼多发，于是命太史推算出三万六千年的日历，下令每隔六年改换一次年号，布告天下。

翼平郡（新莽拆分青州北海郡北部置翼平郡）连率（新朝官名，相当于太守）田况奏报，郡县对民间财产估计不实，王莽按三十税一，又征税一次。田况因此被提升为伯爵，赏赐钱二百万。

函谷关以东连年饥馑，大旱。刁子都（？—26年）农民起义首领部众不断增加，已达六七万人。

张堪娶本县晁家女晁英为妻。

王莽地皇元年（公元20年）巨鹿郡人马适求（复姓马适，名求）等人，策划发动燕、赵等地的兵马讨伐王莽。被大司空的属吏王丹发现告密。马适求被处死，因此牵涉的人有数千人。

王莽地皇二年（公元21年）

南郡、平原郡等多地发生聚众造反，王莽派地方官员率兵围剿，但多以失败告终。

秋季，严霜伤害豆类庄稼，蝗虫成灾，函谷关以东发生大饥荒。

王莽地皇三年（公元22年）

起义的绿林军遇到瘟疫，死亡过半。于是分兵离开绿林山。王常、成丹率军西进南郡，称"下江兵"；王凤、王匡、马武率军向北进入南阳，称为"新市兵"。

南阳郡春陵西汉长沙定王刘发之后刘縯、刘秀，以恢复汉朝天下的旗帜，召集刘姓家族起兵反莽。

以陈牧（？—公元25年，新莽末平林人，今湖北随县）、廖湛（？—公元26年，新莽末年绿林起义军将领。平林人，今湖北随县）为首。他们聚众千余人响应新市兵，在平林（今湖北随县东北）起义，称"平林兵"。

淮阳王更始元年（公元23年）

二月初一，舂陵戴侯刘熊渠的曾孙刘玄，在平林兵中，称更始将军。赤眉军在淯水河边设坛，刘玄被拥为皇帝，改年号为更始。

更始皇帝派遣定国上公王匡进攻洛阳，西屏大将军申屠建、丞相司直李松进攻武关。九月初一，攻城军队从宣平门入城，王莽在一千多随从护卫下，逃入渐台。九月初三下午五时三刻，汉军攻入渐台。商县人杜吴杀死王莽，校尉东海人公宾割下王莽的头，送到宛城示众。

刘玄要定都洛阳，任命刘秀代理司隶校尉，负责洛阳修建宫殿官府。

更始二年（公元24年）

二月，刘玄迁都长安。

刘秀攻下邯郸，杀王郎。被更始帝封为萧王。

汉光武帝建武元年（公元25年）

春季方望和弓林共同拥立前定安公刘婴当皇帝。被更始皇帝派人斩杀。

四月，公孙述在成都称帝，号称"成家"。

六月二十二日，刘秀在鄗县之南即皇帝位，改年号为光武帝建武元年。

更始政权内讧，刘玄被赶走。赤眉军用抽签的方式，确定另立故式侯刘萌的儿子刘盆子为皇帝。

十月十八日，刘秀进入洛阳，临幸南宫，于是东汉定都洛阳，改为洛阳。

安定三水人卢芳，诈称自己是汉武帝的曾孙刘文伯，其曾祖母是匈奴浑邪王的姐姐。被匈奴立为汉帝，据安定。

光武帝建武二年（公元26年）

渔阳太守彭宠（？—公元29年，字伯通，南阳郡宛县人。王莽政权时期曾任大司空士，刘玄称帝后任命他为渔阳太守）因不满意刘秀对他的安排，另外与幽州牧朱浮（？—约公元66年，东汉沛国萧人，今安徽萧县，字叔元。初从刘秀为大司马主簿，改任偏将军，从定河北。后拜大将军领幽州牧，守蓟城）有嫌隙，起兵造反。

十二月三十日，刘秀发布诏令，凡被王莽新朝废除的刘氏皇族列侯，全部恢复原来的封国。

### 汉光武帝建武三年（公元27年）

赤眉军残部十万余人在刘盆子带领下向刘秀投降。二月十九日，刘盆子和丞相徐宣（字骄稚，赤眉军将领，东海临沂，今山东临沂人）及以下三十余官员向刘秀投降，献出所得传国玉玺和绶带。刘盆子投降被赦，终老乡里。被刘秀称为"铁中铮铮，庸中佼佼"。

### 建武四年（公元28年）

十月，马援通过考察公孙述，说服隗嚣，到洛阳觐见刘秀。

### 建武五年（公元29年）

二月，彭宠被奴仆子密杀，刘秀封子密为不义侯。

刘秀任命郭伋（公元前39—公元47年，字细侯，扶风茂陵，今陕西兴平人）为渔阳郡太守。在任五年，休养百姓，训练士兵。边境安定，户口倍增。

张堪经中郎将来歙（音社）推荐，被刘秀任命为郎中，秩比二百石。

东汉开始兴办太学，刘秀到太学视察，张堪遵命安排事宜并侍从刘秀左右。

十二月，匈奴扶持卢芳回塞内当傀儡皇帝，卢芳和李兴到九原县（县治在今包头市九原区哈林格尔乡孟家梁村附近）建都。并夺取五原、朔方、云中、定襄、雁门五郡。

### 建武六年（公元30年）

张堪拜灌谒者（冠以谒者名号的郎中），秩比三百石。

四月，刘秀前往长安，拜谒汉朝历代皇帝陵墓。并派耿弇、盖延等七位将军取道陇西征讨公孙述。

六月，刘秀下诏合并减少400余县，裁减官员十人留一。

建武七年（公元31年）

张堪拜给事谒者。秩比四百石。

三月，为了减轻负担，免去郡县、封国的轻车、骑士和材官，回乡为民。

冬，卢芳因事诛杀五原太守李兴兄弟，引起朔方太守田飒、云中太守乔扈向东汉献郡投降。

建武八年（公元32年）

张堪拜常侍谒者。秩比六百石。

窦融（公元前16—公元62年，字周公。扶风平陵，今陕西咸阳西北人）率五郡太守以及羌族、小月氏等步骑兵数万人归附刘秀。

十二月，高句丽王派使者朝贡，刘秀恢复了他的王号。

建武九年（公元33年）

吴汉率领王常、朱祐、侯进、王霸等四位将军率五万兵马，攻打卢芳部将贾览、闵堪。匈奴派兵增援，汉军不能取胜。

建武十年（公元34年）

正月，吴汉又率王霸等四位将军六万兵马，出高柳县攻打贾览，匈奴数千骑兵增援，在平城附近交战，被汉军打败赶走。

冬十月，来歙和将领们攻陷落门，周宗等献出隗纯投降，隗嚣集团彻底被消灭。

建武十一年（公元35年）

刘秀亲率大军征讨公孙述。岑彭、吴汉在荆门会师。

十月，公孙述派刺客杀害岑彭。

建武十二年（公元36年）

正月，吴汉率军攻下广都。臧宫攻下涪城，与吴汉会师。

刘秀命张堪为吴汉输送缣帛和战马七千匹。

拜张堪为蜀郡太守。

吴汉军队受到公孙述偷袭。汉军只剩下7日粮草，吴汉见成都久攻不下，秘密准备战船，想撤退。张堪闻讯火速求见吴汉，力陈公孙述必败、不能撤军的道理。吴汉接受张堪的意见，重新部署攻城。

十一月，吴汉诱敌出城，重伤公孙述，成军大败。十九日公孙述伤重去世，将军队交给延岑。二十日，延岑率军出城向汉军投降。二十一日，汉军进入成都城。吴汉杀公孙述族人及市民上万人。烧毁公孙述宫室。

十二月，张堪上奏汉军屠城行为，刘秀怒斥谴责臧宫刘尚。张堪按照刘秀的旨意追授、安抚、任用一批公孙述旧臣。

建武十三年（公元37年）

卢芳和匈奴、乌桓的军队联合，屡犯边境。刘秀派骠骑大将军杜茂等率军镇守北部边境，整修飞狐道，修筑碉堡，建造烽火台。和匈奴交战上百次，终不能取胜。

卢芳的部将随昱想胁迫卢芳向汉军投降，卢芳闻讯后逃入匈奴。卢芳的部将与随昱到洛阳投降。

建武十四年（公元38年）

张堪拜骑都尉。

建武十五年（公元39年）

二月，吴汉率马成、马武等北上打击匈奴。为躲避匈奴骚扰，迁徙雁门郡、代郡、上谷郡的官民六万余人，安置到居庸关（京北长城沿线上的著名古关城，"天下九塞"之一，"太行八陉"之八）、常山关（又名鸿上关。即今河北唐县西北、太行山东麓的倒马关）以东。

十一月，刘秀命张堪率领杜茂的部队在山西高柳（今大同市阳高县）打败匈奴入侵。

张堪拜渔阳郡太守。

建武十六年（公元40年）

张堪率七千人马，击败入侵渔阳郡的上万匈奴。匈奴自此不敢侵犯。张堪带领军卒整修城池，构筑烽火台。打击勾结匈奴、欺压百姓的恶霸。

卢芳和闵堪派使者到洛阳，请求投降。

匈奴本想送卢芳归降得到汉朝赏赐。见卢芳自动投降，就恼羞成怒，侵扰边境更加猖狂。

建武十七年（公元41年）

狐奴、潞县等地发生水灾。张堪视察灾情，率军民治水，形成开垦稻田，变水害为水利的整体规划。

匈奴、赤山乌桓和鲜卑军队联合，屡犯边境，烧杀抢掠，刘秀下诏任命祭遵（？—公元33年，字弟孙，颍川颍阳，今河南许昌西南襄城县颍阳镇人。东汉中兴名将，"云台二十八将"中排名第九，任征虏将军，封颍阳侯。）的堂弟祭肜为辽东郡太守，抵御外侵。

建武十八年（公元42年）

二月，蜀郡守将史歆反叛，攻打蜀郡太守张穆，张穆翻城逃走。刘秀命吴汉征调广汉、巴、蜀三郡部队，围困成都三个月。最后于七月攻陷成都，斩杀史歆等叛将，叛乱平息。

卢芳再度反叛，同闵堪相互攻击数月。匈奴将卢芳接到塞外，自此，在匈奴生活十余年后病死异乡。

张堪在狐奴开始实施开垦稻田，试种水稻，获得成功。

建武十九年（公元43年）

刘秀视察太学，召集博士讨论经典和国是。沛国人博士桓荣〔生卒不详，字春卿，沛郡龙亢（今安徽怀远县龙亢镇）人，东汉初年经学大家，官至太常］阐述经典得到众人折服，刘秀特加赞赏。命桓荣当议郎，教授太子儒家经典。

张堪制定鼓励开垦稻田的政策，扩大开垦稻田面积，推广水稻种植技术，提高水稻产量。

建武二十年（公元44年）

大司马广平忠侯吴汉病逝。刘秀下诏，比照西汉大将军霍光的礼仪隆重安葬。吴汉曾为渔阳郡安乐令，又是朝廷重臣，张堪前去送葬。

张堪从南阳引进炼铁的水排技术，极大地促进了渔阳冶铁业和铁质农具的生产。

以狐奴县为重点，沿鲍丘（今潮河）水、沽水（今白河）两岸，开垦稻田八千顷。

张堪引进推广地桑，发展桑蚕养殖和蜀郡的纺织技术。

面对匈奴入侵，马援［公元前14—公元49年，字文渊。扶风茂陵（今陕西杨凌西北）人。西汉末至东汉初年著名军事家，东汉开国功臣之一］请求攻打，得到刘秀的准许，命马援带兵屯驻襄国（今河北省邢台市）。

建武二十一年（公元45年）

乌桓、鲜卑和匈奴军队联合，不断侵犯边塞，代郡以东尤为厉害。鲜卑部落一万余人，侵犯辽东郡。祭彤亲自率部应敌冲杀，敌军溃不成军，死伤过半。剩下的残兵败将丢掉兵器，裸身逃命。自此不敢犯辽东边境。

张堪积劳成疾，但仍坚守岗位。

渔阳边境安宁，五谷丰登，百姓欢心。

建武二十二年（公元46年）

刘秀召集各地计掾听取对郡守的评价，蜀郡计掾樊显进说："渔阳太守张堪过去在蜀郡，其仁以惠下，威能讨奸。公孙述被打败以后，库里珍宝山积，管理的财物，可以使他足富十世，而张堪去职的时候，乘折辕车，布被囊而已。"刘秀听了，良久叹息，拜樊显为鱼复县（今重庆市奉节附近）县长。准备征调张堪，他就病逝了，刘秀深悼惜之，下诏褒扬，赐帛百匹。

张堪病逝，葬上谷郡保定县（今河北省文安县新镇附近）。拜渔阳太守8年，边境太平、社会安定、百姓富足，史称"渔阳惠政"。

# 二、张堪生卒年考述

### 1. 张堪其人

张堪，字君游。南阳郡西鄂县人。十六岁就把百万家财留给哥哥的孩子到长安求学。与刘秀曾经是太学很要好的同学。刘秀即皇帝位后，经中郎将来歙（音社）推荐，起用张堪为郎中，后提升为谒者（皇帝身边负责管理谒见的官员）。协助吴汉攻破成都，打败公孙述，遂拜蜀郡太守。后拜骑都尉，在山西高柳（今大同阳高县附近）打败入侵的匈奴。之后拜渔阳太守，率7000骑兵打败上万入侵的匈奴。边境从此太平，在任八年，发展经济，治理社会，特别是开垦稻田八千顷，引沽水和鲍丘水（今白河和潮河）灌溉，开了北方种植水稻的先河，百姓富足。有民谣歌颂张堪："桑无附枝，麦穗两歧。张君为政，乐不可支。"这就是《中华成语大词典》第518页中所载成语"乐不可支"的典故。如果你在张姓祠堂看到四言联"渔阳惠政"，也是对张堪任渔阳太守政绩的褒奖。说张堪人们知道得不多，但提起发明候风地动仪的东汉著名科学家、文学家张衡，可能凡是上过中学的都知道，这张衡正是张堪的孙子。北京市顺义区东北部东汉时期称为狐奴县，属渔阳郡管辖，张堪就是在这里引潮白河水种植水稻的。顺义区的前鲁各庄曾经有一座张堪庙，庙内墙壁上都是反映种植水稻的壁画，可惜毁于20世纪50年代。这是北京地区原渔阳郡管辖地区唯一纪念张堪的历史遗迹，难怪原中共北京市委领导邓拓认为应该修复。

## 2. 生卒之谜

《后汉书》《东观汉记》中关于东汉名人的传记，一般都注明生卒年，但《张堪传》当中却没有他的生卒年。唯一从记载中反映张堪年龄的表述只有一处，即说他"年十六，受业长安，志美行厉，诸儒号曰圣童"。为什么资料中没有张堪的生卒年，现在解释只有两种可能：一是他的级别还不高，注意他的文人也少，官方文件没有记录。为刘秀打天下的"云台二十八宿"，都是名声显赫的功臣，好多历史资料记载还只有卒年而无生年。二是张堪处世低调，没有给自己留下传世的文字。但生卒年对了解历史人物和研究他们的活动却是非常有意义的。

## 3. 初步考证

既然史料对张堪生卒资料缺乏，那么只能通过其他方式或利用同时期的人物作为参照进行考证。

（1）由于他是在渔阳太守任上病逝的，我们可以通过任渔阳太守的时间确定卒年。①《东汉大事年表》中记载"亥己（公元39年）以张堪为渔阳太守"。②《后汉书》中《张堪传》中有"视事八年，匈奴不敢犯塞"。可以认定，张堪在渔阳太守任上干了八年，即从公元39年到公元46年。③"方征堪，会病卒"，是说正当国家要重用张堪，适逢他病逝。可以认定他逝世于渔阳太守任上，因此应该是卒于公元46年。

（2）由于他和刘秀曾经是长安太学的同学，可以通过刘秀的生年推算张堪的生年。①关于刘秀入太学的时间分析：刘秀的生年为西汉哀帝元年，即公元前6年。诸多史料都一致。而入太学的时间有一种说法是天凤6年，即公元19年。另一种说法是公元14年。②关于刘秀入学时的年龄，有一种说法是19岁，另一种说法是20岁。③关于刘秀在太学学习的时间：有一种说法是3年，另一种说法是2年。

分析：刘秀的生年为西汉哀帝元年，即公元前6年。如果按公元14年入太学，那年他刚好20岁。如果到公元19年，刘秀已经25岁了，显然不对。符合逻辑的说法应该是公元14年，即刘秀20岁时入太学。张堪与刘秀同学，而他

张堪太守

入太学时是16岁，即比刘秀小4岁。

因此他的生年应该是公元前2年。即使是张堪入学晚一年，也只是小5岁。

根据上述考证，张堪的生卒年应该是约公元前2—公元46年，就是说他只活了48岁。按现在的说法可谓是英年早逝。如果与刘秀的年龄比，少活了15年。与他孙子张衡相比少活了13岁，但与东汉时期的平均寿命22～26岁相比，也算是长寿了。

上述结论只是初步考证，因为其中有两点还缺乏史料证明：

一是刘秀入学时的实际年龄说法不一，本身就需要进一步考证；二是刘秀与张堪的同学关系，只是文学作品《刘秀在太学时的事迹》中的说法，还需要找出史料依据做支撑。

# 三、张堪家世探源

东汉时期北京东北部的几个县属渔阳郡，公元39年到公元46年期间张堪拜渔阳太守。他是个文武全才，在军事上，打得北部匈奴不敢入犯，经济上创造性地落实了光武帝刘秀休养生息的国策，出现了史学家所称的"渔阳惠政"。百姓歌曰："桑无附枝，麦穗两歧。张君为政，乐不可支。"我国东汉著名科学家、文学家张衡就是他的孙子。张堪于公元前2年出生在南阳张家，张家在我国历史上可是名门望族。所谓名门望族，就是累世簪缨、辅世文武、人才辈出。据张氏族谱记载，全国张氏族人中出了62位宰相，56位将帅。为相位的最有名的就是人们经常说的"周有张仲，汉有张良"。张仲，字忠嗣。相传为张姓30代至51世祖。他与尹吉甫共同辅佐周宣王中兴周王朝。后来最著名的是张良（？—前186年），字子房。他是汉高祖刘邦的谋臣，帮助刘邦打败项羽，夺得天下，与萧何、韩信一起被称为汉初三杰。汉高祖刘邦曾经称赞他是"运筹帷幄之中，决胜千里之外"。因开国元勋之功被封为留侯。而且他的祖父张开地，父亲张平，也都是辅佐帝王的宰相。据族谱记载，南阳的张姓，就是张良的后人。

天下张家都承认他们的祖先，就是发明制造弓箭得姓的张挥。从张挥到张良已经80代了。张良生两子，长子张不疑，留侯二世。张良于吕后二年（公元前186年）卒，不疑袭爵留侯。文帝五年（公元前175年）留侯张不疑参与谋杀原楚国的旧贵族，犯不敬罪，被判处死刑、削夺留侯国爵。后倾尽家产赎命为一守城更夫。次子张辟疆在十五岁时即官至侍中后被召为驸马，官至中丞相御史。不疑有二子：为82世张典和张高。张典字存敬，汉惠帝御史大夫（不见正史），汉文帝（公元前179—前157年）时为清河太守，封清河郡公，遂居清河里仁乡孝节坊，子孙繁盛为清河望族。张高是后来我国道教创始人，张道陵的5世先祖。而张典的传人更兴旺。他的儿子张默袭清河太守，武帝时（公元前121年，在位六年）御史大夫。后被朱买臣等诬陷而自杀，著有《朝律》、《越宫律》（《越宫律》二十七编已佚）等，张默生子84世张金，号子儒，武帝时累官尚书令，迁光禄大夫，昭帝元始元年（公元前86年）拜右将军，封富平侯。昭帝崩，与大将军霍光共定策立宣帝，拜大司马。张金生子85世张乘，字千秋，号万雅，仕汉宣帝（公元前73—前49年），封阳陵公，迁居今咸阳东北，子三：嵩、京、文敬。86世张嵩，字贵和，号普辉，王莽篡汉时（公元前32—前7年）时任东郡太守，官至侍中。夫人李氏，生子五：壮、赞、彭、睦、述。

西汉末期，中原人口增加，资源紧张，朝廷颁布大族分迁政策。所以除长子张壮留阳陵（今陕西咸阳市东北）外，张赞迁河北，张彭迁南阳，张睦迁吴郡，张述迁沛国去发展，故成为南北分迁之祖。87世张彭于西汉末携家迁南阳后，繁衍生息，人丁兴旺，名人辈出。张彭生二子，为88世张商和张师。张商生一子89世张宗。张宗生二子：90世张期和张堪。张堪字君游，曾先后拜蜀郡、渔阳郡太守。张堪一子91世张伟，张伟生三子衡、星、纬。92世张衡（公元78—139年），字平子，曾任尚书和河间相等职。他"天资睿哲，敏而好学，如川之逝，不舍昼夜。道德漫流，文章云浮，数术穷天地，制作侔造化，奇技伟艺，磊落焕炳"。他的"不患位之不尊，而患德之不崇；不耻禄之不伙，而耻智之不博"成为千古名言。发明地动仪，作《二京赋》，官至太史令，是我国东汉时期伟大的科学家、文学家、发明家和政治家，在世界科学文化史上树起了一座巍巍丰碑。次子张星，三子张纬。张宗长子90世张期，早逝，生子91世张经。

经多种张氏家谱的核对，上述脉络基本一致。可以认定，张堪是张良的第10世嫡孙，张衡为张良的第12世嫡孙，是名副其实的名门之后。后附族谱（节选）：

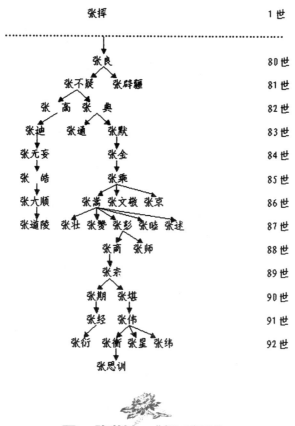

# 四、张堪与《梁丘易》

《东观汉记》卷十四中有记载："张堪受业长安，治梁丘易，才美而高，京师号曰圣童。"关于张堪在长安太学学习期间"治梁丘易"这一说法，在《后汉书·儒林列传》中得到了印证。该书中在说到易经的传承时说道："又有南阳张堪、京兆齐圣元、杜晖亦治梁丘易。"在这里"治"是研究的意思。当时进入太学学习的学士，每个人都在专门的博士教授下，对《诗》《书》《礼》《乐》《易》《春秋》等儒家经典"六艺"中主修一门，比如刘秀在太学则是主修《尚书》。

张堪学习的《梁丘易》，就是由梁丘贺传承的《易经》，要了解它，必须先从易经的产生和发展、承传的历史说起。什么叫《易经》？《易经》是中华古人研究分析宇宙变化规律的一部经书，人们试图通过易经来掌握万事万物的变化规律。易经中的"易"字是"变化"的意思，因此易经可以算得上是专门研究"变化"的经书，人们用易经研究事物的发展变化规律，想通过易经预知未来。《易经》是中华民族传统文化的重要组成部分，也是中华文化源远流长发展的源泉。被儒家称为"六经之首"。

据《两汉易学史》的介绍，我国的易经是从伏羲画八卦开始的，当时只有八个符号，分别代表天、地、雷、风、水、火、山、泽八种自然界的现象。有专家称这个阶段的易为"符号易"。说明远古时期我们的祖先的思想是以天道自然为主。后来到了周，神道思想兴起，人们的一切行事总想得到鬼神的启示。周文王在前人的基础上，把易经发展到六十四卦，并加上简洁的吉、凶、悔、吝的断语，用于筮占术以占断吉凶，交通人神。有人称此时的易经为"筮术易"。到了春秋战国时代，人们心中神道思想开始衰退，人道思想兴起。我国儒学之祖孔子掀起了易学革命，用人道思想整理、解释周易，视易道为人生立身行事的法则，并作为排在《诗》《书》《礼》《乐》《春秋》"六经"之首。使《易经》发展到新阶段，被称为"儒门易"。此时的《易经》早已不是周文王创建的《周易》。

自孔子以后，易传授给鲁人商瞿，商瞿授鲁桥庇子庸。子庸授江东臂子弓（荀卿之子）。子弓授燕子家。子家授东武孙虞子乘。子乘授齐田何子庄。田何授东武王同子中、洛阳周王孙、梁丁宽、齐服生，四人皆著《易传》数篇，但后世已散佚。其次，自东武王同子中一系，再传杨何，字叔元。元传京房。京房传梁丘贺。梁丘贺传子梁丘临。

自秦汉以来，《易经》经多家承传，据说比较有名的就有13家。《梁丘易》就是经梁丘贺阐释传授下来的《易经》。据《汉书·儒林传》，梁丘贺字长翁，琅琊郡诸县人，先从杨何弟子京房受《易》，后京房出为齐郡太守，乃更事田王孙。梁丘贺授子梁丘临，临授五鹿充宗及琅琊王骏；充宗授平陵士孙张（仲方）及沛人邓彭祖（子夏）、齐人衡咸（长宾），士孙张、邓彭祖、衡咸之学显于当时。又据《后汉书·儒林列传》及《两汉三国学案》，后汉代郡范升、博士梁恭、山阳太守吕羌俱习梁丘易，范升又授京兆杨政；颖川张兴习梁丘易，子张鲂传其业；又有南阳张堪、京兆祁圣元、杜晖，亦治梁丘易。可见张堪学习研究《梁丘易》已经有些名气了。实际到了汉朝，象数易学兴起，儒门易渐渐衰落，《梁丘易》到了西晋，已经衰亡，今天我们现存的史料中已经没有详细记载，将来只能从出土文物中发现。

张堪治《梁丘易》并有相当影响，不仅对他受到朝廷的重用有着重要作用，而且《易经》当中的立身之道、排兵之道、济世之道，都为他后来做到出为良将、入为廉吏、仕为能臣打下了坚实的基础。如古人认为《易经》对军事理论有直接影响。宋代王应麟在《通鉴答问》中称："盖易之为书，兵法尽备。"《易经》64卦，适合战争机动战略的选择，历史上著名的军事家孙膑、吴起、诸葛亮等，都根据《易经》原理排兵布阵。张堪帮助吴汉打败公孙述、在山西高柳打败匈奴入侵，拜渔阳太守后，率七千骑兵打败匈奴上万入侵者，不能否认是他在太学学习时研究《梁丘易》理论武装的结果。

# 五、走近渔阳

### 1.渔阳溯源

很多人第一次知道"渔阳"这个地名，是在历史课中讲秦朝陈胜、吴广大泽乡起义的时候。说的是一支被征的河南农民，要被押送到渔阳充当戍卒。但是由于中途到大泽乡（今安徽宿县）遇上大雨，不能按时到达目的地。按照当时朝廷的法律规定，戍卒误期要处死。在面临杀头的情况下，屯长陈胜、吴广率领戍卒揭竿而起，这就有了我国历史上的第一次农民起义。

《密云县志》中记载"燕昭王二十九年（公元前283年）燕将秦开击退东胡后设五郡，渔阳郡即为新设的五郡之一。渔阳郡址在密云县统军庄村南半公里之南城子"（今属怀柔）。由于当时白河（沽水）有条支流称"渔水"，而郡址在渔水北面。山之南、水之北为阳。"渔水之阳"故称"渔阳"。62年以后，秦统一全国，分天下为三十六郡，渔阳郡仍为其中之一。西汉在保留了渔阳郡的同时，置渔阳县，县址和郡址同在南城子。

### 2. 张堪与渔阳

渔阳郡在历史上名声很大，其中张堪也许是最大的亮点。张堪，字君游，东汉南阳郡西鄂县人（今河南南阳卧龙区石桥镇），是东汉著名的天文学家、科学家、文学家张衡的祖父。张堪16岁就到长安求学，把祖传的百万家产送给了他哥哥的孩子。张堪的人品和才学被刘秀赏识，后来成为刘秀的谒者。他不负厚望，在任蜀郡太守期间，不仅鼎力支持吴汉打败了公孙述，攻下成都，而且在堆积如山的财宝面前不侵分毫。治理蜀郡两年时间，仁以惠下，威能讨奸，城乡繁荣，府库充盈。而他卸任时只带着布包囊，坐着折辕车，成为千古佳话。张堪在高柳打败了匈奴的侵略，遂被派到北方军事重地渔阳官拜太守。他在打击匈奴的侵略中曾经用七千骑兵打败了上万敌人。匈奴听到张堪闻风丧胆，多年不敢进犯。边境安全以后，他为了让边民富裕，在当时的狐奴县（今天的顺义东北狐奴山一带）兴修水利，引沽水和鲍丘水（今白河和潮河）灌溉，种植水稻八千余顷。任渔阳太守八年，人民富足，被史学家称为"渔阳惠政"。张堪的事迹人民永世不忘，因此有一首歌谣流传下来："桑无附枝，麦穗两歧。张君为政，乐不可支。"听人说顺义前鲁各庄曾经还有一座张公庙，就是纪念张堪的。庙内的墙上都是反映种植水稻的壁画，可惜于20世纪50年代被毁了。

### 3. 渔阳郡址

现在从历史资料看，渔阳郡治所曾经迁徙多次。开始是在今天的怀柔区北房镇梨园庄南渔阳古城。后来迁到今天的通州（当时称潞县）、天津武清（当时称雍奴）和蓟县（当时称无终）。但是作为郡址时间最长的是在怀柔境内，找到它的确切位置就成了我的夙愿。

2005年春季的一天，根据路标的指引，在密云和怀柔交界处京密路北侧，我找到了统军庄路口。我向路口几个干活的农民打听统军庄怎么走，南城子在什么位置？一个头戴草帽，身穿蓝工作服的老头说："还找统军庄干啥？您不就是要找南城子吗，今天算您找对了，公路对面那片树苗地就是。去年我还带一个韩国人沿老城墙的位置走了一圈，那人临走还捡了几块旧砖头。"老人家热情地带我去南城子旧址，还向我介绍了许多南城子的故事。历史资料都记载南城子在统军庄南，实际现在这里是怀柔区北房镇梨园庄的地。解放前梨园庄曾属密云县，1950年才划归怀柔。老人带我走到老城的南边线，告诉我城门的位置。他说他记事时这里只剩下一个大土堆，后来为了种地方便，土堆被推成了耕地，他们村的人管这里叫城里头。现在地里可以看到不少碎砖头瓦块，那种中间有道绳纹的兰砖当属古城的见证。

渔阳有过繁荣，也经历了战火的洗礼。但由于处在连年征战之地，那么有名的渔阳城就留下几块碎砖烂瓦。眼前葱绿的杨树苗足有两人高，一阵风吹过来，油亮的树叶发出哗哗的声音，像是诉说着两千多年的故事……

# 六、 狐奴县县名考

据《民国顺义县志》中介绍，汉高祖置渔阳十二县中就有安乐县和狐奴县，这两个汉置古县就是今天顺义区的前身。安乐县令吴汉，后来做了刘秀的大司马（掌管军队的最大官员）。狐奴县令王梁后来做了刘秀的大司空（主管水利、建设）。但真正使狐奴名扬历史的还是张堪拜渔阳太守时，在狐奴开垦稻田八千余顷致民富足的惠政。但这个狐奴县县名是怎么来的，多种说法，却始终没有定论。

第一种说法是狐奴县因山而得名。传说很多，其一是这个山有一个狐狸仙，它夜间鸣叫时，北部匈奴人就来侵扰，后来就把这座山叫狐奴山了。群众在山上筑庙祭仙，实际上是烽火台性质的瞭望塔。建瞭望塔可能，但有狐狸仙是不可能的。只当传说而已，不可当真。

第二种说法是狐奴县因人而得名。传说是白云观的放猪娃张玉贵为人善良，与乡亲们结下了深厚情谊。张玉贵临死时，请乡亲们把他埋在山脚下，并说如果谁有急难事就呼唤他，他还会像生前一样再来帮助的。后来有人遇到急事，万不得已呼唤他，张玉贵就显灵，化解了乡亲的急难。由此百姓称此山为呼奴山。但这白云观是为元朝的张真人修的，更甭说白云观里的放猪娃了，比狐奴山的名字不知小多少年。《顺义县志》中记载：张真人，顺义人，生于元朝。狐奴山东的白云观即为其所建。狐奴山下有张真人墓。

第三种说法是狐奴县因水而得名。顾炎武《昌平山水记（卷下）》昌平"东北二十五里为狐奴山，水经注，水不流曰奴，盖以山前潴泽名也"。县以水得名，是可信的。

前两种说法属于传说，实不可信。我认为第三种说法比较可信。故又查阅了《水经注》原文。《水经注》中说沽水（今白河）："南过渔阳狐奴县北，西南与湿余水（今温榆河）合，为潞河；沽水西南流经狐奴山西，又南经狐奴县故城西。渔阳太守张堪，于县开稻田，教民种植，百姓得以殷富。童谣歌曰：桑无附枝，麦秀两歧，张君为政，乐不可支。视事八年，匈奴不敢犯塞。沽水又南，阳重沟水注之，水出狐奴山，南转径狐奴城西。"上文中发现，几次提到狐奴县，但都没有"水不流曰奴"的说法。但是在渔阳郡所属"雍奴县"（今天津武清县）条下有解释："雍奴，薮泽之名。四面有水曰雍，澄而不流曰奴。"与此相仿的情况是《水经注》对卢奴县（今河北定州）的解释："滱水南有卢奴故城。黑水曰卢，不流曰奴，故城藉水以取名。"这两处名字里带"奴"字的地名都是因为水泽的名字而起，说狐奴的奴也是水名是有道理的。

有意思的是，考证中竟发现了晋朝晋灼给《史记》作注："狐奴"曰"水名"。这一资料还真被当作狐奴县名的依据。2008年北京文博网的"北京史地"栏目有《大葆台汉墓"黄肠题凑"用材及相关环境考察》一文，其中引文从《史记》卷一百一十一和《汉书》卷五十五中"涉狐奴"一语和晋灼注"狐奴"曰"水名"来看，狐奴县应是"县以水名"。按说这是对狐奴县以水取名最有力的证明，但通过查找原文发现，这里所说的狐奴非狐奴县的狐奴。《史记》原文引录如下：冠军侯病（指霍去病），既侯三岁，元狩二年（公元前123年），以冠军侯去病为骠骑将军。将万骑出陇西，有功。天子（应指汉武帝刘彻）曰：骠骑将军率戎士窬（音遇）乌盭（音力），讨遬濮，涉狐奴，历五王国……这里的狐奴前面用"涉"，肯定也是和水有关，但是大前提是"将万骑出陇西"，与渔阳的狐奴一东一西，有几千里之遥。进一步查证发现，晋灼注的"狐奴"是今天甘肃武威的石羊河。《中国军事通史》第5卷《西汉军事史》，称霍去病带兵出陇西后，"逾乌鞚，讨遨濮，涉狐奴"，大约在今兰州以西渡河，过乌亭逆水（今庄浪河），沿乌鞘岭北坡的草地而行，经过遨濮部落牧地，又渡狐奴河（今石羊大河）。

这一考证虽然不能证明狐奴县名的来历，但三个历史地名却都说明"狐奴"是湖水的名字。回来再看当年狐奴县的地理位置，东有鲍丘水（今天的潮河），西有沽水（今白河），丰富的水资源，为张堪开垦稻田，创造了得天独厚的条件。所以狐奴山、狐奴县都是以水得名是可信的。

# 七、狐奴县种稻史略

《后汉书·张堪传》中记载，张堪拜渔阳太守，"乃于狐奴开稻田八千余顷。劝民耕种，以致殷富"。这段话虽然只有十九个字，但不仅道出了张堪一生修身、齐家、治国、平天下的丰功伟绩中浓浓的一笔，而且也掀开了北方种稻光辉的历史。关于张堪渔阳种稻的记载，在我国农业、水利、经济等史志资料中都可以见到，只是都简单摘录了那一句话。最近，笔者查阅了大量资料、数据，试想围绕渔阳种稻的有关历史进行考证，与专家、学者探讨。

### 1. 种稻的时间

据《后汉书辞典》记载，张堪是在蜀郡太守位上"拜骑督尉，领骠骑将军杜茂营，击破匈奴于高柳（今山西阳高县），拜渔阳太守"。据《中国古代名人生卒·历史大事年谱》介绍"冬以张堪为渔阳太守"，时间是公元39年。他上任时已经是年底，不可能种稻。当时渔阳遭匈奴侵扰，百业凋敝，张堪拜太守的第二年，重点任务是防卫边防，打败入侵匈奴。同时体察民情思考治郡方略。而公元46年，张堪病逝在任上。因此，张堪开垦稻田，劝民耕种的时间应该在公元42—46年之间。

### 2. 种稻的面积

尽管史书都已经反复说"开稻田八千顷"，但由于东汉时期的度量衡制度与今天相去甚远，这个数字就有了进一步考证的必要。

（1）秦汉时期的度量衡制度背景。据林甘泉主编的《中国经济通史》一书中介绍，秦统一以前，中原的各国度量衡制度不统一。如齐国、秦国土地面积计算使用的大亩，即240方步为一亩，相当于今天0.6915市亩；赵国、燕国土地面积计量使用小亩，即100方步为一亩，相当于0.288市亩。到秦统一六国以后，"一法度衡石丈尺，车同轨，书同文"，度量土地面积统一使用大亩，即240方步为一亩。但实际上过了200多年的西汉末以后时期，在许多地方还是大、小亩并行。如王莽王田制中的所说的"一夫一妇受田百亩"，这百亩就是小亩。《汉书·地理志》中的垦田数全国为827万余顷，也是小亩。如东汉崔寔在其《证论》中介绍新式农具耧的使用效率时说"三犁共一牛，一人将之，下种、挽耧皆取备焉，日种一顷"也是使用小亩，因为如果是大亩完全是人力所不可能的。

（2）"开稻田八千顷"，按照燕赵地区的老例以及当时大小亩并行的背景，可以认定是采用的小亩。对于一百亩为一顷的问题，不论是成书于汉代的《九章算术》还是《汉律》的记载都没有异议。因此，八千顷折合小亩应该是8000×100=800000，1小亩合0.288市亩，8000顷折合市亩应该是800000×0.288=230400亩。

### 3. 种稻区域

东汉初张堪把水稻种植的区域扩大到狐奴县一带，这是当时水稻种植的最北线。但具体到这八千顷稻田的区域分布是怎样的呢？一是大的区域就在狐奴县境内，"乃于狐奴开稻田八千顷"史料记载得非常清楚。二是当时狐奴县境内水资源丰富。由于有潮河（古称鲍丘水）自今天木林—汉石桥一线穿过，白河（古称沽水）自今天牛栏山—顺义—李遂一线穿过，形成两河流域之间的水流泉涌、河塘密布地带，十分适合种植水稻。稻田开垦以狐奴山为中心，大体包括今天顺义区北小营镇、南彩镇、李遂镇、北务镇、李桥镇、木林镇、牛山镇、杨镇的全部或部分地区。当地称为"下坡地"，总面积达400多平方公里，折合60万市亩，由于当时村落很少，即使扣除村落、河流道路、池塘水面50%，开垦23万亩稻田土地也是很富裕的。三是狐奴县相对北部边境属于后方地区，距当时渔阳郡郡治所在地，今天怀柔区梨园庄附近仅10多公里，属于古渔阳城的东南近郊区，是郡上优先发展的地区。四是狐奴县作为开垦稻田的中心区发展起来以后，对潮河、白河的上下游农民的带动作用会很大，有条件的地方也会争相效仿，但只能是后来的零星的种植。

### 4. 种稻技术

东汉时期农业生产技术已经很成熟。不仅由于牛耕技术、铁制农具的推广，提高了劳动生产率，而且农作物的优良品种的培育也有了长足发展。张堪在狐奴开垦稻田，技术和种子都不是问题。一是他的家乡河南南阳，水稻是当地的主要农作物，他自己对水稻的种植不陌生，同时他的家人也有种植经验。在今天顺义区前鲁各庄原有一座张堪庙，里面供奉了张堪和他岳父的塑像，就是人们为了纪念他们传授种稻经验。二是张堪算是京官，曾经御前行事，而东汉时洛阳附近的地区，早已经是北方种植水稻区域，他会有办法借鉴那里的经验。三是张堪曾拜蜀郡太守，郡治就是今天的四川省成都市，到处都种植水稻，作为一个循吏，不会不了解种稻方法。四是当时已有不少农业技术书籍，最著名的是西汉的《氾胜之书》。作者氾胜之是今山东曹县人，西汉成帝时（汉成帝刘骜，公元前51—前7年）做过御史。他总结西汉晚期特别是我国北方的农业技术，参阅有关古书写成此书。原书两宋时失传，现仅残存约3700字，记载了黍、谷、冬麦、春麦、稻、大豆、小豆、麻、葫芦、桑等13种作物，对每种作物从选种到播种、收获和储藏，都做了精确的描述。书中第一次提出了麦子、谷子的穗选保纯法，还记载了关中水稻种植技术、稻田调剂水温法。

张堪毕业于汉朝的最高学府太学，学习这些知识会很容易。所以，狐奴种植水稻的技术是学习借鉴关中、成都、南阳等地的经验，而不是有些学者所说的在此前幽州涿郡早已种稻，狐奴种植水稻是学习的涿郡经验。以上论点主要根据古籍整理，缺乏考古资料证实，因此只能算略考。

# 八、"桑无附枝"考证

东汉初年，张堪拜渔阳太守，在保卫边境安全的情况下，教导民众发展农桑，出现了社会安定、百姓富足的局面，史称"渔阳惠政"。在任8年，最后卒于任上。百姓怀念他，民间有歌谣赞曰"桑无附枝，麦穗两歧。张君为政，乐不可支"（见《中华成语大词典》中的"乐不可支"条）。桑无附枝，麦穗两歧，过去很多人认为是祥瑞之兆，是用来称颂张堪治理成绩卓著的。用现在的话说就是溢美之词。但是笔者经过考证史料发现，"桑无附枝"不是溢美之词，而应确有其事。

## 1. 自古渔阳地区就是农桑之地

我国是世界上植桑养蚕最早的国家之一，而幽州又是植桑最早的地区之一。有史料记载，有事实依据。《史记·货殖列传》中记载："燕、代田畜而事桑。"燕、代指今天的华北地区。东汉渔阳郡属于古燕国，桑树种植已经成为百姓经济活动之一。《西京杂记》中介绍西汉巨鹿（今河北省平乡县西南）陈宝光之妻发明了提花纺织机，使用一百二十根经线，可以织出精美的丝绸。任何发明创造都是产生于生产活动中的，从侧面可以看出当时巨鹿一带丝织业的发展水平。从民间传说看，说刘秀南阳起兵，反对王莽，在幽州附近兵败受伤，靠吃桑葚充饥，躲过敌兵追击。刘秀心存感激，登基后派人找到桑树，要为它封王。没想到办事人员粗心，把椿树封了王。于是就有了"桑树救驾，椿树封王，气得桑树破肚肠，旁边笑坏了傻青杨"的传说。这说明地区适宜栽植桑树，而且古代有植桑养蚕的悠久历史。

## 2. 东汉时期桑树种植技术已经成熟

我国桑蚕业发展的历史悠久，公元前2世纪，淮南王刘安写出我国第一部养蚕的专著《蚕经》。西汉年间成书的《氾胜之书》，介绍了十三种农作物的种植技术，其中就有桑。今天所有的桑树、蚕种都是经过劳动人民在生产中从野生品种不断驯化出来的。发展到汉代已经分出了不同特征的品种。比较有名的叫乔桑（后来叫荆桑）和地桑（后来也叫鲁桑）。乔桑，属树型高大的乔木。虽然树型高大，但是树叶小，产量低并且不鲜嫩。再加上树高，不用梯子无法采收桑叶。优点是木质坚硬，桑葚结得多，寿命长，寿命上可达千年。河南新野县有一棵古桑树，相传是三国名将关羽所植，树龄已达1800多年了。乔桑由野桑驯化而来，被人工引种后，种植在房前屋后，既是果用，也是养蚕叶用。东汉以前渔阳地区栽植的桑树都是这种乔桑。

地桑最早在齐鲁一带栽植，所以后来叫鲁桑。山东泰山南北，早在秦汉时期，就是全国桑蚕业最发达的地区。地桑作为乔桑的变异品种，特点是桑树枝条长，桑叶肥大、鲜嫩，不长小枝。桑树与采桑叶的人一般高。每年落叶后，将地上部分割掉。第二年春天，桑树抽出新条，叶子大，质地肥厚。这种桑树即使是儿童，也可以将枝条扳弯摘到桑叶。地桑的栽培方法，在西汉的《氾胜之书》的种桑法中就有记载。

《氾胜之书》是西汉晚期的一部重要农学著作，一般认为它是中国最早的一部农书，成书于公元前1世纪，书中记载了桑的栽植技术："五月取椹著水中，即以手渍之，以水洗取子，阴干。治肥田十亩，荒田久不耕者尤善，好耕治之。每亩以黍、椹子各三升合种之。黍桑当俱生。锄之，桑令稀疏调适。黍熟，获之。桑生正与黍高平，因以利镰摩地刈之，曝令燥。后有风调，放火烧之。桑至春生，一亩食三箔蚕。"这是中国地桑栽植最早的记载。从中可以看到，到了一百多年后的东汉时期，桑树的栽植技术早已经成熟。

### 3. 东汉时期广泛地桑栽植的地方距渔阳并不远

地桑还有一个名字叫鲁桑。就是因为齐鲁地区多有栽培。汉朝已经广泛栽植地桑。"鲁桑"这一名字，最早出现在《齐民要术》〔作者贾思勰，北魏益都（今山东寿光）人，官至高阳郡（今山东临淄）太守〕中。临淄距北京不足千里，气候条件地理条件差别不大，引种推广地桑的种植具有可行性。

4. 张堪对植桑的实践经验丰富

张堪的家乡南阳郡，汉朝时期属于经济发达地区，植桑养蚕是百姓的主要经济来源。据《通志·氏族略》引《世本》述：约4000年前，少康中兴，传位于长子豫，封次子曲烈于方城（秦于此置阳城县，汉改称堵阳县）之地，因其妻擅养桑蚕，故建缯国。由于当时南阳栽桑养蚕、缫丝织绸之兴盛，才成为我国古代丝绸之路的发源地之一。另据《史记·五帝本纪》中记载：黄帝娶西陵之女为正妃，就是嫘祖。嫘祖首创桑蚕之法、抽丝编绢之术，被世人尊为先蚕圣母。嫘祖养蚕的地方就在汝水，从汝水流域的鄀国迁徙到南阳盆地的若人把养蚕和丝织的技术同时也带到了南阳，使南阳盆地的蚕桑丝织业逐渐发展起来。到汉代时，南阳的蚕桑丝织业相当普遍。张堪自小就对植桑养蚕再熟悉不过了。

后来在任蜀郡太守时，看到那里的农民已经广泛栽培地桑了。蜀郡也是我国植桑养蚕的最早的地区之一。古人解字："蜀，葵中蚕也。从虫，上目象蜀头形，中象其身蜎蜎。葵尔雅释文引作桑。"许慎说的简洁，"蚕者，蜀似蚕也"。张堪在蜀郡太守任上，曾经深入了解桑农的生产生活，也为蜀郡生产出天下闻名的蜀绣感到骄傲。来到渔阳郡主政，看到当地的桑树产量低，质量差，引进没有附枝的地桑，极具天时地利人和，也是情理之中的事。歌谣中说的桑无附枝，就是指引进、推广的地桑这种桑树品种，而不光是对张堪的溢美之词。引进地桑品种可以说是张堪在渔阳郡除去引进水稻外的另一巨大贡献。

# 九、运筹帷幄张太守，平定蜀郡立头功

打开《后汉书》，可以看到关于渔阳太守张堪的记载，用现在的话说，他可以称为一个"三门干部"。在家是好孩子，出了家门进校门，在最高学府太学读书时，被誉为圣童，常被刘秀称赞。刘秀称帝后，张堪经中郎将来歆举荐，被召拜郎中，入朝为官。郎中这个官阶虽然是当时官职中最低的，但是绝对是值得皇帝信任的人。因为他平时的工作地点就是在皇宫的"廊中"，也是随时受皇帝指派的人。就像现在部队首长身边的通讯员一样。张堪进步很快，经过三次升迁，成为从事引见和差遣的谒者。谒者就是平时在皇宫负责引见拜谒皇帝的人员，也可以受皇帝指派出去执行任务的官员。在人们的眼里，好像这样的"三门干部"没有实际经验，只有书本知识。但是张堪，一开始就显示出他的军事才能。作为谒者，张堪奉诏执行的最主要的一次任务，就是"使送委输缣帛，并领骑七千匹，诣大司马吴汉伐公孙述"，从而立下平定蜀郡的头功，在途中就被升为蜀郡太守，那年张堪刚刚38岁。

建武九年（公元34年）八月，刘秀派来歆为统帅，平定陇西隗嚣。经过一年的艰苦战斗，到第二年十月，除王元投奔公孙述外，隗纯等残余势力投降汉军。建武十一年三月，光武帝认为陇西已经稳定，天气已经转暖，大军已经得到了休整，是搬开公孙述这块汉室统一天下的最后一块绊脚石的时候了。开始筹划平蜀之战，刘秀说"得陇望蜀"由此得来。

公孙述（？—公元36年），字子阳，扶风茂陵（今陕西兴平）人，汉哀帝时，以父公孙仁保任为郎。后来公孙仁为河南都尉，公孙述就补为清水（在今甘肃省境内）县长。王莽天凤年间（公元14—19年），公孙述担任导江（即原蜀郡）卒正（太守），治所在临邛（今四川邛崃）。

更始二年（公元26年）秋，更始帝派柱功侯李宝、益州刺史张忠，率领兵众万余人侵掠蜀地。公孙述依靠蜀地易守难攻的险要地势，蜀地民心归附，打败了更始军，于是自立为蜀王，定都在成都。

东汉光武帝建武元年（公元25年）四月，公孙述自立为帝，国号成家（一作大成或成），崇尚白色，建元龙兴。刘秀称帝后，立志天下太平，让百姓远离战乱。几次修书给公孙述，劝其归附朝廷。但公孙述的皇帝瘾刚过上，岂肯归顺。正好陇西隗嚣反叛，刘秀无暇顾及，只好不再理他。

平定陇西隗嚣之乱以后，于是命来歆率盖延、马成攻打下辨（属汉武都郡，在今甘肃成县）、河池（属汉武都郡，今甘肃省东南部徽县）。调吴汉率刘尚、刘歆至津乡（在今湖北宜都）与岑彭会合，从东攻蜀。

建武十一年（公元35年），吴汉与征南大将军岑彭自荆州（荆州治武陵汉寿，今湖南常德西北）入蜀讨伐公孙述。大司马吴汉曾任渔阳郡安乐县令。后追随刘秀南征北战，称帝后拜大司马。在后来东汉二十八宿中排名第二。征南大将军岑彭熟知水性，故刘秀安排他统领东路汉军。岑彭攻破荆门（今荆门市虎牙关）后，率领大军长驱入蜀。吴汉留守夷陵（今湖北省宜昌县），修理舟船，事毕率所部三万人溯江西上。公孙述在危急之中，派奸细潜入汉军，先刺杀了西路领军来歙，接着又刺杀了东路领军岑彭。只好由吴汉统领东路汉军。建武十二年（公元36年），吴汉率部与公孙述大将魏克、公孙永大战于鱼涪津（今四川乐山北），大破蜀军，遂北上进攻武阳（今四川省眉山市彭山区），击溃来救的蜀将史兴，攻下广都（汉代蜀郡的广都，就是今天的双流，它曾经是古蜀王的故治），前锋直逼成都（即今天的四川省成都市）。

东汉建武十二年（公元36年），张堪奉诏负责给吴汉所率东路汉军送缣帛和马匹，也就是今天的战时保障。虽然公孙述在成都还在过着自封皇帝的瘾，但是刘秀几次修书劝其降汉，已经显示出对蜀郡志在必得的决心。所以在张堪去为汉军送给养的途中，就被"追拜蜀郡太守"。

吴汉率汉军攻到成都城下，刘秀修书要他不可轻敌，毕竟城内公孙述尚有十万兵马。但吴汉是一位见敌红眼的将军，组织几次攻城都是亲自冲锋陷阵。结果都没有取胜，不仅损兵折将，他本人也险些命丧阵中。当时汉军只剩下够七日消耗的军粮，吴汉就暗地准备船只，准备撤退。吴汉对监军郑兴说："今方败，粮不足，于战不利，不足暂退武阳。"郑兴则不同意他的看法，说："帝已遣使前来，将至广都，不如候使者至，看圣意再定，如何？"监军的意见非常有道理，吴汉只能同意，等待谒者张堪的到来。

张堪来到广都，知吴汉有退兵打算，立即飞驰前往去见吴汉。张堪与吴汉为南阳同乡，按照今天的行政区划，都是南阳卧龙区人。在朝上互相颇为熟识，再加上现在有皇上的旨意，有他对汉、蜀两军战事的分析，所以他自信地和吴汉分析道："广都地处最前沿，大司马坐镇广都，成都早已乱作一团，我在来的路上已知蜀军大将程乌、李育已归降马成，武都已归汉。臧宫已经准备南下成都，这场大戏即将上演最后一幕。东、西均已归汉，道路畅通，无粮则可以征调。将军完全可以攻下成都，大功即将实现。如果现在退兵，将会使汉军前功尽弃。"吴汉解除了后顾之忧，打消了退兵之意。

吴汉听从了张堪的意见，就向敌人示弱挑战。十一月十八日，公孙述果然亲自率军出战。吴汉一方面自己率兵正面御敌，阵前厮杀。另一方面暗中派护军高午、唐邯率精兵数万人从侧面冲锋陷阵。蜀兵大乱，高午冲入阵中刺透公孙述胸部，使其立即摔下战车，但被下属抢救回城中。而高午则因长枪被公孙述铠甲咬住，不能拔出，而惨遭乱兵杀害。公孙述返回城中伤重而亡。十九日，公孙述大将延岑开城带蜀军向汉军投降。吴汉率部入城，放纵士兵大肆烧杀抢掠。公孙述、延岑家族上下几百人全部被屠杀。士兵在城中烧毁宫室，整个成都浓烟遮日，残杀百姓，街上血流成河。消息传到洛阳，刘秀大怒，严词谴责吴汉，又指责副将刘尚失伐罪吊民之义。

汉军平了自封皇帝的公孙述，最终使汉朝天下统一，功劳还要记在吴汉等将领的名下，但是张堪亲临战场，准确判断形势，坚定了汉军的决心，也实在是功不可没。

就在汉军烧杀抢掠之际，张堪作为新任蜀郡太守，率亲兵在第一时间赶到成都东大城过去的蜀郡府，果断处事，成立了郡府衙门。接下来，张堪则要面对吴汉屠城后的混乱局面，行使郡守职能。自古蜀郡号称天府之国，成都与长安号称"两城财富甲于全国"。历来官府库存钱粮丰裕，百姓温饱有余。公孙述称帝招来战乱之祸，虽然也是民不聊生，百废待兴，但官府库里依然金银珠宝堆积如山。张堪一方面组织专人对官府库藏逐一清点造册，专人守卫，确保这些财产的安全。另一方面安抚民众，恢复社会秩序。同时他作为刚刚走出皇宫的官员，深知刘秀的日子难过，全国各地百废待兴。张堪从国家大局出发，将府库中的真金白银，全国闻名的蜀绣，精选一批送往洛阳。最有趣的是，公孙述为自己称帝准备的銮驾罗盖，没来得及用，就被张堪送给皇帝刘秀了。

至于原来的官员，只要没有罪恶，愿意继续报效朝廷的，张堪一律既往不咎，继续留用。对新旧交替时期有立功表现的都被委以重任。对一般百姓、商人，也都根据损失多少给予补偿救助。成都以至整个蜀郡，很快恢复了生机和谐，得到万民称颂。

张堪担任蜀郡太守两年后，调任京师征拜骑都尉。面对官府堆积如山的金银财宝，张堪秋毫不犯，离开成都时，坐着一辆折断车辕的牛车，车上装着简单的布囊行李。百姓官员沿途相送，恋恋不舍，张堪因此以一位廉吏名传千古。

# 十、"麦穗两歧"新解

东汉初年，南阳郡西鄂县人张堪拜渔阳郡太守。抗击匈奴不敢进犯，边境无战事。张堪太守就教民农桑，军民奋战开垦稻田八千顷，第一次把水稻引种到北方。百姓得以富足。民间有歌谣歌颂张堪的惠政："桑无附枝，麦穗两歧。张君为政，乐不可支。"

成语辞典解释"麦穗两歧"一句的意思为"一根麦长两个穗。古人视为吉兆，比喻年成好，粮食丰收"。但是仔细研究发现，一根小麦长两个穗，是不可能的，而张堪最大的功劳是成功引种水稻，变没有为现实，但是歌颂张堪为什么不提水稻丰收的事呢？因此以北京市海淀区京西稻文化研究会杜振东会长为代表的研究人员提出了全新的解释，即"麦穗"应该指的是麦、稻两种作物，而不是说一根麦长两个穗。笔者认为不无道理。试述其理由有三：

其一，"穗"从说文解字去理解，本义是稻、麦等谷物成熟后聚生在茎秆顶端的花或果实。所以"穗"可以理解成稻穗。

其二，我国广东省的省会广州，古称楚庭，简称为"穗"。传说有五位仙人，身穿五彩衣，骑着五色羊，拿着一茎六穗的优良稻谷种子，降临"楚庭"，将稻穗赠给当地人民，并祝福这里永无饥荒。说完后，五位仙人便腾空而去，五只羊则变成了石头。当地人民为纪念五位仙人，修建了一座五仙观，传说五仙观即为"楚庭"所在。由此，广州又有"羊城""穗城"的别名。这里直接把稻穗简称穗。

其三，"两歧"的意思一般理解为分为两叉。其实"歧"字还有一个意思是不相同、不一致。如果采用这个解释，就不难理解了。

综上所述，歌颂张堪的歌谣可以这样解释：教百姓种植的桑树，不长多余的枝杈（东汉时推广的地桑新品种，本人另有考证），种植小麦和水稻两种不同的庄稼，使百姓殷富。张堪做渔阳的太守，百姓高兴到了极点。

# 十一、 成语典故赞张堪

熟悉历史的人都知道，两汉时期由于继承了秦朝的制度，又实行了一系列减赋轻徭、休养生息、发展经济的政策，出现了几次经济社会文化大发展的好时期。特别是在经济社会发展的基础上，体现儒家文化的文明成果大量流传下来。成语典故就是这种文明成果的载体之一。有专著介绍，其中东汉流传下来的成语典故就达422个，涉及199个真实的人物。这里不能不说到东汉著名的循吏，曾先后任蜀郡、渔阳郡太守的张堪。张堪，字君游，东汉南阳郡西鄂县人。他志趣高洁，行为端方，颇受称道。我收集到关于赞颂张堪的成语典故就有六条，这些成语典故，使我们深刻认识到张堪廉洁奉公、勤政为民的崇高形象。

1. 折辕车

《后汉书·张堪传》中介绍：汉光武帝刘秀，召集各地负责监督的官员汇报情况时，蜀郡计掾樊显进曰："渔阳太守张堪昔在蜀，其仁以惠下，威能讨奸。前公孙述破时，珍宝山积，卷握之物，足富十世，而堪去职之日，乘折辕车，布被囊而已。"帝闻，良久叹息。当准备起用张堪时，才知道他已经在任上去世。折辕车，形容车的破旧。折辕，车辕折断。后以"折辕"为仕宦清廉之典。过去有句老话，叫"政声人去后"，张堪已经不是蜀郡太守了，但人们还在怀念、颂扬他的事迹，所说无疑是真实的。

## 2. 乐不可支

意思是快乐到不能撑持的地步。形容欣喜到极点。支，支撑，这个成语出自东汉班固的《东观汉记·张堪传》：张堪在蜀郡任职两年，被征召回京，拜为骑都尉，后又领骠骑将军杜茂军营，在高柳击败匈奴，拜为渔阳太守。他在渔阳追捕打击奸猾之徒，赏罚必倍，官员百姓都乐意为他所用。匈奴曾出动一万名骑兵入侵渔阳，张堪率骑兵数千名奔袭攻击，大败敌兵，渔阳界内从此安定无事。于是他令百姓在狐奴开垦稻田八千余顷，劝谕百姓耕种，因此使郡中殷实富庶起来。百姓作歌说："桑无附枝，麦穗两歧。张君为政，乐不可支。"

## 3. 渔阳惠政

这是张氏祠堂的通用联"渔阳惠政，江左清才"。上联说的是渔阳太守张堪。典故出自《东观汉记·张堪传》：张堪，字君游，试守蜀郡太守，迁渔阳太守，有惠政，开治稻田八千余顷，教民种田，百姓以殷富。童谣歌云："桑无附枝，麦穗两歧。张君为政，乐不可支。"视事八年，匈奴不敢犯塞。下联说的是晋代文学家吴郡人张翰，字季鹰，有清才而善写文章。

## 4. 麦穗两歧

一株麦子长出两个穗子。指丰收。多用来称颂吏治成绩卓著。《东观汉记·张堪传》：（堪）为渔阳太守，有惠政，开治稻田八千余顷，教民种田，百姓以[致]殷富。童谣歌云：桑无附枝，麦穗两歧。张君为政，乐不可支。

在张姓祠堂的通用联中，有一副十言对联，上联是"出使穷源槎泛斗牛之畔"，下联是"劝农致富民兴麦秀之歌"。上联说的是西汉出使西域的张骞，下联说的就是渔阳郡太守张堪了。其中说的"麦秀之歌"就是"桑无附枝，麦穗两歧"的歌谣。

5.志美行厉

意思是志向高远，又能砥砺操行。语出自《后汉书·张堪传》："年十六，受业长安，志美行厉，诸儒号曰圣童。"与这个典故有联系的还有一个成语叫"志洁行芳"。

古人为赞美某人的美德或功绩，有成语典故流芳百世是常见的事，但为赞美一个人，流传下这么多成语还是十分少见的。

# 后　记

　　创作《张堪太守》一书是我多年来的夙愿。然而由于本人水平有限，加之资料缺乏，尤其是我长期从事公文写作工作，缺乏文学写作的经验，感到创作难度很大。按照现有的一些史料素材，以此作为线索，广泛收集散落在各种史料中的记载，并根据史料记载进行考证研究，形成了11篇研究成果作为背景资料。书中记述的重要事件，在人物、时间、地点上严格依据《后汉书》《资治通鉴》《华阳国志》《水经注》等书籍的记载。为了弥补正文的不足，让读者多获得一些信息，在内容的安排上，采取三方面内容互相支撑：一是正文安排了17章，从张堪的出生一直记述到其逝世；二是收录了自己撰写的张堪研究文章11篇，每篇一个专题；三是附录中收录了关于张堪的传说、成语故事等。虽然在体例上有些地方有重复的感觉，但也可以印证正文的真实性。

　　《张堪太守》的创作，自始至终得到了有关领导和周围朋友的鼓励与支持。中共中央政策研究室原副主任、中国国际经济交流中心常务副理事长郑新立先生，祖籍河南省南阳市，十分关心对家乡走出的历史人物张堪的研究，多次嘱咐我尽快写出来。书稿出来后他认真把关，并应邀为本书作序。中国社会科学院历史所秦汉研究室戴卫红副主任、华龄出版社前总编辑张三杰先生，均对书稿进行了认真审读，提出了很多重要的修改意见。顺义区前鲁村是历史上张堪开垦稻田的中心地带，村里曾经有一座张堪庙。全国劳动模范、前鲁鸭场场长黄礼更是研究张堪的积极分子，他的办公室里贴着他千辛万苦收集到的农耕图，摆着他复原的前鲁村农田水利设施模型。他利用办企业的利润建起了一座张堪文化园，收集了很多民间水稻种植的农具、传说等。在书稿创作中，他提供了一批史实资料和照片等对我予以慷慨支持。北京市新发地农产品批发市场管委会原党组书记、主任赵黎明，山西省大同市的门高禹、刘东虹，陕西省西安市的张珊焕、武斗山等同志，均为本书提供了照片和资料。北京市出版发行协会原秘书长陈彦萍、北京图强文化传媒有限公司姜正成总经理和北京市城乡经济信息中心等一些单位和个人，对本书的创作给予了很大的支持和帮助，在此谨向他们致以衷心的感谢。由于本人写作水平和知识水平有限，创作经验不足，书中难免存在不足之处，甚至谬误之处，欢迎读者批评指正。

作　者

2020年12月于北京

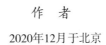